江華京板 『高麗大藏經』의 판각사업 연구

-경전의 구성체제와 참여자의 출신성분-

최 영 호

景仁文化社

▫ 책머리

역사연구는 일차자료를 정밀하게 수집·정리·분석한 다음, 당대의 역사적 사실을 객관적으로 해명하는 작업이다. 연구과정에는 당대의 역사적 조건과 함께 현실사회에 대한 연구자의 인식경향도 중요 요소로 작용한다. 때문에 일차자료의 발굴과 기존 성과물의 검토는 역사연구의 기초작업이자 새로운 방향의 모색과정이다.

필자가 13세기 중엽에 조성된 강화경판『고려대장경』의 일차자료에 관심을 갖게 된 시기는 박사과정에 입학한지 1년 정도밖에 지나지 않던 1990년경이다. 동아대학교 석당전통문화연구원에 소장된 인경본을 처음 접하면서 16여만 장이 넘는 이들 자료를 어떻게 정리하고 활용할 것인지 등 여러 가지의 의문점을 가지게 되었다. 그럼에도 동료 학우들과 강화경판의 대장에 입장된 각수 자료들을 3여 년 동안에 걸쳐 정리하게 된 이후에는 뿌듯한 성취감을 갖게 되었다. 이에 필자는 강화경판의 판각사업을 최씨무인정권의 사조직체와 연결시켜, 첫 글을 발표하면서 연구내용과 방법론에 대한 자신감도 가지게 되는 듯하였다.

이러한 뿌듯함도 잠시! 필자는 이들 자료의 활용방법과 연구방향에 압박을 느끼게 되었다. 그래서 필자는 그 탈출구를 찾기 위해 일제식민지시대부터 당시까지 연구된 성과물들을 검토하기 시작하였다. 그제서야 기존연구에서 서술된 용어나 연구방법·시각 등에 문제점이 있다는 사실을 깨닫게 되었다. 이로써 이들 자료를 기존 연구내용의 재검토와 새로운 내용의 규명에 적극 활용할 수 있다는 확신을 가지게 되었다. 특히 자료의 정리과정에서 접하게 된 외장(소위 보유판과 해인사 寺·私刊板)의 각수와 지·발문자료도 대장의 각수자료나 금석문·묘지명·

『고려사』·『고려사절요』·문집류·고문서 등의 자료와 상호 연계시킬
수 있는 근거와 방법도 찾게 되었다.

필자는 일제식민주의 연구경향과 함께 서지학·출판인쇄술·불교문
화 중심의 연구방법, 최씨무인정권 중심의 이해방식에서 탈피하여, 강화
경판의 판각사업에 담겨진 민족적 위기와 현실모순의 극복노력과 고려
불교문명의 창조적 계승발전 노력을 규명하기 시작하였다. 이러한 시각
에서 1990년대 중반부터 본격적인 연구를 시작한 이후 현재까지 지속하
고 있다.

이 책은 1996년 필자의 박사학위논문을 토대로 지금까지의 연구성과
를 보충하여 저술하였다. 아직 강화경판의 판각사업에 담겨진 많은 내용
들이 규명되지 않았기 때문에, 이 책의 출간은 필자에게 큰 부담으로 작
용한다. 그럼에도 이 내용들은 필자가 지속적으로 관심을 가지고 해명할
과제이므로 부족한 글이나마 출간하기로 하였다. 연구 분위기의 확산과
연구자들에게 도움이 되었으면 한다.

이 책이 출간될 때까지 많은 분들의 도움을 받았다. 처음 필자에게
자료의 관심을 갖게 하고 첫 글에 대해 호되게 나무라며 지금까지도 연
구진행을 독려하고 계신 金潤坤은사님께 먼저 고개 숙여 감사를 드립니
다. 아울러 박사학위논문의 심사과정에서 새로운 연구내용과 시각을 제
시해 주신 경북대학교 李秉烋교수님과 영남대학교 金貞淑교수님 및 故
李樹健·鄭奭鍾박사님께도 깊이 감사드립니다. 또한 필자의 사회생활과
학문연구에 늘 관심을 가져주신 동아대학교 趙啓纘은사님, 沈奉謹총장
님, 金光哲·金性彦교수님, 동의대학교 姜昌錫총장님, 부산외국어대학
교 崔敬淑교수님, 故 黃雲龍·金東鎬·鄭在勳박사님, 한국중세사 회원,
동아대학교 사학과·영남대학교 국사학과 선후배와 동학, 동의대학교
崔然柱교수 등에게도 감사드립니다.

그리고 오늘에 이르기까지 항상 보살펴주신 부모님과 장인·장모님,

点好・昌好・珍好 세분의 형님과 형수님, 집사람 安貞美, 조카 성희・연희・경희・성준・은희・효준・인준과, 선택・집중이 필요할 때에 있는 예쁜 두 딸 文嬉・埈嬉에게도 고마움을 전하고 싶습니다. 특히 돌아가신 어머니와 두 분의 삼촌 및 사촌동생 성호의 극락왕생도 기원합니다.

끝으로 이 책의 출판을 선뜻 응낙해주신 경인문화사의 한상하회장님과 한정희대표님 및 편집부 여러분들, 그리고 김용화사장님께도 깊이 감사드립니다.

<목 차>

<표 목차>

제1장

서 론

현재 海印寺에 보존되어 있는 江華京板 『高麗大藏經』은 남·북한뿐만 아니라, 중국·일본과 함께 서구지역의 불교연구에도 귀중한 자료를 제공하고 있다. 특히 본 대장경판은 중세사회 이래로 동아시아지역의 대장경 문명권을 새롭게 발전시키는 촉매제로 역할하면서 이 지역사회의 문명을 결집시키는데 크게 기여하기도 하였다.[1] 그 결과, 1995년 12월에는 유네스코 세계문화유산에 등록되고, 2007년 6월에는 세계기록문화유산으로 지정되면서 그 우수성을 인정받아 인류의 보편적 문화유산으로 공인받게 되었다.

강화경판이 조성된 13세기 중엽은 고려 사람들이 몽고의 잔혹한 침략과 최씨무인집권자의 파행적인 정권운영으로 인하여, 건국 이래 최대의 민족적 위기와 현실모순을 겪고 있었다. 이에 당시 고려 사람들은 모든 계층이 일치단결하여 몽고의 침략으로부터 조국을 방어하고, 야만인의 파괴로부터 불교문명을 수호한다는 의식의 소산에서, 자발적으로 참여한 결과로 본 대장경을 완성할 수 있었다.[2] 이러한 과정에서 조성된 본

1) 趙東一,「大藏經 往來의 文化史的 意義」『東아시아比較文化』창간호, 2000, 402
   ~416쪽.
2) 徐首生,「伽倻山 海印寺 八萬大藏經 硏究(1)」『慶大論文集(人文·社會)』12, 경
   북대, 1968, 174쪽 ; 李佑成,「高麗中期의 民族敍事詩」『論文集』7, 성균관대학
   교, 1962 ;『韓國中世社會硏究』, 일조각, 1991, 208쪽 ; 金潤坤,「高麗大藏經의
   彫成機構와 刻手의 性分」『民族史의 展開와 그 文化(上)』, 碧史李佑成敎授停年
   退職紀念論叢, 1990 ; 金潤坤,「『고려대장경』의 각판과 국자감시 출신」『國史館
   論叢』46, 국사편찬위원회, 1993 ; 金潤坤,「高麗國 分司大藏都監과 布施階層」
   『民族文化論叢』16, 영남대 민족문화연구소, 1996 ; 金潤坤·金晧東,「『江華京
   板 高麗大藏經』刻成活動의 參與階層」『한국중세사연구』3, 1996.

대장경판에는 우리의 전통문화의식에 바탕을 둔 민족 수호정신과 통일
정신[3]이 반영되어 있다. 또한 본 대장경의 판각사업에는 왕실·국왕의
안녕과 왕권복고의식도 담겨져 있다.[4] 따라서 본 대장경판은 단순한 불
교조형물이 아니라, 13세기 중엽 모든 고려 사람들이 염원하고 실천하
였던 민족적 위기극복과 전통불교문명의 계승·발전노력 및 당대 현실
모순의 극복의지가 집약적으로 담겨져 있다고 할 수 있다. 이같은 사실
에서, 본 대장경의 판각사업이 가지는 역사적·문화적 중요성을 발견할
수 있다.

　본 대장경판의 중요성에 비례하여, 근대학문의 연구방법론이 도입된
1900년대부터 2006년 12월 현재에 이르기까지 국내·외의 많은 연구자
들은 역사학 분야를 비롯하여 국문학·불교문화사·서지학·인쇄기술
사 등의 분야에서 본 대장경판과 그 판각사업을 핵심주제나 부차적 내용
으로 설정하여 많은 성과물을 축적해 왔다. 특히 1990년대부터 일부의
연구자들이 개별 경판이나 각 권의 마지막 장에 새겨진 刻手·刊記자료
와 소위 外藏에 판각된 각수 및 誌·跋文자료 등 새로운 자료를 정리·
분석하여 활용하면서 연구의 수적 증가와 함께 질적 변화도 가져오는 등
연구의 새로운 계기를 마련하고 있다.

　따라서 본 장에서는 2006년 12월 현재까지 본 판각사업을 중심주제
로 삼아 연구된 국·내외의 연구 성과물을 시기별·분야별로 정리·분
석한 다음, 새로운 연구방법과 내용을 도출하기로 하였다. 그 분석 대상

---

3) 金潤坤,「『大般若經』의 刻成과 反蒙抗戰」『한국중세사연구』2, 한국중세사연구
　회, 1995, 127쪽.

4) 崔永好,『江華京板 高麗大藏經 刻成事業의 硏究』, 영남대 박사학위논문, 1996 ;
　崔永好,「海印寺 所藏本『大方廣佛華嚴經疏』·『大方廣佛華嚴經隨疏演義鈔』의
　판각성격」『한국중세사연구』4, 1997 ; 崔永好,「江華京板『高麗大藏經』刻成事
　業의 主導層」『韓國中世社會의 諸問題』, 金潤坤敎授停年紀念, 2001 ; 崔永好,「13
　세기 중엽 江華京板『高麗大藏經』의 刻成事業과 海印寺」『한국중세사연구』13,
　2002 ; 崔然柱,『高麗大藏經 硏究』, 경인문화사, 2006.

은 2006년 현재까지 발표된 약 100여 편의 개별 논문과 단행본 3권 및 4종의 보고서를 삼았으며, 특히 역사학 분야에 좀 더 비중을 두었다.

제1절 연구현황

1. 시기별 연구동향

1) 1910~1945년

일제시대에는 二楞生5)·淺見倫太郎6)·村上龍佶7)·妻木直良8)·常盤大定9)·小田幹治郎10)·管野銀八11)·池內宏12)·大屋德城13)·小野玄妙14)·禿氏祐祥15)·川口卯橘16)·李能和17)·金泰洽18)·朴奉石19)·

5) 二楞生,「朝鮮伽耶山海印寺大藏經板」『宗敎界』5-12, 東京 宗敎界社, 1909.
6) 淺見倫太郎,「高麗板大藏經彫造年時考」『朝鮮』28·29합 및 31, 朝鮮總督府, 1910.
7) 村上龍佶,『海印寺大藏經版調查報告書』, 1910.
8) 妻木直良,「再び 高麗大藏經に 就て」『新佛敎』11-6, 1910 ; 妻木直良,「三たぴ 高麗大藏經雕造を 論ず」『新佛敎』12-4·5, 1911.
9) 常盤大定,「大藏經彫印攷」『哲學雜誌』28-313·314·316·317·321·322, 1913.
10) 小田幹治郎,「大藏經奉獻顚末」, 1915 ;『小田幹治郎遺稿』, 1931.
11) 管野銀八,「海印寺大藏經板に 就て」『史林』7-3, 1922 ; 管野銀八,「高麗板大藏經に 就て」『朝鮮史講座』, 朝鮮史硏究會, 1923.
12) 池內宏,「高麗朝の大藏經(上·下)」『東洋學報』13-3·14-1, 1923·1924 ;『滿鮮史硏究』中世2, 1937 ; 池內宏,「「高麗朝の大藏經」に關する一二の補正」『東洋學報』14-4, 1924 ; 위의 책.
13) 大屋德城,「朝鮮海印寺經板攷」『東洋學報』15-3, 1926.
14) 小野玄妙,「韓國海印寺の大藏經板に就いて」『東洋哲學』17-3, 1910 ; 小野玄妙,「高麗大藏經雕印考」『佛典硏究』1-4, 1929.
15) 禿氏祐祥,「大藏經の宋本·契丹本竝に高麗本の系統」『佛敎學の諸問題』, 佛誕2,500年記念, 東京, 1935 ; 禿氏祐祥,「高麗時代の 寫經について」『寶雲』25, 1939.
16) 川口卯橘,「大藏經板求請と日鮮の交涉」『靑丘學叢』3, 서울 靑丘學會, 1931.

權相老[20)] · 李丙燾[21)] 등이 강화경판 『고려대장경』에 대한 자료조사와
연구를 진행하였다. 이들 가운데 일부의 한국 연구자를 제외하면, 그 대
부분은 일본 연구자들로 조선총독부의 관리나 식민주의 역사학자 · 철학
자 · 불교학자들이다. 특히 일제 식민통치기구에서도 이미 통감부정치
때부터 관련 자료를 직접 조사하는데 관여하기도 하였다.[22)]

　일제 연구자들은 주로 海印寺에 소장된 大藏經板의 실태 조사나 印經
에 필요한 자료를 확보하고, 그 조성 연대와 回次와 더불어 대륙에서의
대장경 전래에 따른 고려대장경의 조성 사실 등을 파악하기 위해 연구를
진행하였다. 그 내용으로는 경판의 용재와 구성내용 및 보존상태, 그 가
치성과 저본류, 조판 · 보관장소, 海印寺로의 移安 시기와 이유, 缺板과
缺字의 보충현황, 漢譯 大藏經의 전래에 따른 고려사회에서의 조성 시
기 · 배경, 경전 전체의 구성, 판본의 성격, 인경본의 일본전래 등을 개략
적으로 정리 · 분석하여 본 대장경판의 기초자료와 사실을 파악하였다.
특히 池內宏을 제외하면, 초기 일본연구자들의 대부분은 대개 서지학 ·
출판인쇄사 · 불교문화사의 방법론에서 자료조사와 연구를 진행하였던
것이다. 이로써 이들 초기 일본인 연구자들은 산발적으로 흩어진 관련

---

17) 李能和, 「大法寶海印大藏經板」 『朝鮮佛教通史』, 신문관, 1918 ; 無能居士(이능
　　화), 「李朝佛教史 4: 高麗板大藏經과 日本의 請求」 『佛教』 4, 서울佛教社, 1924,
　　17～25쪽 ; 無能居士, 「李朝佛教史 5: 高麗板大藏經과 日本의 請求(續)」 『佛教』
　　5, 佛教社, 1924, 21～30쪽 ; 無能居士, 「李朝佛教史, 7: 高麗以來의 大藏經에 關
　　한 事蹟」 『佛教』 7, 佛教社, 1925, 40～49쪽 ; 無能居士, 「李朝佛教史, 8: 高麗雕
　　造大藏經板의 考證」 『佛教』 8, 佛教社, 1925, 33～42쪽.
18) 金泰洽, 「大藏經에 就하야」 『佛教』 39, 서울佛教社, 1927.
19) 朴奉石, 「高麗大藏經板의 研究 1～5」 『朝鮮』 190～195, 朝鮮總督府, 1933～
　　1934 ; 朴奉石, 「高麗藏高宗板의 傳來攷」 『朝鮮之圖書館』 1934년 11월호, 1934 ;
　　朴奉石, 「大藏經目錄とその分類」 『文獻報國』 4-8, 서울朝鮮總督府圖書館, 1938.
20) 權相老, 「八萬大藏經의 國寶的 價値」 『朝光』 4-3, 朝鮮日報社, 1938.3 ; 權相老,
　　『退耕堂全書』.
21) 李丙燾, 「石窟庵과 大藏經」 『春秋』 2-10, 서울朝鮮春秋社, 1941.
22) 朝鮮總督府, 『大藏經獻納顛末』, 조선총독부, 1906.

자료의 수집과 정리 및 검토와 더불어, 기초적인 연구 성과물을 축적하여 이후의 연구자에게 어느 정도의 도움을 주었으며, 본 대장경판에 담겨져 있는 불교문화와 출판인쇄술의 우수성을 입증하기도 하였다.

그럼에도 불구하고 이들의 연구태도나 시각에는 많은 문제점과 한계성을 내포하고 있기도 하다. 그 구체적인 왜곡사실은 주제별 연구동향에서 언급하겠지만, 우선, 본 대장경판에 관련된 과거 일본인들의 역사적 과오를 은폐하고 있다는 점이다. 둘째로, 본 대장경판에 투영되어 있는 高麗 불교문명의 내적 발전성을 부인하면서, 중국대륙의 외래성이나 모방성을 부각시키고 있다는 사실이다. 셋째로, 고려대장경에 담겨져 있는 鎭護國家的 불교성격이나 문명적 가치성을 평가절하하고 있다는 사실이다. 이로써 초기 일본인 연구자들은 강화경판『고려대장경』판각사업의 연구에도 식민주의 역사관을 적용하여 우리문화의 객관적 우수성을 곡해하면서 문화적 식민성을 강화시키고 있었다는 것을 확인할 수 있다.

이에 비해, 이 시기 한국의 불교학자인 이능화는 한국불교의 통사를 서술하면서 해인사의 재조대장경(즉 강화경판『고려대장경』)을 '大法寶'로 이해하여 우리 불교문화 유산의 객관적 우수성을 규명하는 한편, 민족적 자긍심을 높였으며,23) 권상로 등도 그 가치를 재확인하였다.

2) 1946∼1959년

독립과 함께 냉전체제의 갈등을 크게 겪던 1946∼1959년에는 高橋亨24)·岡本敬二25)·宮原兎一26)·李家源27)·朴泳洙28) 등이 강화경판

23) 李能和, 앞의 책, 1918, 420∼430쪽.
24) 高橋亨,「高麗大藏經印出顚末」『朝鮮學報』2, 1951.
25) 岡本敬二,「高麗大藏經板의 刻成」『朝鮮史의 諸問題』, 歷史研究特輯號, 1953.
26) 宮原兎一,「「高麗大藏經板의 刻成」에 대해」『歷史學研究』6, 1954 ; 宮原兎一,「岡本敬二, 高麗大藏經板의 刻成에 대해 - 批判과 反省』『歷史學研究』172, 1954.

『고려대장경』을 연구하였다. 아직도 연구자의 다수는 일본인이었으나, 이들의 연구내용이나 방법론 및 시각은 이전 일제시대의 그것을 재론·심화하는 수준에 머물러 있었다.

이 시기에 일부의 한국인 연구자들도 본 대장경판에 대해 새롭게 관심을 가지고 연구를 시작하였다. 이는 이 시기의 역사적 상황－독립국가 건설에 따르는 진통, 한국전쟁, 미국이나 서구문화의 유입·유행과 그에 따른 자기문화에 대한 인식결여 등－과 밀접한 관련이 있을 것이다. 그러나 이들의 연구내용이나 방법론은 기존 성과물을 정리·재검토하는 정도에 머물렀다. 이들 가운데 박영수는 기존의 연구 성과물을 종합적으로 정리·재검토하면서도,[29] 몇 내용을 새롭게 설명하고 의문도 제시하였다. 특히 그는 일제시대 常盤大定이 강화경판 『고려대장경』의 板本을 중국의 覆刻本으로 이해한 견해[30]에 대해 의문을 제시하여,[31] 이후 한국 연구자들이 비판적 입장에서 본 대장경판의 문화적 객관성을 새롭게 연구할 수 있는 계기를 마련하였다.

3) 1960～1969년

60년대 연구자는 金斗鍾[32]·李載昌[33]·徐首生[34] 등으로 그 연구 인력이 소수에 불과하나, 한국인들이 주류를 형성해 가고 있었다는 사실에

27) 李家源, 「大藏經刻板과 그 傳說」 『東國思想』, 1958.
28) 朴泳洙, 「高麗大藏經版의 研究」 『白性郁博士頌壽紀念 佛敎學論文集』, 동국문화사, 1959.
29) 그 일례는 分司都監의 소재지에 대해 기존의 연구결과만 소개할 뿐 자신의 견해를 피력하지 못하고 있는 점이다(朴泳洙, 앞의 논문, 430～431쪽).
30) 常盤大定, 「大藏經彫印攷」 『哲學雜誌』 28-321, 1913, 1178～1180쪽.
31) 朴泳洙, 위의 논문, 431～432쪽.
32) 金斗鍾, 「高麗板本에 대하여」 『古文化』 1, 1962.
33) 李載昌, 「麗末鮮初의 對日關係와 高麗大藏經」 『佛敎學報』 3·4합, 1966.
34) 徐首生, 앞의 논문.

서 주목된다. 이 시기의 연구내용과 방법론은 서지학·불교문화사·출판인쇄사의 입장에서 板本의 정교성이나 우수성 등을 밝히는 작업이 주류를 이루었다. 특히 이재창은 여말선초의 한일관계에서 고려대장경이 차지하는 비중과 역할을 파악하면서, 일본의 입장과 태도 등도 함께 규명하였다. 이러한 연구내용과 시각은 이전에 비하여 상당히 새롭고 발전된 면모를 보이게 되었다.

이 시기의 연구시각은 당시 공업근대화의 추진과 식민주의 사학의 극복이라는 시대적 과제와 일치하고 있었다. 이는 徐首生이 팔만대장경의 가치를 민족적·세계적 문화유산으로 평가하고, 麗民上下의 민족적 단결과 無我統一精神이란 정신적 자세에서 완성될 수 있었다고 강조하여, 60년대 민족중흥의 기치아래 진행되고 있던 공업근대화에 대한 민족 전통적 의식의 토대를 제공한 점이나, 또한 이재창이 고려 충정왕대~조선 세종대까지 한일관계를 규정짓는 가장 중심적 매개체인 고려대장경이 왜구의 해소와 被虜人의 송환, 조선 초기 양국의 교역뿐 아니라 우리 불교문화의 일본 전래에도 큰 역할을 한 것으로 파악한데서 알 수 있다.

4) 1970~1979년

60년대의 연구경향을 계승하면서 새로운 연구방법론을 모색하였던 70년대의 연구자들로는 崔凡述35)·金斗鍾36)·高翊晋37)·安啓賢38)·文明大39)·徐首生40)·李箕永41)·閔賢九42)·朴尙均43) 등이 있다. 우선, 이

---

35) 崔凡述,「海印寺寺刊鏤板目錄」『東方學志』11, 1970.
36) 金斗鍾,「高宗의 再雕大藏經」『韓國古印刷技術史』, 탐구당, 1974.
37) 高翊晋,「證道歌事實의 著者에 대하여」『韓國佛教學』1, 1975 ;『韓國撰述佛書의 研究』, 민족사, 1987.
38) 安啓賢,「大藏經의 雕板」『한국사』6, 국사편찬위원회, 1975.
39) 文明大,「大藏都監 禪源寺址의 發見과 大藏都監板의 由來」『韓國學報』3, 1976.
40) 徐首生,「大藏經의 補遺藏經板 研究(1)」『慶北大論文集』22, 1976 ; 徐首生,「海印寺 大藏目錄板의 內容的 價値批判」『성봉김성배박사 화갑기념논집』, 1976 ;

시기의 연구 특성은 이전에 비해 연구자와 논문의 수가 양적으로 상당한 증가를 보이고 있으며, 60년대를 이어 한국 연구자들이 주도적으로 자리를 굳히고 있다는 사실이다. 이와 아울러 60년대 후반에 이어 이 시기에만 5편의 연구논문을 발표한 서수생[44]과 같은 전문 연구자가 활동하기도 하였다.

70년대 연구의 활성화는 60년대 후반부터 역사학계의 과제로 부각된 일제식민주의 역사학의 극복, 한국역사의 내재적 발전론에 관한 모색 경향, 또한 군사독재정권에 의한 민족 자주성의 강조와 근대화 논리탐색 등에 힘입은 바가 크다. 그리고 『고려대장경』의 영인본 출판[45]에 따른 자료의 보급도 큰 몫을 담당하였다.

70년대 연구 특성은 다음과 같은 점도 있다. 그 하나로, 이 시기 연구자들은 이전까지 성과물의 내용 전반을 체계적으로 정리·검토하기도 하였으나,[46] 상당수는 특정 내용만 심도있게 분석하거나 재검토하기도 하였다. 이와 관련된 내용으로는 보유판의 개별 경전[47]이나 전체 경전

徐首生, 「八萬大藏經의 補遺藏經板 硏究(上)」 『東洋文化硏究』 3, 1976 ; 徐首生, 「大藏經의 二重板과 補遺板 硏究」 『東洋文化硏究』 4, 경북대, 1977 ; 徐首生, 「八萬大藏經板 硏究－특히 二重板과 補遺板에 대하여－」 『韓國學報』 9, 1977.

41) 李箕永, 「高麗大藏經, 그 歷史와 意義」 『高麗大藏經』 48, 동국대 역경원, 1976.

42) 閔賢九, 「高麗의 對蒙抗爭과 大藏經」 『韓國學論叢』 1, 1978.

43) 朴尙均, 「高麗時代 經典 輸傳에 대한 考察」 『奎章閣』 3, 1979 ; 『高麗大藏經硏究資料集(2)』, 고려대장경연구회, 1989.

44) 서수생이 이 시기에 발표한 5편의 연구논문 가운데 「大藏經의 二重板과 補遺板 硏究」와 「八萬大藏經板硏究－특히 二重板과 補遺板에 대하여」 등 2편을 각각 다른 지면에 발표하였으나, 그 내용 이 중복된다. 즉, 전자 논문은 앞서 발표한 「大藏經의 補遺藏經板硏究(Ⅰ)」 논문의 내용에 二重板의 실상 부분만을 첨가한 것이고, 후자는 전자의 연구에 「八萬大藏經의 補遺藏經板硏究(上)」의 내용을 혼합한 것이었다.

45) 동국대역경원, 『高麗大藏經』 48책, 동국대 출판부, 1976.

46) 安啓賢 및 李箕永, 앞의 논문.

47) 高翊晋은 앞의 논문에서 보유 경전의 한 종류인 『南明泉和尙頌證道歌事實』의 저자가 고려 고종대의 禪匠 瑞龍庵(강원도) 連公임을 규명하였다(高翊晋, 앞의

의 저자와 성격,[48] 대장목록의 내용,[49] 고려대장경의 국내・외로의 流傳,[50] 대장도감의 위치,[51] 대몽항쟁과의 관련성[52] 등을 다룬 경우이다.

다음으로, 이 시기의 연구 방법론은 대개 이전의 불교사상・국어국문학・서지학・출판인쇄술 측면이 아직까지 주류를 이루고 있었으나, 새로운 연구경향도 모색되었다. 그 경우는 관계 문헌의 분석과 현장답사를 통해 본 대장경판의 각판・보관 장소였던 本司(대장도감)의 위치를 강화도의 禪源寺(社)로 파악한 文明大, 역사학의 연구방법론을 활용하여 판각사업을 대몽항쟁과 연관하여 서술한 閔賢九가 대표적이다. 특히 민현구는 조판의 경위와 주체, 불교계와의 관계, 의의 내지 성격을 종합 검토하여, 연구범위를 정치사와 불교사까지 확대시키기도 하였다.

마지막으로 이 시기의 시각과 경향은 식민주의 사학의 극복과 맞물려 내적 발전론의 탐색이나 민족적 창조성・우수성을 증명하는데 집중되어 있다. 이는 본 대장경판의 조성 배경과 동기, 교열의 정확성, 경판의 우수성을 高麗 外部가 아닌 고려 사람들의 불교신앙, 민족・佛法의 수호정신, 전통의식, 불교수준의 발달 등과 같은 내적 요인이나 발전론 및 민족성에서 찾고 있다는 사실과 관련된다. 이같은 시각에 입각하여 작업을 진행한 몇 연구자를 살펴보면, 다음과 같다.

논문).
48) 주 40)에 소개된 5편의 徐首生 논문 가운데 보유판 관련 4편 참조 ; 安啓賢, 앞의 논문.
49) 徐首生,「海印寺 大藏目錄板의 內容的 價値批判」, 1976.
50) 朴尙均, 앞의 논문.
51) 文明大는「大藏都監禪源寺址의 發見과 高麗大藏經板의 由來」에서 관계 문헌의 분석과 현장답사를 통해 해인사 팔만대장경목판의 각판・보관 장소였던 本司의 대장도감 위치가 江華島의 禪源寺라고 규명하였다. 이어 그는 이와 관련한 연구를 黃壽永과 공동으로 발표하였으나(黃壽永・文明大,「高麗禪源寺址 發見과 高麗大藏經板의 由來」『江華島學術調査報告書』1책, 동국대학교 강화도학술조사단, 1977), 앞 연구와 내용이 대부분 중복된다.
52) 閔賢九, 앞의 논문.

안계현은 본 대장경판의 조성배경을 고려사회 上下구성원들의 불교
에 대한 돈독한 신앙의 결과이며,[53] 經板의 정확한 교열의 이유를 당시
고려사회에서 契丹藏에 대해 이해할 수 있는 불교지식인들이 많았기 때
문[54]인 것으로 이해한 점이 그 경우이다. 또한 이기영이 조판의 동기를
"오로지 佛法을 신봉하는 맑고 바른 마음에서 정성을 다하여 국가와 민
족을 수호하고자 하는데 있었다"[55]고 한 것이나, 경전 글씨의 雄勁·端
正한 연유를 '한 자 한 자에 정성어린 호법·호국의 염원이 응결'[56]된
결과로 파악한 점에서도, 이같은 사실을 충분히 짐작할 수 있다. 뿐만
아니라 민현구도 대몽항쟁기 대장경 조판의 배경과 역사적 성격을 최씨
정권의 정치적 목적과 대몽항쟁기의 광범위한 민족의식과 문화의식의
고양, 그리고 당시 고려 불교가 지니는 높은 수준과 전통적 저력이 종합
되는 차원[57]으로 파악함으로써 내적 요인이나 발전론적 시각에서 판각
사업을 이해하고 있다. 이들 이외, 박상균을 비롯한 다수 연구자들의 논
문에도 내적 발전론과 민족사적 시각이나 의식이 투영되어 있다.

한편, 이 시기에는 李瑄根이『高麗大藏經』영인본의 일부인「高麗大
藏經 目錄과 索引 및 解題」를 일본어로 번역[58]하였고, 鄭炳浣은 1915년
朝鮮總督府의 事務官인 小田幹治郎이 조선총독 寺內正毅에게 제출한
보고서「高麗大藏經(再雕)印刷顚末」을 우리말로 옮기기도 하였다. 이로
써 이들은 한일 양국의 연구자들에게 자료 접근의 용이함과 연구 역량의
향상을 위한 바탕을 제공하였다. 특히 1937년 '高麗國刊藏經 印經佛事'
에 관여한 崔凡述은 당시의 조사를 근거로 해인사에 소장된 寺藏本의

---

53) 安啓賢, 앞의 논문, 62쪽.
54) 安啓賢, 앞의 논문, 54쪽.
55) 李箕永, 앞의 논문, 10쪽.
56) 李箕永, 앞의 논문, 10~11쪽.
57) 閔賢九, 앞의 논문, 51~52쪽.
58) 李瑄根,『高麗大藏目錄, 索引, 解題(일본어판)』, 동명사, 1978.

자료 전반을 정리·소개, 이후 불교사나 대장경 연구자들에게 크게 도움을 주었다.

5) 1980~1989년

80년대의 대표적 연구자는 千惠鳳[59]·朴相國[60]·김자연[61]·權熹耕[62]·이혜성[63]·徐首生[64]·李箕永[65]·許興植[66]·鄭駜謨[67] 金相鉉[68] 등으로 70년대에 이어 수적으로 증가 추세를 보였다. 이들 연구자는 각 분야에서 상당한 업적을 축적한 원로·중견으로 대장경 관련 연구나 발표에도 적극 참여하였다.

70년대를 이어 80년대에도 연구 분위기가 활성화된 배경에는 우리문화에 대한 재인식, 해인사 고려대장경연구회 주도의 '고려대장경에 관한 학술발표회' 개최[69]와 1·2차 연구 자료집의 간행,[70] 그리고 강화경판

59) 千惠鳳, 『羅麗印刷術의 研究』, 경인문화사, 1980 ; 千惠鳳, 「高麗再雕大藏經의 書誌學史的 視覺」, 1987 ;『高麗大藏經研究資料集(2)』, 고려대장경연구회, 1989.
60) 朴相國, 「海印寺 大藏經板에 대한 再考察」『韓國學報』33, 1983 ; 朴相國, 「高麗大藏經」『東國文化』6-11, 1984.
61) 김자연, 「『팔만대장경』의 출판문화사적 가치」『력사과학』11호, 1985.
62) 權熹耕, 『高麗寫經의 研究』, 미진사, 1986.
63) 이혜성, 『八萬大藏經』, 보성문화사, 1986.
64) 徐首生, 「八滿大藏經과 佛教文化史上의 價値性 및 保存策」, 1987 ;『高麗大藏經研究資料集(2)』, 고려대장경연구회, 1989.
65) 李箕永, 「高麗大藏經의 文化史的 意義」, 1987 ;『高麗大藏經研究資料集(2)』, 고려대장경연구회, 1989.
66) 許興植, 「1306년 高麗國大藏移安記」『高麗大藏資料集(1)』, 1987 ; 許興植, 「高麗高宗官版大藏經 補板의 範圍와 思想性」『美術史學論叢』, 蕉雨黃壽永博士古稀紀念, 1988 ;『韓國中世佛教史研究』, 일조각, 1994.
67) 鄭駜謨, 「高麗再雕大藏目錄考」『圖書館學』17, 한국도서관학회, 1989.
68) 金相鉉, 「『法界圖記叢髓錄』考」『韓國史學論叢』, 千寬宇先生還曆紀念, 1989.
69) 1987년 책의 날 제정기념으로 이루어진 이 발표회에는 6명의 전문 연구자들이 참여하였다. 불교학자인 李箕永이 「高麗大藏經의 文化史的 意義」, 해인사 강원 강주인 무관이 「고려대장경과 해인사 3월 정대불사의 관계」, 서지학자인 徐首生

『고려대장경』의 전산화작업 시작 등이 크게 작용하였다. 그러면서도 이
시기의 연구내용과 방법 및 시각은 대부분 70년대의 경향을 크게 벗어
나지 못하고 서지학·불교문화·출판 문화사적 우수성이나 정교성, 내
용의 정확성과 풍부성 등을 밝히는데 주력하고 있다.

이에 비해 일부의 연구자는 새로운 자료를 활용하여 기존 연구내용의
재검토 작업과 함께 연구방법 및 시각에서도 변화가 나타났다. 박상국은
각 경판의 마지막 권에 새겨진 刊記를 조판 연도별·장소별로 분석하여,
자신의 연구에 적극 활용하였는데, 이로써 해인사 대장경판의 명칭, 대
장·분사도감의 기능과 존폐시기, 분사도감의 위치, 副藏의 성격과 범주
규정 등을 새롭게 해석하였다.[71] 정필모도 이 자료를 활용하였으며, 또
한 재조 대장목록·교정별록 및 唐宋代의 각종 주요 佛典目錄을 상호
면밀히 대조·분석하여 재조 대장목록의 구성내용과 체제를 서지학적
입장에서 규명하였다. 허흥식은 補版의 범위를 새로 발견한 4종의 분사
도감판까지 확대하여 포함시켰고, 또한 이전까지 주로 형태 서지학이나
국문학사 범주에 머물러 있던 보판의 연구경향을 극복하여, 보판에 반영
된 사상성을 당시 불교계의 현실성과 각 종파에 연결시켜 밝히기도 하였
다. 그리고 김상현은 보유판의 일종인 『法界圖記叢髓錄』의 내용구성과
편찬시기 및 인용문헌 등을 분석하여, 그것이 가지는 불교사적 의미를
검토하였다.

과 千惠鳳이 「八萬大藏經과 佛敎文化史上의 價値性 및 保存策」과 「高麗再雕大
藏經의 書誌學的 視角」, 문화재 전문가인 朴相國이 「海印寺 大藏經板에 對한 再
考察」, 불교사 전공자인 許興植이 「高宗官版大藏經의 雕成過程과 思想性」 등을
발표하였으나, 그 일부에는 자신이 지면에 기왕 공개한 내용도 포함되었다(고려
대장경연구회, 『高麗大藏經硏究資料集(2)』, 1989, 374~375쪽).

70) 고려대장경연구회, 『高麗大藏經硏究資料集(1)』, 1987 ; 고려대장경연구회, 『高麗
大藏經硏究資料集(2)』, 1989.

71) 朴相國, 앞의 논문, 1983.

6) 1990~2006년

1990년대 우리문화에 대한 인식확산 및 고려대장경연구소의 본격적인 활동과 더불어 강화경판『고려대장경』에 대한 새로운 연구자료가 조사·정리되면서 연구 분위기는 크게 고조되었다. 특히 1990년부터는 새로운 자료가 정리되어 연구에 적극 활용되면서 연구 내용·방법·시각도 크게 변화하게 되었다. 이 시기에는 일제시대 일본 연구자가 조사한 연구자료를 정리하여 유고자료로 소개하기도 하였으나,[72] 우리나라 연구자들이 연구를 주도하였으며, 다양한 분야의 전문 연구자들이 관심을 가지게 되었다. 한국사 연구자로는 金甲周[73]·金潤坤[74]·金皓東[75]·許興植[76]·文暻鉉[77]·金光植[78]·朴相國[79]·金相永[80]·崔永好[81]·

72) 藤田亮策,「海印寺雜板攷」『朝鮮學報』138·139·140, 1991.
73) 金甲周,「高麗大藏都監 研究」『不聞聞』창간호, 영취불교문화원, 1990.
74) 金潤坤,「高麗大藏經의 彫成機構와 刻手의 性分」『民族史의 展開와 그 文化(上)』, 碧史李佑成敎授停年退職紀念論叢, 창작과 비평사, 1990 ; 金潤坤,「『江華京板 高麗大藏經』의 체제에 관한 一考」『釜山女大史學』10·11합, 碧庵文炳萬敎授停年紀念論叢, 1993 ; 金潤坤,「『고려대장경』의 각판과 국자감시 출신」『國史館論叢』46, 국사편찬위원회, 1993 ; 金潤坤,「『大般若經』의 刻成과 反蒙抗戰」『한국중세사연구』2, 한국중세사연구회, 1995 ; 金潤坤,「高麗國 分司大藏都監과 布施階層」『民族文化論叢』16, 영남대 민족문화연구소, 1996 ; 金潤坤,「고려대장경의 東亞大本과 彫成主體에 대한 考察」『石堂論叢』24, 동아대 석당전통문화연구원, 1997 ; 金潤坤,「江華京板『高麗大藏經』內·外藏의 특징」『民族文化論叢』18·19합, 1998 ; 金潤坤,「『高麗大藏經』조성의 참여계층과 雕成處」『人文科學』12, 경북대 인문과학연구소, 1998 ; 金潤坤,「강화경판 고려대장경 外藏에 入藏된『法界圖記叢髓錄』과『宗鏡錄』의 분석」『民族文化論叢』20, 1999 ; 金潤坤·金皓東,「『강화경판고려대장경』각성활동의 참여계층」『한국중세사연구』3, 1996. 한편 이상의 글은 金潤坤,『고려대장경의 새로운 이해』(불교시대사, 2002)에서 수정·정리되었다. 김윤곤 편,『高麗大藏經 彫成名錄集』, 영남대 출판부, 2001 ; 김윤곤,「고려 '國本'대장경의 혁신과 그 내용」『民族文化論叢』27, 2003.
75) 金皓東,「『禪門拈頌』과 眞覺國師 慧諶」『民族文化論叢』18·19합, 1998 ; 金皓東,「『續高僧傳』과『大唐西域求法高僧傳』에 입전된 韓國高僧의 행적」『民族文化論叢』20, 1999 ; 金潤坤·金皓東, 위의 논문.
76) 許興植,「高麗高宗官版大藏經의 造成經緯와 思想性」『歷史敎育論集』13·14합,

崔然柱[82] · 鄭東樂[83] · 韓基汶[84] · 裵相賢[85] · 민현구[86] · 蔡尙植[87]

1990 ;『韓國中世佛敎史硏究』, 일조각, 1994.

77) 文暻鉉,「高麗大藏經 雕造의 史的 考察」『佛敎와 歷史』, 李箕永博士古稀紀念論叢, 1991.

78) 金光植,「鄭晏의 定林社 創建과 南海分司都監」『建大史學』8, 1993 ;『高麗武人政權과 佛敎界』, 민족사, 1995.

79) 朴相國,「大藏都監의 板刻性格과 禪源寺問題」『韓國佛敎文化思想史(上)』, 伽山李智冠스님華甲紀念論叢, 1992.

80) 金相永,「一然과 再造大藏經 補板」『중앙승가대학 논문집』2, 1993 ; 金相永 外,「高麗大藏經과 南海分司都監」『南海分司都監 關聯 基礎調査 報告書』, 佛敎放送學術調査團 · 南海郡, 1994.

81) 崔永好,「武人政權期 崔氏家 家奴와『高麗大藏經』판각사업」『釜山女大史學』10 · 11합, 碧庵文炯萬敎授停年紀念論叢, 1993 ; 崔永好,「『江華京板 高麗大藏經』邊界線 소재 인명의 판각사업 참여형태」『한국중세사연구』2, 한국중세사연구회, 1995 ; 崔永好,「고려 무인집권기 승려지식인 山人의『江華京板 高麗大藏經』각성사업참여」『石堂論叢』21, 동아대 석당전통문화연구원, 1995 ; 崔永好,「華嚴宗系列 僧侶의 江華京板『高麗大藏經』각성사업 참여」『釜山史學』29, 1995 ; 崔永好,「海印寺 所藏本『大方廣佛華嚴經疏』 · 『大方廣佛華嚴經隨疏演義鈔』의 판각 성격」『한국중세사연구』4, 1997 ; 崔永好,「南海地域의 江華京板『高麗大藏經』각성사업 참여」『石堂論叢』25, 1997 ; 崔永好,「瑜伽宗의 江華京板『高麗大藏經』각성사업 참여」『釜山史學』33, 1997 ; 崔永好,「天台宗系列의 江華京板『高麗大藏經』각성사업 참여」『지역과 역사』3, 1997 ; 崔永好,「海印寺 所藏本『大藏一覽集』刻成時期의 재검토와 판각의 현실관」『한국중세사연구』6, 1999 ; 崔永好,「江華京板『高麗大藏經』각성사업의 주도층」『韓國中世社會의 諸問題』, 金潤坤敎授停年紀念, 한국중세사학회, 2001 ; 崔永好,「13세기 중엽 江華京板『高麗大藏經』의 刻成事業과 海印寺」『한국중세사연구』13, 2002 ; 崔永好,「13세기 중엽 경주지역 分司東京大藏都監의 설치와 운영형태」『新羅文化』27, 동국대 신라문화연구소, 2006 ; 崔永好,「13세기 중엽 강화경판『고려대장경』의 조성공간과 경주 東泉社」『한국중세사연구』20, 2006 ; 崔永好,『江華京板 高麗大藏經刻成事業의 硏究』, 영남대 박사학위논문, 1996.

82) 崔然柱,「高宗 24年『江華京板 高麗大藏經』의 刻成事業」『한국중세사연구』5, 1998 ; 崔然柱,「江華京板『高麗大藏經』의 刻成者 참여 실태와 그 특성」『韓國中世社會의 諸問題』, 한국중세사학회, 2001 ; 崔然柱,「12 · 3세기 典籍 刊行의 유형과 그 성격」『考古歷史學志』17 · 18합, 동아대박물관, 2002 ; 崔然柱,「『高麗大藏經』刻成人의 참여형태와 彫成空間」『한국중세사연구』16, 2004 ; 崔然柱,「修禪社와 강화경판『고려대장경』彫成」『大丘史學』81, 2005 ; 崔然柱,「江華

등이, 서지학·국문학 연구자로는 千惠鳳88)·吳龍燮89)·南權熙90)·정필
모91)·정재영92)·조동일93) 등이 있다. 또한 불교학94)과 고고학95) 및

京板『高麗大藏經』각성인과 도감의 운영형태」『역사와 경계』57, 2005 ; 崔然
柱,「『合部金光明經』간행과 『高麗大藏經』각성사업」『古文化』66, 한국대학박
물관협회, 2005. 이상의 글은 崔然柱,『高麗大藏經 研究』(경인문화사, 2006)에서
수정·정리되었다.
83) 鄭東樂,「『江華京板高麗大藏經』造成의 參與僧侶層과 對蒙抗爭」『嶠南史學』7,
영남대, 1996.
84) 韓基汶,「江華京板 高麗大藏經 소재 均如의 著述과 思想」『한국중세사연구』4,
1997 ; 韓基汶,「『祖堂集』과 新羅·高麗 高僧의 行蹟」『한국중세사연구』6, 1999.
85) 裵相賢,「『高麗國新雕大藏校正別錄』과 守其」『民族文化論叢』17, 영남대, 1997 ;
裵相賢,「高麗時代人의 元曉觀과『金剛三昧論經』의 入藏」『白楊史學』15, 신라
대, 1998 ; 裵相賢,「고려시기 晉州牧 지역의 寺院과 佛典의 조성 - 分司 南海大
藏都監과의 관련성을 중심으로 - 」『大丘史學』72, 2003.
86) 민현구,「고려대장경 - 再彫藏經의 역사성을 중심으로 - 」『한국사시민강좌』23,
일조각, 1998. 이 글은 기왕에 발표한 논문인「高麗의 對蒙抗爭과 大藏經」(韓國
學論叢』1, 1978)을 기본으로 삼고, 일부 연구자의 연구 성과 - 특히 고려대장경
의 불교문화·서지학적 가치를 수용하여 첨삭하였다.
87) 채상식,「해제」『한글대장경 高麗國新雕大藏校正別錄』, 동국역경원, 2002.
88) 千惠鳳,「木板本」『韓國書誌學』, 민음사, 1991 ; 千惠鳳,「高麗 典籍의 集散에
관한 研究」『고려시대연구』Ⅱ, 한국정신문화연구원, 2000.
89) 吳龍燮,「『高麗新雕大藏經』後刷考」, 중앙대 박사학위논문, 1994 ; 吳龍燮,「江都
시기에 완성한 高麗大藏經의 의미와 제 문제」『仁川文化研究』2, 인천시립박물
관, 2004.
90) 南權熙,「高麗本『慈悲道場懺法』권제1 ; 5와 그 口訣 紹介」『書誌學報』11,
1993 ; 南權熙,「13세기 天台宗 관련 高麗佛經 3種의 書誌的 考察 -『圓覺類解』,
『弘贊法華傳』,『法華文句幷記節要』」『季刊書誌學報』19, 1997 ; 南權熙,「고려
구결본『(合部)金光明經』권3에 관한 서지적 고찰」『서지학연구』15, 1998.
91) 정필모,「高麗初雕大藏經 및 八萬大藏經의 성립과 의의」『한국불교사의 재조명』,
불교시대사, 1994.
92) 정재영,「合部金光明經(卷3)釋讀口訣의 表記法과 한글 轉寫」『구결연구』3, 1998.
93) 조동일,「大藏經 往來의 文化史的 意義」『동아시아 比較文化』창간호, 2000.
94) 정승석 편,『高麗大藏經 해제』권1~6, 고려대장경연구소, 1998 ; 최법혜,『고려
판 선원청규 역주』, 伽山佛教文化研究院, 2001 ; 이창섭·최철환 역,『重編曹洞
五位』, 대한불교진흥원, 2002 ; 박진효 외 역,『한글대장경 高麗國新雕大藏校正
別錄』, 동국역경원, 2002.

임업 전문가[96]도 연구에 동참하였으며, 북한에서는 윤용태[97] 등도 연구
를 진행하였다. 그 외 한국사 전공자들 가운데는 자신들의 연구 주제를
파악하면서 본 대장경의 판각사업에 대해서도 단편적으로 다루기도 하
였다.[98] 이들 연구자들 가운데 한국중세사를 전공하던 김윤곤·최영
호·최연주 등이 새로운 연구 자료와 방법·시각을 제시하면서 전문연
구자로 자리매김을 하고 있다.

　이 시기의 연구경향으로는 다음의 주제별 연구동향에서 구체적으로
설명하겠지만, 새로운 자료를 정리·분석하여 연구에 적극 활용하고 있

---

95) 불교방송학술연구단·남해군, 『南海分司都監 關聯基礎調査 報告書』, 불교방송,
　　1994 ; 동국대박물관·강화군, 『史蹟 259호 江華 禪源寺址 發掘調査報告書』 Ⅰ,
　　동국대, 2003.

96) 朴相珍, 「고려대장경판의 재질로 본 판각지에 대한 고찰」, 『人文科學』 12, 경북대,
　　1998 ; 朴相珍, 『다시 보는 팔만대장경판 이야기』, 운송신문사, 1999.

97) 윤용태, 「『팔만대장경』 목판의 보존 경위에 대하여」, 『력사과학』 1993년 제2호(누
　　게 제146호), 1993.

98) 이들 이외의 상당수 한국사 전공자들이 1990년대 이전부터 본 대장경판의 판각사
　　업에 대해 단편적으로 언급하기도 하였다. 이들 글은 본 연구를 진행하는 과정에
　　서 언급하기로 한다. 李佑成, 앞의 논문 ; 崔柄憲, 「高麗時代 華嚴學의 變遷」, 『韓
　　國史硏究』 30, 1980 ; 崔柄憲, 「高麗時代 華嚴宗團의 展開過程과 그 歷史的 性
　　格」, 『韓國史論』 20, 국사편찬위원회, 1990 ; 兪瑩淑, 「崔氏武人政權과 曹溪宗」,
　　『白山學報』 33, 1986 ; 尹龍爀, 「대몽항쟁기무인정권의 강도생활」, 『韓國史學論
　　叢』, 崔永禧先生華甲紀念, 1987 ; 蔡尙植, 『高麗後期佛敎史硏究』, 일조각, 1991 ;
　　許興植, 「佛敎書의 刊行 현황과 방향」, 『書誌學報』 8, 1992 : 『韓國中世佛敎史硏
　　究』, 일조각, 1994 ; 許興植, 「고려시대의 서적간행」, 『國史館論叢』 71, 국사편찬
　　위원회, 1997 ; 韓基斗, 「『禪門拈頌』의 편찬에 따르는 혜심선의 의지」, 『普照思想』
　　7, 1993 ; 崔永好, 「崔氏武人政權의 國家的 土木事業 운영형태와 그 정치적 목적」,
　　『청강이형규박사 고희기념논문집』, 마산전문대학, 1994 ; 崔永好, 「고려시대 사
　　원수공업의 발전기반과 그 운영」, 『國史館論叢』 95, 국사편찬위원회, 2001 ; 崔永
　　好, 「13세기 중엽 智異山의 安養結社 - 경상남도 고성군 玉泉寺 소장의 智異山安
　　養社飯子를 중심으로 - 」, 『考古歷史學志』 17·18합, 동아대박물관, 2002 ; 崔永
　　好, 「13세기 중엽 趙文柱의 활동과 정치적 성향」, 『한국중세사연구』 16, 2004 ;
　　홍영의, 「高麗後期 大藏都監刊 『鄕藥救急方』의 刊行經緯와 資料性格」, 『韓國史
　　學史硏究』, 조동걸선생정년기념 논총간행위원회, 1997.

다는 사실이 주목된다. 각 경판의 界線 안팎에 새겨진 刻手들의 人·法名과 함께 여타의 事實을 조사하여 체계화한 자료,[99] 강화경판의 外藏에 포함된 소위 海印寺의 보유판과 寺·私藏本에 판각된 각수와 지·발문 자료를 새롭게 조사·정리한 자료, 그리고 분사도감에서 조성된 『東國李相國集』의 跋尾 등에 대해 재분석한 자료 등을 연구에 적극 활용하고 있다. 이로써 본 대장경의 판각사업에 대한 연구는 사료의 한계를 상당 부분 극복하면서 새로운 연구 내용과 시각을 제시하고 있다.

이 시기의 연구자들 가운데는 이전의 연구경향이나 범주에 머물러 있는 경우도 있지만, 연구시각과 방법을 달리하면서 다양한 사실들을 밝혀내고 연구의 체계화를 모색하고 있다. 그 연구 내용은 주제별 연구동향에서 구체적으로 설명하겠지만, 본 대장경판의 명칭, 사업주체, 조성배경·목적, 판각공간과 함께 외장에 포함된 개별 경판의 판각시기와 성격 등에 대해 재검토되었으며, 대장경판의 구성체제와 성격, 조성기구의 조직체계와 운영형태, 사업의 연도별 진행추이, 참여자들의 출신성분과 현실인식, 그리고 『高麗國新雕大藏校正別錄』의 분석과 함께 외장에 포함된 개별 경전에 대한 사상적 성격 등에 대해 새롭게 밝혀지게 되었다. 이들 연구 가운데 상당 내용은 최근 여러 연구자들의 평가에서도 공감을 얻고 있다.[100] 이로써 최씨무인정권 중심의 이해경향을 극복하고 대장경판에 담겨져 있는 역사·문화적 성격을 객관적으로 규정할 수 있는 계기도 마련되고 있다.

---

99) 김윤곤 편, 앞의 책, 2001.
100) 채상식, 「고려후기 불교사 연구현황과 과제」『人文科學』12, 1998 ; 「고려·조선시기 불교사 연구현황과 과제」『韓國史論』28, 국사편찬위원회, 1998 ; 김광철, 「회고와 전망」『歷史學報』163, 1999 ; 채웅석, 「회고와 전망」『歷史學報』175, 2001.

2. 주제별 연구동향

1) 초기 일본 연구자들의 연구동향

강화경판 『고려대장경』에 대한 근대적인 연구도 다른 학문분야와 마찬가지로 일제침략기와 식민지시대부터 시작되었다. 이능화·권상로·이병도 등 일부의 한국 연구자를 제외하면, 그 대부분은 총독부의 관리나 일제식민주의 학자들이었다. 일본 연구자들이 초기부터 본 대장경판에 관심을 가지게 된 배경은 총독부 관리들이 본 대장경판의 보존 실태조사[101]나 일제 황실의 御寺인 京都 東山의 泉湧寺에 인경본을 시납하기 위한 준비 작업[102]에 있었다. 그 과정에서 이들은 고려대장경의 판각 연대나 조성 回次와 더불어 대장경이 중국대륙에서 한반도로 전래한 사실과 우리나라에서 판각·인경한 사실 및 여기에 관련된 몇몇의 의문점들을 검토하였다.[103]

그런데 이러한 요인은 외형적인 배경에 불과하며, 실제로는 다른 요소들이 크게 작용하였다. 하나의 요인은 본 대장경판의 일본 유출 내지 수탈을 위한 사전 실태조사에 있었다. 당시 일본 연구자들 가운데도 본 대장경판이 20세기 초기의 현존 대장경 가운데 학술상 가장 우수하며 세계적인 문화유산으로 평가를 하고 있었다.[104] 일본은 이미 고려 창왕 때부터 조선 세종 때까지 그들의 국왕이나 서부지방의 호족들이 우리나라에 고려대장경[105]을 청구하다가 수용되지 않으면 군사 침략으로 압박

---

101) 村上龍佶, 『海印寺大藏經版調査報告書』, 1910.
102) 小田幹治郎, 「大藏經奉獻顚末」, 1915 ; 『小田幹治郎遺稿』, 1931, 75쪽.
103) 池內宏, 「高麗朝の 大藏經(上)」 『東洋學報』 13-3, 1923 ; 『滿鮮史硏究』 中世2, 1937, 484쪽.
104) 池內宏, 위의 책, 487쪽.
105) 이들이 청구한 고려대장경은 강화경판 『고려대장경』도 포함되어 있다.

하기도 하였으며,[106] 임진왜란 때에는 豊臣秀吉이 고려대장경의 인경본을 약탈하여 전리품으로 가져갔다.[107] 일제시대에는 일본인들이 강화경판『고려대장경』을 인경하여 일제 황실의 御寺인 京都 泉湧寺에 시납하고,[108] 이후 만주국의 황제에게 선사한 사실[109]도 있으며, 특히 본 대장경판의 일본으로의 유출 시도를 계획하기도 하였다. 이같은 사실에서, 일본인들은 과거 여말선초부터 일제식민지시대까지 강화경판『고려대장경』이나 그 인경본을 일본으로 유출 내지 수탈을 위해 집요하게 관심을 가지고 있었다는 사실이 확인된다.

다른 하나로는 1922∼1934년 일제가 국가적 사업으로 조성한『大正新修大藏經』의 기본자료 확보와도 관련이 있었다. 잘 알려진 바와 같이,『대정신수대장경』의 저본은 강화경판『고려대장경』이며, 일제 연구자의 고려대장경에 대한 실태조사나 연구는『대정신수대장경』의 조성사업이 시작된 초기와 그 이전의 시기인 1910∼1926년에 집중되어 있다. 특히 이 조성사업을 마무리하는 과정에서 핵심적인 역할을 담당한 小野玄妙가 1910년에 해인사 소장의 강화경판에 대해 본격적으로 연구하고 1929년에 고려대장경의 雕印 전반을 살펴보기도 하였다.[110] 이같은 사실에서, 일제가『대정신수대장경』의 조성에 필요한 기초자료를 확보하기 위해 강화경판에 대해 집중적으로 관심을 가졌다고 볼 수 있을 것이다.

이러한 초기 일본 연구자들은 관련된 분산자료를 수집·정리하고, 근대적인 연구방법을 제시하면서 강화경판『고려대장경』의 학문적 해명을 위한 계기를 제공하여 이후의 연구자들에게 도움을 주기도 하였다. 그럼

---

106) 李載昌,「麗末鮮初의 對日關係와 高麗大藏經」『佛教學報』 3·4합, 1966.
107) 常盤大定, 앞의 논문, 655∼656쪽.
108) 小田幹治郎, 앞의 책, 75쪽.
109) 小野玄妙,「高麗大藏經雕印考」『佛典研究』 1-4, 1929.
110) 小野玄妙,「韓國海印寺의 大藏經板에 就いて」『東洋哲學』 17-3, 1910 ; 小野玄妙,「高麗大藏經雕印考」『佛典研究』 1-4, 1929.

에도 불구하고, 이들은 연구시각이나 방법론에서 상당한 문제점을 드러
내고 있다.

우선, 강화경판의 판각사업에 담겨져 있는 불교적·역사적 성격을 의
도적으로 평가절하 내지 왜곡하고 있다는 사실이다. 물론 小田幹治郎은
본 경판의 조성배경을 李奎報의 「大藏刻板君臣祈告文」 내용을 인용하
여 "역사를 살펴봄에 당시 몽고는 신흥의 세력을 갖추어 자주 고려를
침략하여 고종 19년 드디어 수도를 개성으로부터 江華島에 옮겼다. 刻
藏은 곧 천도의 후에 佛力을 빌려 적병을 물리치려고 하였으며 이에 稀
世의 사업을 이룩한 것이다"[111]라고 한데서 알 수 있듯이, 몽고의 격퇴
라는 鎭護國家에 있었다고 하였다.

그런데 대부분의 일본 연구자들은 이러한 조성배경을 평가절하하여
왜곡하였다. 수차례에 걸쳐 관련논문을 발표한 불교철학자 常盤大定, 또
한 1920년대 초반까지 기존의 관련논문을 종합·정리한 池內宏의 연구
에서 확인된다. 常盤大定은 현종·문종 때의 刻藏 배경(『符仁寺藏 大藏
經板』, 소위 『초조대장경』의 조성배경)을 '암묵간에 북방 거란의 刻藏에
拮抗하고, 국력상에 있어서 뒤지나 문화상으로 우월하다는 포부에서 실
행된 것'으로 해석하고, 아울러 이규보의 기고문에 나타난 외적(거란병)
격퇴의 기원을 미신적 분자가 혼입된 것[112]으로 평가하였으며, 고려 고
종 때 다시 판각된 대장경의 조성동기도 『부인사장 대장경판』과 같은
맥락에서 이해하고 있는 듯하다.[113] 뿐만 아니라 池內宏도 본 대장경판
의 문화적 가치를 높이 평가하면서도, '고려의 君臣은 종교상의 미신이
(강화경판을) 그렇게 (조성하게) 하였다'[114]라고 하여, 조성배경을 13세

111) 小田幹治郎, 앞의 책, 53쪽.
112) 常盤大定, 「大藏經彫印攷」 『哲學雜誌』 28-321, 1913, 1164쪽.
113) 常盤大定, 위의 논문, 1164·1177쪽.
114) 池內宏, 「高麗朝の 大藏經(上)」 『東洋學報』 13-3, 1923 ; 위의 책, 1937, 485~
     488쪽.

기 중엽 고려 국왕과 관료들의 종교적 미신으로 평가절하・왜곡하였
다.[115]

또한 이들 초기 일본 전문연구자들 가운데는 진호국가의 종교적・역
사적 성격과 함께 판각사업의 주체에 대해서도 평가절하하고 있다. 강화
경판 판각사업의 주체에 대한 이해는 사업 배경과 목적, 大藏・分司都
監의 설치경위와 그 위치 및 운영형태, 사업경비와 현장인력의 확보형
태, 참여자의 참여범위 및 그 의식,『符仁寺藏 大藏經板』(소위 초조대장
경)의 소실 경위 등을 이해하는 바로미터이다. 때문에 기존의 많은 연구
자들은 이에 대해 일찍부터 관심을 가지고 다양하게 분석하였다. 그 관
심은 초기 일본인 연구자들로부터 비롯되었다.

1915년 당시 조선총독부의 事務官인 小田幹治郎[116]은 李奎報의「大
藏刻板君臣祈告文」을 근거로 삼아 조성 주체를 君臣, 즉 국가로 상정하
였다. 1920년대 초반까지 관련 논문을 정리한 池內宏도 이 기고문을 바
탕으로 江都의 君臣이 사업을 수행하였다고 서술하였다.[117] 그러나 곧
이어 발표한 글에서는『고려사』권129, 崔忠獻 附 崔沆傳 및 권100, 鄭
淑瞻 附 鄭晏傳 등을 핵심적인 분석 자료로 삼아 사업의 주체를 국가가
아닌 崔怡－崔沆부자[118]와 그의 사위(실제는 정안이 최이와 처남매부)
인 鄭晏[119] 등과 같이 무인 최씨정권의 개인적 차원이라고 규정하였다.
아울러 그는 판각사업 당시 최씨부자의 食邑이 南海와 가까운 晉州에
있었고, 鄭晏이 南海에 퇴거하여 있었다는 사실도 이들 개인이 南海分

---

115) 다른 글에서도 본 대장경판의 조성목적을 고려 국왕과 관료들의 종교적 미신이
　　나 불교의 탐닉에 기인하였다고 재차 언급하였다(池內宏,「高麗朝의 大藏經(下)」
　　『東洋學報』14-1, 1924 ; 위의 책, 567쪽).

116) 小田幹治郎,「大藏經奉獻顚末」, 1915 ;『小田幹治郎遺稿』, 1931, 53쪽.

117) 池內宏,「高麗朝의 大藏經(上)」『東洋學報』13-3, 1923 ; 위의 책, 488쪽.

118) 池內宏,「高麗朝의大藏經(下)」『東洋學報』14-1, 1924 ; 위의 책, 569～571쪽.

119) 池內宏, 위의 책, 569～571쪽 ; 池內宏,「「高麗朝의大藏經」에 關하는 一二의補
　　正」『東洋學報』14-4, 1924 ; 위의 책, 634쪽.

司都監의 설치·운영에 있어서 주도적인 역할을 한 내용을 주요 단서로 삼고 있다. 이러한 이해 방식은 일제 식민주의 연구자들이 판각사업의 역사적 성격이나 배경을 평가절하 하는 태도와 그 맥락을 같이하며, 고려 불교의 국가적 염원과 기능을 도외시한 것이다.

이처럼 일제식민주의 연구자들 가운데는 강화경판의 판각사업에 담겨져 있는 고려불교의 국가적 염원과 기능인 진호국가의 성격을 왜곡하여 부인하고 최씨무인정권의 개인적 측면을 강조하였다. 이러한 이해방식은 식민지배 하에서 성장하고 있던 민족해방 운동세력의 독립의식과 실천의지를 무력화하는데 기여하였던 것이다.

둘째로는, 본 대장경의 판본에 담겨져 있는 불교문화와 출판인쇄술의 가치를 부인하였다. 池內宏은 강화경판 『고려대장경』이 현존하는 여러 藏經板 가운데 가장 완비되고 정확하며 학술상으로 우수하여 현존하지 않는 옛 대장경의 판본 모습을 살필 수 있는 자료이며, 보존 상태도 매우 양호하다고 하면서,[120] 불교문화사·서지학·보관기술의 우수성을 인정하였다. 그러면서도 그는 고려대장경의 각성을 중국 대륙의 대장경 전래에 따랐다고 파악하여, 고려 불교문화의 내적 발전역량과 수준을 부인하고 중국대륙의 외래성과 모방성을 강조하고 있다. 특히 앞서 언급한 바와 같이, 常盤大定은 재조대장경(강화경판 『고려대장경』)의 조성을 거란의 판각사업에 拮抗한 것으로 파악하여, 동일선상에서 이해하고 있다. 뿐만 아니라 그는 강화경판에 입장된 개별 경판의 邊界線 안팎에 새겨진 '義天'을 고려 문종 때 大覺國師 의천과 동일 승려로 파악한 다음, 강화경판을 『符仁寺藏 大藏經板』(초조대장경)의 覆刻本으로 이해하여,[121] 13세기 중엽 고려 불교문화의 내적 발전능력을 부인하고 출판인쇄술과 불교문화의 停滯性을 강조하고 있다. 이처럼 일제식민주의 연구자들은

---

120) 池內宏,「高麗朝의 大藏經(上)」『東洋學報』13-3, 1923 ; 위의 책, 487~488쪽.
121) 常盤大定, 앞의 논문, 1178~1180쪽.

강화경판에 담겨져 있는 고려 불교문화의 내적 발전능력이나 수준을 부인하고, 중국 대륙의 모방성과 우리 문화 및 인쇄기술의 停滯性을 강조하고 있다.

셋째로는 강화경판에 관련된 과거 일본의 역사적 과오를 은폐하였다. 일제식민주의 연구자들은 조선 태조 때 강화경판을 강화도에서 해인사로 옮겨 봉안한 가장 중요한 이유 가운데 하나가 '왜구의 침략' 때문인데도[122] 불구하고, 그 사실을 누락하거나 그 구체적인 용어를 대신하여 '兵燹(兵火)을 피하기 적당한 地區'와 같이 모호하게 설명하였으며,[123] 또한 옮긴 이유나 배경보다 그 시기나 경로에 대해 집중적으로 설명하였다. 이로써 이들은 우리나라의 세계적인 문화유산에 대한 지속적인 약탈 사실이나 역사적 과오를 의도적으로 은폐·축소하고 있다는 사실을 확인할 수 있다.

마지막으로는 대부분의 연구가 서지학이나 불교문화사 등 제한된 분야에서 진행되었다. 이는 먼저, 常盤大定이 처음 소개한 변계선 소재의 人·法名을 판본의 성격이나 판각 횟수를 밝히는 자료로 활용하였다는 사실에서 확인된다. 이들 자료는 참여자의 출신성분과 그 의식, 사업의 진행과정, 판각공간 등을 밝힐 수 있는 중요 자료이다. 그런데 그는 서지학적 연구방법에서 이들 자료를 분석·활용하였던 것이다.

특히 초기의 연구내용을 대부분 정리한 池內宏도 서지학적 시각이나 방법론에 기초하여 자신의 논지를 전개하였다. 이는 그의 연구논문인 「高麗朝의 大藏經(上·下)」의 목차와 내용에서 알 수 있다. 그 목차는 제1. 高麗板大藏經, 제2. 宋藏 및 契丹藏의 수입 전래(1. 宋藏의 수입 전래; 2. 契丹藏의 수입 전래), 제3. 麗藏의 조조(1. 조조의 발단; 2. 正藏 각성), 제4. 義天의 續藏(1. 藏抄 수집; 2. 續藏 간행), 제5. 高宗朝의 再

---

122) 朴泳洙, 앞의 논문, 446~447쪽.
123) 小田幹治郎, 앞의 책, 55쪽.

雕藏經(1. 舊板焚失; 2. 장경재조와 해인사의 경판; 3. 再雕藏經과 在來의 諸藏經과의 관계), 附說. 海印寺板 藏經追加目錄 所在의 佛典 등 총 6장으로 구성되어 있다. 그 가운데 강화경판의 판각사업을 파악한 부분은 제1과 제5 및 附說이다. 제1의 내용에서는 강화경판의 개략적 사실과 불교 학술상의 가치가 서술되어 있다. 제5의 1에서는 판각사업을 이해하기 위한 전제로, 『부인사장 대장경판』의 보관 장소인 부인사의 위치, 개경에서 부인사로의 移安 이유, 소실 주체와 시기 등이 설명되었다. 이 글에서는 소실 시기인 壬辰年을 제1차 몽고침략기의 末로 이해하였으나, 이어 발표한 글에서는 그 시기를 제2차 침략기로 수정하였다.[124] 제5의 2에서는 강화경판의 조성시기와 배경, 담당기구와 그 소재지, 분사도감의 南海에의 설치이유, 조성주체, 경판의 용재・보관상태・구성내용・총수량, 菅野銀八의 경판 2본설[125]에 대한 비판, 海印寺로의 移安 시기・이유 등을 파악하였다. 그런데 이들 내용 가운데 분사도감이 남해에 설치된 사정을 崔怡父子의 食邑이 그 지역과 가까운 진주에 있었고, 제주도・완도・거제도・울릉도 등에서 자생하는 후박(타브) - 즉 경판의 용재를 확보하기 쉽기 때문인 것으로 이해하였으나, 이어 발표한 논문에서는 최이의 사위인 鄭晏이 남해에 퇴거하여 분사도감을 설치 운영하였기 때문이라 수정하였다.[126] 제5의 3에서는 경전 校勘의 담당자, 底本類의 내용과 성격 등을 분석하였다. 마지막 附說에서는 大屋德成이 이미 조사한 내용[127]을 근거로 보유목록과 그 목록에 입장된 15종의 경전인 '外藏'의 판각시기와 조성장소, 판각주체, 板式 등을 약술하였다.

이처럼 池內宏은 강화경판에 담겨진 역사적 성격과 관련된 내용을 조성동기와 판각주체 부분에 한정하여 분석하고 있으며, 나머지 대부분의

---

124) 池內宏, 앞의 책, 616~632쪽.
125) 菅野銀八, 「海印寺大藏經板に 就て」 『史林』 7, 1922.
126) 池內宏, 앞의 책, 633~634쪽.
127) 大屋德成, 「朝鮮海印寺經板攷」 『東洋學報』 15-3, 1926.

내용은 서지학이나 불교문화의 측면에서 파악하였다. 특히 그는 앞서 설명한 것처럼, 강화경판에 담겨진 진호국가의 역사성을 부정하고 서지학이나 불교문화의 가치를 강조하기도 하였다. 여기서 그의 연구방법이나 시각에 나타난 한계를 알 수 있다.

이상에서 살펴본 것처럼, 초기 일제식민주의 연구자들은 자신들의 필요조건에 의해 강화경판『고려대장경』에 대해 연구를 진행하였다. 물론 이 과정에서 우리나라 연구자들에게도 판각사업을 이해할 수 있는 기본 바탕을 제공하기도 하였다. 그럼에도 불구하고 이들은 본 대장경판이나 그 판각사업에 담겨진 진호국가의 역사적 성격과 고려불교의 내적 발전 역량을 의도적으로 평가절하하고 왜곡하였으며, 조성주체도 개인의 정권안보 측면에서 폄하하여 파악하였다. 또한 본 대장경판에 대한 과거 일본의 역사적 과오를 은폐하였으며, 연구시각과 방법론도 서지학이나 불교문화 및 출판인쇄사에 편중되어 있었다. 이로써 이들은 강화경판의 연구에도 출판인쇄술·불교문화의 停滯性과 함께 문명의 주변성·타율성 등과 같은 식민주의사관을 적용하였다는 사실을 확인할 수 있다.

2) 한국 연구자들의 연구동향

이능화·권상로 등 일부를 제외하면, 우리나라 연구자의 대부분은 식민지해방이후부터 강화경판『고려대장경』에 대해 본격적으로 관심을 가지게 되었다. 해방이후 한국의 일부 연구자가 일제식민주의 연구자의 시각이나 내용을 그대로 수용하기도 하였으나, 대부분은 이를 극복하기 위한 노력을 보여 왔다. 이같은 노력은 80년대까지만 하더라도 서지학·불교문화사·출판인쇄학 분야[128]에서 주도하였으며, 한국사 연구자들

---

128) 權熹耕, 앞의 책 ; 李家源,「大藏經刻板과 그 傳說」『東國思想』, 1958 ; 金斗鍾,「高麗板本에 대하여」『古文化』1, 1962 ; 徐首生,「伽倻山 海印寺 八萬大藏經 研究(1)」『慶大論文集(人文 社會)』12, 1968 ; 徐首生,「八萬大藏經과 佛敎文化

은 대부분 80년대 후반부터 본격적으로 관심을 가지게 되었다. 해방이후 우리나라 연구자들의 노력을 주제별로 살펴보면 다음과 같다

우선, 조성동기와 배경에 대한 극복노력이다. 일제의 연구자들이 본 대장경판의 조성배경을 불교적 미신에 있다고 파악한 내용을 해방이후 우리나라 연구자의 일부가 수용하기도 하였으나, 대부분은 이를 극복하고 있다. 북한의 연구자 송영종과 조희성은 판각사업의 동기를 '불교교리를 선전하며, 부처의 힘을 빌어 외적을 물리치려는 종교적 미신에서 발기한 것'[129)]으로 이해하여, 池內宏과 常盤大定의 연구시각을 수용하였다. 그러나 이러한 이해방식은 일제가 민족해방운동세력의 독립의지나 실천을 약화시키기 위한 목적과 다르며, 북한의 사회주의적 통치이념을 합리화하는 사실과 일치한 것이었다. 이는 북한 연구자 김자연이 '(팔만대장경은) 부처의 힘을 빌어 나라와 백성들을 보호한다는 미명아래 각판한 것'[130)]이라 한 사실과도 맥락을 같이 한다.

이에 대해 대부분의 한국 연구자는 이규보의 「대장각판군신기고문」에서 염원하던 침략 몽고군의 격퇴를 당시 고려 지배층의 일치된 기원의 표시였다[131)]는 전제 하에서 판각사업의 동기를 파악하였다. 李箕永은

思想의 價値性 및 保存性」, 1987 ; 『高麗大藏經研究資料集(2)』, 高麗大藏經研究會, 1989 ; 徐首生, 주 35) 5편의 논문 ; 崔凡述, 앞의 논문 ; 千惠鳳, 『羅麗印刷術의 研究』, 경인문화사, 1980 ; 千惠鳳, 「高麗再雕大藏經의 書誌學的 視覺」, 1987 ; 『高麗大藏經研究資料集(2)』, 高麗大藏經研究會, 1989 ; 千惠鳳, 「목판본」 『韓國書誌學』, 민음사, 1991 ; 朴相國, 「海印寺 大藏經板에 대한 再考察」 『韓國學報』 33, 1983 ; 朴相國, 「高麗大藏經」 『東國文化』 6-11, 1984 ; 朴相國, 「大藏都監의 板刻性格과 禪源寺問題」 『韓國佛教文化思想史(上)』, 伽山李智冠스님 華甲紀念論叢, 1992 ; 鄭駜謨, 「高麗再雕大藏目錄考」 『圖書館學』 17, 한국도서관학회, 1989 ; 李箕永, 「高麗大藏經의 文化史的 意義」, 1987 ; 『高麗大藏經研究資料集(2)』, 高麗大藏經研究會, 1989 ; 李箕永, 앞의 논문 ; 朴尙均, 앞의 논문 ; 朴泳洙, 앞의 논문 ; 安啓賢, 앞의 논문 ; 김자연, 앞의 논문 ; 윤용태, 앞의 논문 ; 이혜성, 앞의 책.

129) 송영종・조희승, 『조선수공업사』, 공업출판사, 1990, 374쪽.
130) 김자연, 앞의 논문, 43쪽.

그 동기가 '오로지 불법을 숭봉하는 맑고 바른 마음에서 정성을 다하여 국가와 민족을 수호하고자 함'[132)]에 있었으며, 安啓賢도 '佛力에 의해 침략군을 격퇴하려는 고려인의 절실한 염원에 있다'[133)]라고 하였다. 그리고 최근 연구에서는 '佛力을 빌어 전국의 통치조직의 운영을 원활히 하여 몽고의 침략을 격퇴하려는데 있었음'[134)]을 강조하였다. 이러한 진호국가적 동기에 입각한 이해방식은 현재 우리나라나 일본 학계까지 정설화되어 있는 것[135)]이며, 초기 일제식민주의 연구자들의 견해를 극복하는 밑거름이 되고 있다.

그런데 閔賢九는 판각동기가 최씨정권의 壽福祈願, 호국불교의 측면에 있었으며, 조판배경이 고려 불교계의 수준향상, 敎禪의 접근으로 인한 經典에 대한 공통적 중시, 華嚴宗의 전통 확립을 위한 노력에 있었다[136)]고 하여, 그 동기나 배경을 진호국가의 불교요소 이외, 최씨무인정권의 壽福祈願이나 불교계의 동향과 관련짓기도 하였다. 나아가 閔泳珪는 위기에 처한 최씨정권이 국론통일의 명분을 확보하기 위함에 있었던 것[137)]으로 파악하였다. 兪瑩淑은 불력에 의한 국난극복을 표면적 명분으로 보고, 崔怡 개인의 안녕을 기원하려 한 것이 실질적인 목적이었으며, 불교세력의 통합과 민심의 결속을 통한 정권안정도 기대한 것,[138)] 許興植은 국민의 신앙심을 고취시켜 장기적으로 항전을 지속할 수 있도록 민심을 결집시키기 위한 국가적 차원의 효용성을 그 표면적 동기라고

---

131) 李佑成, 앞의 책, 240쪽.

132) 李箕永, 앞의 논문, 9~10쪽 ; 鄭駬謨, 앞의 논문, 15~16쪽.

133) 安啓賢, 앞의 논문, 43쪽 ; 朴尙均, 앞의 논문, 256쪽.

134) 金潤坤, 「高麗大藏經의 彫成機構와 刻手의 性分」『民族史의 展開와 그 文化(上)』, 碧史李佑成敎授定年退職紀念論叢, 1990, 226~227쪽.

135) 金杜珍, 「高麗時代 사상 및 학술」『韓國史論』23, 국사편찬위원회, 1993, 380쪽.

136) 閔賢九, 「高麗의 對蒙抗爭과 大藏經」『韓國學論叢』1, 1978, 47·50~51쪽.

137) 閔泳珪, 「一然重編 曹洞五位 重印序」『學林』6, 1984, 5쪽.

138) 兪瑩淑, 앞의 논문, 180~182쪽.

하고, 근본적 경위를 교종인 화엄종의 협력·확보 등에 있었다[139]고 이
해하였다. 그리고 蔡尙植은 명분상으로는 국가적·민족적 위기를 불교
신앙으로 극복하려는데 있었으나, 그 이면에는 최씨정권에 대립적인 사
회계층과 연결된 불교세력을 통합, 통제하기 위한 의도도 개입되어 있다
고 하여, 최씨정권의 지속적인 유지를 위한 정치적 의도[140]로 파악하였
다. 특히 文暻鉉은 그 동기가 최씨정권의 안보와 강화도천도의 합리화,
정권의 수취체계 유지와 사상계의 장악, 민심의 수습과 일체감의 강조에
참된 목적이 있다고 보고, 또한 불력의 가호로 최씨정권의 영원한 부귀
영화를 위한 공덕의 쌓음에 있었다고 인식하였다. 아울러 그는 國泰安民
(외적격퇴)의 도모는 부차적인 목적에 불과한 것으로 이해하였다.[141] 또
한 朴相國은 그 배경이 신앙심을 대몽항쟁으로 승화시키기 위한 정치적
목적에 있다[142]고 하였으며, 金光植은 최씨무인정권이 대몽항쟁의 일환
으로 정권안정 및 지배층과 일반 民들을 결속시키기 위한 방책에서 대
장경의 조판사업을 추진한 것[143]으로 파악하였고, 崔永好는 최씨무인정
권의 결여된 정통성의 보완, 사조직체의 이탈방지 및 결집을 통하여 정
권안정을 도모함에 있다[144]고 해석하였다.

이처럼 상당수의 연구자들은 판각사업의 동기를 몽고침략의 격퇴라
는 진호국가 이외, 최씨무인정권의 정권운영이나 안정, 대몽항쟁의 운영
형태, 그리고 당시 불교계의 동향이나 재편 등과 관련지어 접근하여, 연

---

139) 許興植,「高麗高宗官版大藏經의 造成經緯와 思想性」『歷史教育論集』 13·14합,
　　　1990 ;『韓國中世佛教史研究』, 일조각, 1994, 164～168쪽.
140) 蔡尙植,「信仰結社의 유행과 주도세력」, 앞의 책, 1991, 21쪽.
141) 文暻鉉, 앞의 논문, 449·529쪽.
142) 朴相國,「大藏都監의 板刻性格과 禪源寺 問題」『韓國佛教文化思想史(上)』, 伽山
　　　李智冠스님 華甲紀念論叢, 1992, 1005쪽.
143) 金光植,『高麗武人政權과 佛教界』, 민족사, 1995, 233쪽.
144) 崔永好,「武人政權期 崔氏家의 家奴와『高麗大藏經』 판각사업」『釜山女大史
　　　學』 10·11합, 1993 ; 崔永好,「崔氏武人政權의 國家的 土木事業의 운영형태와
　　　그 정치적 목적」『청강이형규박사고희기념논총』, 마산전문대, 1994.

구내용이나 시각을 진일보시켜나갔다. 그런데 이러한 견해는 판각사업의 가장 핵심적인 요소라 할 수 있는 현실정치의 모순극복이 부차적으로 이해되고 있으며, 그 시각도 최씨무인집권자의 정권운영 형태와 같은 정치사 분야에 편중되어 있다는 점에서 문제점을 드러내고 있다. 그리고 이같은 이해방식은 초기 일제 연구자 池內宏이 국가적 사업을 최이부자와 정안의 개인적 사업으로 평가절하한 시각을 분명히 극복하지 못한 한계도 가지고 있다. 뿐만 아니라 이는 조국을 방어하고, 文明(佛法)을 수호하는 의식의 소산145)에서 모든 고려 사람들의 상하가 일치단결하여146) 자발적으로 각성사업에 참여147)하였던 사실, 그리고 각성사업에는 민족 수호정신과 통일정신148)이 반영되어 있다는 사실을 충분히 설명할 수 없다. 마찬가지로 이 문제는 뒤에서 언급하겠지만, 13세기 고려 사람들이 판각사업의 참여를 통해 현실모순을 극복하려 한 노력에 대해서도 소홀하게 인식하고 있다. 이로써 판각사업의 조성동기나 배경은 최씨무인집권자의 정권안보 내지 유지라는 측면에 무게 중심을 두고 파악하기보다, 13세기 중엽 고려가 처해 있던 민족적 위기나 현실모순의 극복형태와 연관하여 이해할 필요가 있다.

이와 같은 사실을 고려하여 최근에는 강화경판의 大藏과 13세기 중엽에 판각된 해인사 소장의 外藏에 새겨진 각수자료와 誌·跋文 등을 분석·활용하여 판각사업의 배경이나 목적을 새롭게 분석하였다. 몽고침략의 격퇴와 함께 왕실·왕권의 안녕, 왕권복고, 고려 불교문명의 창조

---

145) 李佑成, 앞의 책, 208쪽.
146) 徐首生,「伽倻山 海印寺 八萬大藏經 硏究(1)」『慶大論文集(人文·社會)』12, 1968, 174쪽.
147) 金潤坤,「高麗大藏經의 彫成機構와 刻手의 性分」『民族史의 展開와 그 文化 (上)』, 碧史李佑成敎授停年退職紀念論叢, 1990 ; 金潤坤,「『고려대장경』의 각판과 국자감시 출신」『國史館論叢』46, 국사편찬위원회, 1993.
148) 金潤坤,「「大般若經」의 刻成과 反蒙抗戰」『한국중세사연구』2, 한국중세사연구회, 1995, 127쪽.

적 발전노력, 佛法의 보급, 극락왕생의 기원 등에 있었다고 파악하여,[149) 판각사업의 배경 내지 목적을 보다 다양한 입장에서 해석하였다.

다음으로는 사업의 주체와 주도층에 대한 극복노력도 있었다. 池內宏의 이해방식은 해방이후 한국인 연구자들이 수용[150)하거나 확대 재생산하고 있다. 최씨무인정권의 壽福祈願이라는 개인적 안녕과 함께 정권의 안정적 유지 및 정당성 확보라는 정권안보 차원으로 확대하여 해석하고 있다.[151) 그 핵심적인 자료는 池內宏이 이미 활용한 『고려사』의 관련 열전과 더불어 해인사에 소장된 최이·정안의 私刊(외장) 경판에 판각되어 있는 誌·跋文 내용 등을 분석 대상으로 삼고 있다. 또한 이들 연구자들은 최씨무인집권자의 願刹인 江華京 禪源寺를 大藏都監, 鄭晏의 원찰인 南海 定林社를 分司都監의 소재지로 각각 설정하고 있으며, 晉州 및 南海 등지에 도감을 설치한 이유를 무인 최씨정권의 세습적 식읍과 관련지어 해석하였다. 그리고 정안의 정치 성향이나 외척으로서의 유대가 최씨정권과 밀접하다고 해석하기도 한다.

이처럼 판각사업을 최이부자나 정안 등의 개인 내지 최씨정권과도 연결하여 이해할 수도 있다. 이들은 사업의 정책적 결정, 都監의 설치 및

---

149) 崔永好, 『江華京板 高麗大藏經 刻成事業의 硏究』, 영남대 박사학위논문, 1996 ; 崔永好, 「海印寺 所藏本 『大方廣佛華嚴經疏』·『大方廣佛華嚴經隨疏演義鈔』의 판각성격」 『한국중세사연구』 4, 1997 ; 崔永好, 「江華京板 『高麗大藏經』 刻成事業의 주도층」 『韓國中世社會의 諸問題』, 金潤坤教授停年紀念, 2001 ; 崔永好, 「13세기 중엽 江華京板 『高麗大藏經』의 刻成事業과 海印寺」 『한국중세사연구』 13, 2002 ; 金潤坤, 『고려대장경의 새로운 이해』, 불교시대사, 2002 ; 崔然柱, 『高麗大藏經 硏究』, 경인문화사, 2006.
150) 李箕永, 앞의 논문, 10쪽.
151) 이와 관련한 대표적인 글은 다음과 같다. 閔賢九, 앞의 논문, 1978 ; 閔泳珪, 「一然重編 曹洞五位 重印序」 『學林』 6, 1984 ; 兪瑩淑, 「崔氏武人政權과 曹溪宗」 『白山學報』 33, 1986 ; 許興植, 앞의 논문, 1990 ; 앞의 책, 1994 ; 蔡尙植, 앞의 책, 1991 ; 文暻鉉, 앞의 논문, 1991 ; 金光植, 앞의 논문, 1993 ; 앞의 책, 1995 ; 朴相國, 앞의 논문, 1992.

운영, 막대한 私財의 시납을 하였음으로 판각사업에 있어서 중요 역할의 담당을 부인할 수 없다. 특히 당시의 현실 정치가 최씨정권 중심으로 운영되고 있었다는 사실도 최이부자의 역할 정도를 충분하게 짐작할 수 있다.

그런데 최씨정권 및 정안이 사업의 주체라는 이해방식에 대해 비판적으로 수용하면서 새롭게 진단하고 있다.[152] 이글에서는 기존의 관련자료를 재검토하고 외장의 지·발문자료 등 새로운 자료와 최근 연구성과를 적극 활용하여, 고려 국왕이 도감의 설치, 사업의 진행 및 마무리 의례행사, 사후 공적 평가를 비롯한 사업의 전반에서 최고의 명령권자나 명분적 표상으로 역할하였으며, 최씨무인집권자도 판각사업의 주체라기보다 중요 역할 분담자로 파악하였다. 그리고 이규보와 정안, 僧統 守其 (守眞) 및 首座 天其 등도 사업의 이론적 입안이나 분위기 조성에 중요 역할을 분담하였다고 하였다. 이로써 본 판각사업은 몽고침략이라는 민족적 모순의 극복과 함께, 파괴된 전통 불교문명의 창조적 계승발전을 도모하고 왕권복고를 기원하기 위한 목적에서 국가적 차원에서 추진되었다는 사실을 보다 분명히 할 수 있었다.

그 다음으로는 강화경판의 판본성격을 왜곡한 내용에 대해 극복노력도 있었다. 일제 연구자들은 본 대장경판에 대해 중국대륙의 외래성이나 모방성을 강조하면서 문화적 정체성과 타율성 및 주변성에 입각하여 파악하였다. 이에 비해 한국 연구자들은 우리의 내부적 필요와 우리문화의 내적 발전성 및 독자성 입장에서 접근하여 이를 극복하고 있다. 강화경판은 중국이나 거란으로부터 전래된 한역대장경에서 영향을 받은 것이

---

152) 이 문제에 대해서는 본 책의 제3장 제1절에서 구체적으로 검토할 것이다. 다음 글이 참조된다. 金潤坤, 앞의 논문, 1998, 73~76쪽 ; 崔永好,『江華京板 高麗大藏經 刻成事業의 研究』, 영남대 박사학위논문, 1996, 22~24쪽 ; 崔永好,「江華京板『高麗大藏經』刻成事業의 주도층」『韓國中世社會의 諸問題』, 金潤坤教授 停年紀念, 2001.

사실이다. 그러나 이같은 외부적 요인보다, 앞서 설명한 몽고침략의 격퇴를 위한 고려 내부의 염원과 실천, 그리고 13세기 중엽 고려 사람들의 불교문명의 수호의식, 전통문화의 창조적 발전을 위한 당대 사람들의 욕구 등이 더 큰 비중을 차지한다. 이는 강화경판의 판각사업이 몽고의 침략으로부터 조국을 방위하고, 야만인의 파괴로부터 문명을 수호한다는 의식의 소산에 있었으며,[153] 大藏이 전통체제를 고수한 것이고, 외장이 고려 불교문화의 발전과 교계의 변화를 항시 수용할 수 있도록 짜여져 있었다[154]는 사실, 13세기 중엽에는 이미 중국과 거란의 대장경을 충분히 이해하고 그 正誤를 밝힐 수 있는 불교의 敎學的 수준과 능력이 성숙해 있었다는 사실,[155] 그리고 그 구체적인 사실은 제3장에서 설명하겠지만, 대장과 외장에 입장된 경판의 板式과 그 구성내용이 국내에서 판각된 전통적 양식을 기반으로 하여 창조·발전되었다는 점에서도 확인된다.

이와 함께 常盤大定이 강화경판의 판본성격을 『부인사장 대장경판』의 覆刻本으로 해석하여 고려의 출판인쇄술과 문화의 창조적 발전성을 부인하는데 대해, 이는 서지학적 방법에서 이미 상당히 극복되고 있다. 그 문제는 입장된 경판의 避諱缺劃이『부인사장 대장경판』보다 덜 나타나고, 異字나 誤字도 다르게 나타나고 있고, 刊記의 有無 차이가 있으며, 『大般若波羅蜜多經』·3本『大方廣佛華嚴經』의 경우『부인사장 대장경판』과 재조본의 본문 行字數 등에서 차이가 있다는 사실[156]을 증명하면

---

153) 李佑成, 앞의 책, 208쪽.
154) 金潤坤,「『江華京板 高麗大藏經』의 체제에 관한 一考」『釜山女大史學』10·11 합, 碧庵文炯萬敎授停年紀念論叢, 1993, 173쪽.
155) 13세기 중엽 고려 불교계에서는 이미 중국이나 거란 대장경의 교학적 내용을 충분히 이해하고 그 正誤를 밝힐 수 있는 불교계의 발전 능력이 갖추어져 있었다. 이는 守其 등이 宋本·契丹本·國本 등을 저본으로 하여 校勘한『高麗國新雕大藏校正別錄』30권(俊∼密函)을 강화경판에 대체·삽입한 사실에서 알 수 있다(安啓賢, 앞의 논문, 54쪽).
156) 千惠鳳·朴相國,『湖林博物館所藏 初雕大藏經調査研究』, 成保文化財團, 1988,

서 극복되었다.

뿐만 아니라 이는 常盤大定이 주된 자료로 삼았던 각 경판의 邊界線에 새겨진 각수들의 人·法名이 13세기 중엽 당시 생존·활동하면서 판각사업에 직접 참여한 각수들이었다는 사실[157]에서도 확인된다. 『부인사장 대장경판』과 강화경판에는 각각 『本事經』 권7(籍函)이 입장되어 있다. 양 대장경에 입장된 본 경판의 권7, 제21장의 변계선에는 각각 인명이 판각되어 있다. 『부인사장 대장경판』의 경우는 앞 변계선과 板首題 사이의 하단에 '里寶(또는 里實)'가, 강화경판에는 이와 다른 '善均'이 판수제 하단에 각각 새겨져 있는데, 이들은 각각 양 경판의 조성 당시 생존·활동하면서 판각사업에 직접 참여한 인물이다. 이런 점을 고려하다면, 강화경판의 계선에 판각된 '義天'은 대각국사 의천이 아니라, 13세기 중엽에 활동하면서 판각사업에 참여한 승려이다. 이로써 강화경판의 판본성격도 『부인사장 대장경판』의 覆刻本이 아니라는 사실을 확인할 수 있다.

마지막으로는 일제식민주의 연구자들이 강화경판에 관련된 과거 일본의 역사적 과오에 대한 누락·은폐 내용도 극복되어 증명되었다. 朴泳洙와 李載昌은 조선 태조 때 강화경판이 海印寺로 옮겨진 중요 요인을 倭寇의 침략에 있었다고 분명히 하였다.[158] 또한 이재창은 여말선초의 한일관계에서 고려대장경이 차지하는 비중과 역할을 파악하면서, 왜구의 해소와 被虜人의 송환 등에도 기여하였다고 파악하였다.

이상과 같이 해방이후 한국 연구자들은 초기 일제식민주의 연구자들

14~17쪽.

157) 金潤坤, 「『고려대장경』의 각판과 국자감시 출신」 『國史館論叢』 46, 1993 ; 崔永好, 「武人政權期 崔氏家 家奴와 『高麗大藏經』 판각사업」 『釜山女大史學』 10·11합, 碧庵文炳萬敎授停年紀念論叢, 1993 ; 崔永好, 「『江華京板 高麗大藏經』邊界線 소재인명의 판각사업 참여형태」 『한국중세사연구』 2, 1995, 170쪽.

158) 朴泳洙, 앞의 논문, 446~447쪽 ; 李載昌, 「麗末鮮初의 對日關係와 高麗大藏經」 『佛敎學報』 3·4합, 1966.

이 평가절하하거나 왜곡시킨 강화경판 판각사업의 역사적 성격이나 문
명적 가치에 대해 관련 자료의 재해석과 함께 새로운 자료를 발굴·활
용하고, 연구내용과 방법론 및 시각을 새롭게 제시하면서 상당히 극복하
였다. 더욱이 서지학·불교문화사·출판인쇄술의 우수성과 가치를 더욱
명확하게 증명하여, 판각사업에 새로운 연구방향을 모색할 수 있는 토양
도 제공하였다.

특히 1990년대 전후부터는 기존 활용자료의 재해석과 함께 새로운
자료의 정리가 이루어지면서 새로운 연구 분위기가 마련되었다. 물론 앞
서 설명한 것처럼, 일제식민지시기 일본 연구자와 이능화·권상로 등의
한국 연구자들이 개별분산 자료를 정리하여 소개하였다. 그런데 그 가운
데는 잘못 해석되거나 크게 주목받지 못한 자료 및 누락된 자료도 있었
다. 이러한 자료들이 이 시기에 재해석되고 전반적인 정리가 이루어져
연구에 적극 활용되고 있다. 그 가운데 우선, 자료의 재해석이 주목된다.
외장에 입장된 『南明泉和尙頌證道歌事實』 권3(庭函), 제38장, 全光宰 誌
文의 재해석이 이루어져, 본 경전이 고려 고종 때 禪匠인 瑞龍庵(강원도)
의 連公이 저술하였다고 규명하고,159) 이어 자료를 강화경판 판각사업
의 참여유형과 운영조직체계 등을 파악하는데 활용하기도 하였다.160)
또한 『東國李相國集』의 跋文도 재분석하여 분사도감의 조직체계와 운
영형태를 파악하는데 활용하였다.161) 그리고 최근에는 강화경판의 대장
에 입장된 개별 경판의 마지막 장에 판각된 刊記에 대해 새롭게 주목하

---

159) 高翊晋, 앞의 책, 1987, 123〜133쪽.
160) 金甲周, 「高麗大藏都監 硏究」 『不開聞』 창간호, 영취불교문화원, 1990 ; 金潤
   坤, 「高麗大藏經의 彫成機構와 刻手의 性分」 『民族史의 展開와 그 文化(上)』,
   碧史李佑成敎授定年退職紀念論叢, 1990 ; 앞의 책, 2002 ; 崔永好, 「『江華京板
   高麗大藏經』 邊界線 소재 인명의 판각사업 참여형태」, 1995 ; 崔永好, 「13세기
   중엽 경주지역 分司東京大藏都監의 설치와 운영형태」, 2006 ; 崔然柱, 앞의 책,
   2006.
161) 金潤坤, 앞의 논문.

여, 사업의 기간, 도감과 판각공간의 위치, 당대 고려 사람들의 현실인식 등을 규명하기도 하였다.[162) 그 외,『고려사』의 관련 내용과 이규보의 「대장각판군신기고문」 등도 재해석하여, 판각사업의 주체에 대한 해명 자료로 활용하였으며,[163) 뒤에 언급하겠지만 소위 해인사의 寺・私刊本 또는 雜板이라 하는 외장의 지・발문도 새롭게 해석하여 개별 경전의 판각시기와 성격 등을 해명하는 자료로 활용하였다.

둘째로는 새로운 자료의 정리・활용도 주목된다. 먼저, 현존하는 강화경판의 개별 경판 변계선에 새겨진 각수들의 人・法名과 여타의 史實 이 전반적으로 정리 간행되었다.[164) 물론 이 자료의 일부는 일제식민지 시대 常盤大定이 주목하여, 인물들의 사업 참여형태, 강화경판의 판본성 격 등을 해명하는데 활용하였다. 이후 한국 연구자도 이를 활용하기도 하였으나, 재인용의 수준을 크게 벗어나지 못하였다. 그런데 이러한 한 계는 1990년대 이후 이 자료의 전반을 체계적으로 정리하여 새로운 시 각에서 다양한 연구 내용을 밝히는데 활용하고 있다.[165) 이 자료는 외장 에 입장된 개별 경판에 새겨진 각수 및 지・발문의 자료와 함께, 강화경 판 전체의 구성체제, 외장에 입장된 개별 경판의 판각시기와 성격, 조성 기구의 실체와 판각공간의 위치, 사업의 진행추이, 판각사업의 주도층, 사업 참여자의 출신성분과 현실인식 등의 내용을 새롭게 밝히는데 적극 활용되고 있다.

또한 외장 가운데 고려시대에 판각된 개별 경판의 각수와 지・발문자

---

162) 朴相國, 앞의 논문, 1992 ; 崔永好, 「江華京板『高麗大藏經』刻成事業의 주도층」 『韓國中世社會의 諸問題』, 金潤坤教授停年紀念, 2001 ; 崔永好, 앞의 박사학위 논문.

163) 崔永好, 앞의 논문, 2001.

164) 金潤坤 편, 앞의 책, 2001.

165) 이 각수자료를 적극 활용한 연구자는 김윤곤・최영호・최연주와 함께 김호동・ 한기문・배상현・정동락 등이며, 그 외 김갑주・박상국・김광식 등도 일부를 활용하였다.

료의 정리도 있었다.[166] 특히 일본 연구자 藤田亮策은 이 자료를 시기
별·판각주체별로 정리하여 소개하면서 판각공간 등에 대해서 함께 파
악하기도 하였다. 그러나 이들 자료 가운데는 내용의 일부가 누락되거나
자료의 판독에도 오류가 나타나고 있으며, 그 명칭에서 알 수 있듯이 개
별 경판의 문화적·역사적 가치도 평가절하되고 있다. 뿐만 아니라 개
별경판의 성격이나 판각사업과 관련된 다양한 사실을 밝히는데 적극 활
용하지 못하고 있기도 하다. 이에 비해 최근에는 자료를 다시 조사하여
개별경판의 판각시기와 성격을 바로잡고, 강화경판의 구성체계, 조성기
구의 실체, 판각공간, 사업 참여자의 출신성분과 현실인식 등을 밝히는
자료로 활용하고 있다.[167]

뿐만 아니라, 최근에는 새로 발견한 4종의 분사도감판을 정리 소개하
면서, 이들 경전을 外藏(즉 補版)에 포함시켜 그 범위를 확대하고, 그 사
업에 참여한 불교종파의 실체 및 그 속에 반영된 사상성이 규명되기도
하였다.[168] 또한 1980년대 후반 재조 대장목록·교정별록 및 唐宋代의
각종 주요 佛典目錄을 상호 면밀히 대조·분석한 자료[169]와 외장의 일
종인 『法界圖記叢髓錄』 등의 전체 내용을 검토한 자료[170]도 소개되어
주목을 끌고 있다.

다음으로는 자료의 정리 및 재검토와 함께 새로운 연구방법과 시각도
모색되었다는 사실이 주목된다. 위에서 설명되었듯이, 해방이후 한국 연
구자들이 다양한 방법으로 일제식민주의 연구경향을 극복하고 본 대장

---

166) 崔凡述, 앞의 논문, 1970 ; 藤田亮策, 앞의 논문, 1991 ; 慶尙南道,『慶南文化財
　　大觀(國家指定篇)』, 1995.
167) 그 대표적인 연구자가 최영호를 비롯하여 김윤곤·최연주가 있다.
168) 許興植,「高麗高宗官版大藏經 補板의 範圍와 思想性」『美術史學論叢』, 蕉雨黃
　　壽永博士古稀紀念, 1988 ; 앞의 책, 1994.
169) 鄭駗謨, 앞의 논문.
170) 閔泳珪,「一然重編 曹洞五位 重印序」『學林』 6, 1984, 5쪽 ; 金相鉉,「『法界圖
　　記叢髓錄』考」『千寬宇先生還曆紀念 韓國史學論叢』, 1989.

경관에 담겨진 문화적 가치와 역사적 성격을 객관적으로 진단하였으며, 한국사 전공자들도 적극 동참하면서 불교문화·서지학에 치우친 연구방법을 극복하고 객관적인 연구를 수행할 수 있는 분위기도 마련하게 되었다. 이 과정에서는 강화경판이 판각되던 13세기 중엽 고려사회의 역사현실과 불교계의 역량과 수준을 객관적으로 고려하여, 이를 연구시각으로 활용하고 있다는 점이 주목된다.

13세기 중엽 고려사회는 건국이래 최대의 민족적 위기나 현실 모순을 겪고 있었다. 따라서 당시 全高麗 사람들은 이같은 위기와 모순을 극복하기 위해 다양한 방안을 모색·실천하고 있었으며, 그 과정에서 국가적으로 추진된 판각사업에도 적극 참여하였던 것이다. 이런 사실을 고려하여, 최근에는 판각사업이 최씨정권의 개인적 차원이나 정권유지라는 정권안보 목적에서 추진했다는 시각에 대해 극복노력이 모색되고 있다.171) 위에서 설명되었듯이, 고려 국왕을 정점으로 최씨정권 및 관료, 승려층, 일반 군현민 등 당시 전민족 구성원들이 민족적 위기와 현실모순의 극복과 더불어 고려 불교문화의 창조적 발전을 염원·실천하기 위해 동참하였다고 이해하고 있다. 이러한 연구시각은 초기 일제식민주의 시기와 1960~1970년대 군사정권 때의 연구시각을 극복할 수 있을 뿐 아니라, 판각사업에 담겨져 있는 역사현실과 고려 불교문명의 창조적 발전능력을 보다 객관적으로 이해할 수 있는 계기가 될 것이다.

마지막으로는 연구내용·주제의 확대와 다양화도 모색되었다. 그 연구내용 가운데 강화경판의 명칭과 구성체제 및 문명적 가치, 외장에 입장된 개별경판의 판각시기와 성격, 강화경판에 입장된 우리 불교경전의 성격, 판각기구의 실체와 판각공간, 사업의 진행추이와 각수들의 규모, 판각사업의 배경과 주체·주도층, 참여자의 출신성분과 현실인식 등에

---

171) 이와 관련된 연구자는 김윤곤과 함께 최영호·최연주·한기문 등이 있으며, 위에서 언급되었듯이 김광철·채웅석 등도 수용하고 있다.

대해서는 새로운 입장에서 해석되거나 새롭게 밝혀지게 되었다.172)

제2절 연구방향

제1절에서는 우리나라에 근대 역사학의 연구방법론이 도입된 1910년 경부터 2006년 현재까지 강화경판『고려대장경』을 정리한 연구성과물을 시기별・내용별로 나누어 검토해 보았다. 이들 연구에서는 분산된 관련자료의 수집과 검토 및 정리가 있었으며, 나아가 판각사업의 실체를 이해할 수 있는 기반을 제공하고 있다. 특히 1980~1990년대 이후에는 이 분야의 연구 분위기와 수준이 한층 높아지고 있기도 하다.

그럼에도 불구하고 기존연구에서는 아직 해결되지 못한 문제들도 있다. 우선, 자료상의 문제이다. 앞서 설명한 것처럼, 초기 연구자들이 분산된 자료를 수집한 이후, 1980~1990년대 일부 연구자도 기존 자료의 재해석과 새로운 자료의 체계적인 분석을 통해 다양한 연구 내용에 활용하고 있다. 이로써 이 분야에 대한 연구자료의 정리・분석은 상당한 성과를 거두고 있다. 그러나 일부를 제외한 대부분의 연구자들은 기존 연구에서 활용한 자료, 특히 초기에 소개된 자료에 의존하고 있을 뿐이다. 또한 2차 자료의 활용이 부진하며, 기존에 소개된 자료를 상호 유기적으로 활용하지 못하고 있기도 하다. 그리고 새로 소개된 刊記와 邊界線에 소재하는 각수들의 인・법명과 여타의 사실자료, 외장의 각수 및 지・발문자료는 매우 중요함에도 불구하고 많은 연구자들이 적극 활용하지 못하고 있는 실정이다.173) 이러한 자료에 대한 인식부족은 연구주제나

---

172) 이들 내용이나 주제에 대해서는 이미 앞서 언급되었거나 본 책에서 구체적으로 설명할 것이기 때문에 여기서는 생략한다.

173) 고려시대에 판각된 외장의 자료 가운데는 오독된 경우도 있어, 원본을 다시 대조

내용의 선정에 제한적인 요인으로 작용하기도 한다.

둘째로는 연구주제나 내용이 편중되어 있거나 중복되어 있다는 점이다. 특히 일부의 연구자들은 이미 과거에 발표된 내용을 재구성거나, 어떤 경우는 거의 같은 내용을 중복 게재하는 사례도 있다. 강화경판에 대한 연구주제는 대개 경판의 판각시기와 문화적 가치, 판본의 성격, 海印寺의 移安 과정 등을 규명하는 서지학이나 출판인쇄술 및 불교문화사 분야에 편중되어 있으며, 역사학 분야의 경우는 일부 연구주제나 내용을 제외하면 판각주체나 실무책임자의 출신성분, 판각사업의 정치적 · 사상적 동기나 배경, 판각기구의 소재지 등에 편중되어 있다. 특히 판각주체나 배경에 대해서는 대부분 최씨무인정권의 대몽항쟁이나 불교계의 운용 및 정권안보와 관련지어 파악하고 있다. 이러한 내용의 파악을 통해 강화경판에 대한 이해가 심화될 수 있는 토대도 제공되었으나, 그 실체가 경도되어 다양한 내용들을 밝히는데 걸림돌로 작용하기도 하였다. 이에 1990년대 이후 일부 연구자들이 새로운 자료와 시각에서 다양한 내용을 밝히고 있으나, 아직 시작 단계에 불과한 실정이다.

셋째로는 연구자의 전문분야가 편중되어 있다는 문제도 있다. 전체 연구자들 가운데는 서지학 · 불교문화사 · 출판인쇄기술사의 전공자가 다수를 이루고 있으며, 한국사 전공자들의 참여가 상대적으로 부족한 실정이다. 특히 한국사 전공자들 가운데도 강화경판에 관련된 사실을 특정 주제의 파악과정에서 단편적으로 설명하거나 1~2편의 논문으로 마무리하는 등 연속적으로 다루는 전문 연구자가 일부로 제한되어 있다. 이러한 현상은 결국 체계적인 연구를 진행하는데 장애요인으로 작용한다.

넷째로는 연구시각과 방법론의 문제이다. 그 하나가 서지학 · 불교문화사 · 출판인쇄기술사의 시각이나 방법론에 편중되어 있다는 점이다. 다른 하나가 13세기 중엽 당대의 역사현실이나 고려 불교문명의 계기적

한 이후 활용할 필요가 있으며, 이들 자료에 대한 전반적인 정리도 요구된다.

발전성을 고려하지 못하고 있으며, 특정 내용들을 상호 유기적인 관계에서 이해하지 못하는 경우도 있다. 그리고 아직 초기 일제식민주의 학자들의 연구방법이나 시각을 극복하지 못하는 사례도 발견된다. 그 일례는 본 대장경판의 구성내용을 검토하는 작업이 형태서지학이나 판본의 성격 및 출판인술문화의 가치를 규명하는데 집중되어 있다는 점이다. 이러한 현상은 관련 사료의 부족, 초기 일제식민주의 연구경향에 대한 인지부족, 역사 전공자의 저조한 관심과 참여, 역사발전의 주체에 대한 인식의 제한 등과 무관하지 않다. 그러나 80~90년대 이후에는 일부의 연구자들이 이러한 한계를 점차 탈피하고 있으나, 다양한 입장에서 해결하지 못하고 있다.

다섯째로는 연구태도에 대한 문제이다. 그 하나는 일부의 연구성과물 가운데 논리의 정연성과 실증적 자료에 대한 객관적인 이해가 결여된 경우도 있으며,[174) 기존의 연구성과물에 대해 재검토나 확인작업을 거치지 않고 자신의 글에 원용하는 사례도 있다. 이러한 현상은 연구자들이 기존 연구성과나 인용자료에 대해 숙지력이 부족하고, 당시 역사현실에서도 충분히 이해하지 못한 결과이다. 다른 하나는 역사사실을 규명하기보다 계급적 이론이나 정치 목적성을 전제로 파악한 일부의 연구논문도 있다. 특히 일제식민주의 연구자들이 고려 불교문명의 내적 발전성을 부인하고 외래성이나 모방성을 부각하였으며,[175) 집단적인 연구를 원칙으로 하는 북한의 연구자들도 이념적·계급적 성격 및 미제 종속성을 강조하고 있다.[176)

---

174) 해인사판본(보충판)을 조선 초기 해인사에서 판각하였다고 설명하거나(김자연, 앞의 논문, 45쪽), 李奎報와 李益培를 대장경의 校勘者로 파악한 사례(鄭駇謨, 앞의 논문, 21쪽) 등에서 확인된다. 이들 외에도 실증적 오류를 범한 경우도 있는데, 해당 부분에서 설명하기로 한다.

175) 이 문제는 시기별 연구에서 언급한 것이므로 생략한다.

176) 김자연은 『팔만대장경』을 인민들의 계급의식을 마비시키기 위한 반동적인 불교관계 책들을 묶은 불교총서(김자연, 앞의 논문, 43쪽)로 서술하여, 계급성이나

마지막으로는 본 대장경판의 명칭과 구성체제도 통일되지 못하고 있는 실정이다. 연구자들은 그 명칭을 高麗大藏經, 八萬大藏經, 海印寺大藏經, 再雕大藏經, 高麗高宗官版大藏經, 江華京板 高麗大藏經 등으로, 구성체제를 正藏・正板・大藏과 副藏・補遺板・補板・外藏으로 다양하게 각각 설정하고 있다. 그리고 외장의 일부로 편제될 수 있는 소위 海印寺 寺藏本도 雜板・寺刊鏤板 등으로 지칭되고 있다. 그런데 그 명칭이나 구성체제는 판각시기, 回次, 총수량, 판각・보관장소, 판각주체와 역사적 성격, 판각성격, 문화 유산적 가치 등을 복합적으로 고려하여 이해할 필요가 있다.

이상과 같은 문제점들은 개별 분산적인 내용이 아니라, 상호 유기적인 관계를 가지고 있는 것이다. 따라서 본 책에서는 다음과 같은 점을 고려하여 연구를 진행하기로 하였다.

먼저, 다양한 자료를 적극 활용할 것이다. 『고려사』・『고려사절요』의 관련자료를 재분석할 뿐 아니라, 다음과 같은 자료도 새롭게 정리・분석하여 활용할 것이다. 강화경판의 刊記자료와 함께 대・외장에 입장된 개별 경판의 변계선 안팎에 새겨진 각수와 지・발문자료, 현존하는 『부인사장 대장경판』과 속장경의 자료, 고려시대의 서지학・금석문・묘지명・문집류・보학・寫經 자료, 그리고 강화경판과 직간접적으로 관련된 기존의 연구성과물을 상호 유기적으로 활용할 것이다. 13세기 중엽 전후 개별 사원이나 지방행정조직에서 판각된 판본도 활용자료에 포함될 것이며, 당시 토목・제조사업과 불교의례나 사상적 성격 등을 검토한 기존의 연구도 주목할 것이다.

다음으로, 기존 연구를 비판적으로 수용하면서 새로운 연구내용과 시

이념성에 지나치게 집착하는 한계를 보이고 있다. 윤용태도 美帝를 목판에 대한 계속적인 약탈・파괴자로 이해하여(윤용태, 앞의 논문, 40쪽), 정치적 목적성을 전제로 자신의 연구를 진행하였다.

각 및 방법론을 모색할 것이다. 특히 최씨무인정권 중심의 이해방식을
극복하고 고려 불교문명의 계기적·창조적 발전역량에 주목할 것이다.
이와 더불어 13세기 중엽 당대 고려 사람들의 민족적 위기와 현실모순
의 극복노력과 함께 그들의 현실인식 및 불교사상적 경향도 고려할 것이
다. 이러한 연구주제와 시각은 상호 단절적이지 않고 유기적인 관계를
가지고 있다는 사실도 간과해서는 안될 것이다.

이상과 같은 선행연구의 동향·특성과 문제점을 염두에 두고, 본 책
에서는 다음과 같은 내용을 파악하고자 한다.

제2장에서는 강화경판의 구성체제와 그 성격을 규명할 것이다. 고려
사회에서는 현종 이래 13세기 중엽까지 수차례에 걸쳐 대장경의 판각사
업이 이루어졌다. 이같은 대장경판각의 전통이 강화경판의 판각사업에
반영되어 있다. 뿐만 아니라 판각사업에는 몽고의 침략으로부터 고려 불
교문명의 위기를 극복하기 위한 구체적인 노력도 반영되어 있다. 이로써
판각사업에는 13세기 중엽까지 고려 불교계가 지속적으로 발전시켜 온
敎學이나 觀行의 역량과 독자적인 출판인쇄기술 능력이 투영되어 있다
고 볼 수 있다.

이같은 점을 염두에 두고, 제1절에서는 강화경판 전체의 구성체제와
그 성격을, 제2절에서는 개별 경판의 판본형식과 그 계승·발전 관계를
각각 살펴보고자 한다. 이를 위해 大藏과 外藏의 범주와 특성, 외장의
불교 문화적 가치를 분석할 것이다. 그리고 13세기 중엽까지 고려에서
판각된『부인사장 대장경판』과 속장경, 외장의 板本 구성형식을 정리하
여 강화경판의 대장에 입장된 경판의 형식과 비교할 것이다. 이로써 강
화경판에 담겨진 우리의 전통적인 불교문명에 대한 창조적 발전성, 그리
고 13세기 중엽 고려 사람들이 판각사업에 담은 불교 문명관을 보다 구
체적으로 파악할 수 있을 것이다. 아울러 강화경판의 판본은『부인사장
대장경판』의 覆刻本이 아니라는 점을 명확하게 확인하여, 일제식민주의

연구자들에 의해 제기된 우리 대장경 문명의 주변성·외래성·모방성과 함께 내적 발전성의 결여 문제도 극복할 수 있을 것이다.

제3장에서는 판각사업의 주도층에 대해 재분석할 것이다. 이 과정에서 그들의 참여배경 내지 현실인식도 함께 규명할 것이다. 이 내용은 판각사업에 담겨진 역사적 성격이나 당대 불교계의 동향과 함께 사업의 배경·동기 등을 객관적으로 밝히는 핵심주제이다. 그런데도 상당수의 연구자들은 최씨무인정권이나 이들과 연결된 특정 불교종파 내지 사원과 관련시켜 이해함으로써, 판각사업의 객관적인 성격을 파악하는데 걸림돌로 작용하고 있는 실정이다.

제1장에서는 사업의 주도세력에 대한 기존 연구를 재검토하고 제2절에서는 주도세력으로 활동한 국왕, 관료층 및 승려지식인들의 분담역할과 출신성분 및 참여성향 등을 새로운 시각에서 규명할 것이다. 이로써 일제 식민주의시기와 1960～1970년대 군사정권시대의 연구내용이나 시각을 탈피하고, 13세기 중엽 고려 사람들의 염원과 실천이 담겨져 있는 현실적·민족적 모순의 극복과 전통 불교문명의 발전노력을 보다 객관적으로 이해할 수 있는 틀을 모색할 수 있을 것이다.

제4장에서는 판각사업 참여자의 출신성분과 참여의식을 사례별로 나누어 검토할 것이다. 13세기 중엽 고려 사람들은 건국 이래 최대의 민족적 위기와 현실모순을 극복하기 위한 염원과 실천에서, 일부의 계층이나 특정의 불교종파·사원을 중심으로 하는 이해관계를 초월하여 몸보시·재보시를 통해 강화경판의 판각사업에 적극 참여하였다.

이런 사실을 염두에 두고, 제1절에서는 文人·僧侶知識人과 鄕吏層·下級官人層 등 계층별로, 제2절에서는 불교 종파별로 각각 사례를 구분하여 검토할 것이다. 이 과정에서는 그들의 참여의식도 함께 분석할 것이다. 이를 위해 위에서 언급된 개별 경판의 각수 및 지·발문자료 등을 유기적으로 활용할 것이다.

이같은 문제가 해결되면, 판각사업이 국가적인 불교사업으로 계층적·
종파적 분파주의를 극복할 수 있는 통일정신이 반영되어 있다는 사실을
확인할 수 있을 것이며, 그리고 13세기 중엽 고려 사람들의 민족적 위기
와 현실모순의 극복형태, 사업의 주체와 참여자의 출신성분 및 참여 의
식, 판각사업의 민족적 성격 내지 역사적 성격 등을 보다 분명하게 밝힐
수 있을 것이다.

본 글은 강화경판의 판각사업에 담겨져 있는 13세기 중엽 고려 사람
들의 전통 불교문명에 대한 창조적 발전노력, 민족적 위기와 현실모순의
극복내용을 해명하는데 무게 중심을 실었다. 물론 판각사업을 불교사상
이나 최씨무인집권자의 정치적 목적 등과 관련하여 살펴보는 것도 중요
한 의미를 지닌다. 그런데 불교가 국가이념으로 기능한 고려사회에서 강
화경판은 13세기 중엽 이전까지 고려 불교계의 교학적 수준이나 출판인
쇄 역량을 수용하여 계승 발전시킨 문명의 총체이며, 잔혹한 몽고 침략
과 파행적인 최씨무인정권을 겪던 현실 속에서 조성되었다. 이같은 사실
을 고려한다면, 판각사업에 담겨진 13세기 중엽 고려 사람들의 불교 문
명관, 민족적 위기와 현실모순의 극복노력을 규명하는 작업은 가장 근원
적 의미를 가진다고 생각된다. 이러한 연구내용과 시각은 향후에도 계속
적 연구 과제로 삼아 보충해 갈 것이다.

제2장

경전의 구성체제와 그 성격

강화경판『고려대장경』은 13세기 중엽 당시까지 현존하던 고려 국내의『부인사장 대장경판』(소위 초조대장경), 宋나라의 開寶勅板, 唐나라의 貞元續開元釋敎錄, 五代의 續貞元釋敎錄과 더불어 契丹本,[1] 그리고 고려의 여타 傳本[2]을 교정의 低本으로 삼았으며, 이들 경전의 대다수를 입장하고 있다. 이런 점을 고려하여, 연구자들은 그 校勘의 정확성, 經典 종류나 내용의 풍부성과 같은 서지학적 · 불교문화사적 우수성을 입증하였으며, 그 독자성을 어느 정도 증명하였다. 이로써 초기 일제식민주의 연구자들이 주장한 중국 대륙으로부터의 대장경문명의 외래성 · 모방성을 상당 부분 극복하게 되었다. 그러나 아직 이에 대한 다양한 근거가 제시되지 못하고 있으며, 또한 판각사업에 반영되어 있는 13세기 중엽 고려 사람들의 전통 불교문명의 수호노력이나 불교계의 창조적 발전노력에 대해서 충실하게 설명되지 못한 부분도 있다.

이에 대해 최근의 연구에서는 "『大藏目錄』에 입장된 경판은 이전까지의 전통체제를 고수한 것이며,『補遺板目錄』에 입장한 경판은 불교문화의 발전과 敎界의 변화를 항시 수용할 수 있도록 그 구조가 이뤄져 있었다"[3]고 파악함으로써, 강화경판의 구성체제가 우리 문명의 계기적 발전성을 반영하고 있는 것으로 이해되고 있다. 판각사업에는 新羅 이래 13세기 중엽까지 전래, 판각된 대장경의 전통과 그 창조적 발전 수준과

1) 鄭駜謨,「高麗初雕大藏目錄의 復元」『書誌學研究』 2, 1987, 43~44쪽.
2) 安啓賢,「大藏經의 雕板」『한국사』 6, 국사편찬위원회, 1975 ; 千惠鳳,『羅麗印刷術의 研究』, 경인문화사, 1980 ; 千惠鳳,『韓國書誌學』, 민음사, 1991 ; 千惠鳳, 「高麗再雕大藏經의 書誌學的 視覺」, 1987 ;『高麗大藏經研究資料集(2)』, 高麗大藏經研究會, 1989.
3) 金潤坤,「「江華京板 高麗大藏經」의 체제에 관한 一考」『釜山女大史學』 10·11합, 1993, 173쪽.

역량이 반영되어 있는 것으로 인식되고 있다. 이로써 외장에 반영된 문화유산적 가치를 재정립하고, 초기 일제식민주의 연구자들의 연구내용이나 시각을 한 단계 더 극복할 수 있는 토대가 마련되었다. 특히 이를 계기로 외장에 포함된 개별경판에 대한 연구가 확대·심화되었다. 그동안 불교사 및 사상사적 입장에서 검토해 왔던『續高僧傳』과『禪門拈頌』,『金剛三昧論經』, 그리고『大方廣佛華嚴經疏』,『法界圖記叢髓錄』,『大藏一覽集』,『祖堂集』등에 담겨 있는 문명적·역사적 성격을 새롭게 해명하였으며, 불교계의 교학적 수준과 역량이 적극 반영되고 있었다는 사실도 이해하게 되었다.[4]

그럼에도 불구하고 강화경판에 담겨져 있는 우리 문명의 창조적 발전역량을 규명하기 위해서는 보다 다양한 연구방법과 시각에서 접근할 여지가 있다. 따라서 본 장에서는 경전전체의 체제와 개별 경판의 板式구성 내용을 파악하여, 본 판각사업에 반영된 13세기 중엽 고려 사람들의 전통 문명의 수호노력과 그 계기적 발전성을 규명하고자 한다. 이런 점이 밝혀지면, 초기 일본식민주의 연구자들의 시각이나 이해방식도 보다

---

4) 崔永好,「『江華京板 高麗大藏經』邊界線 소재인명의 판각사업 참여형태」,『한국중세사연구』2, 1995 ; 崔永好,「海印寺 所藏本『大方廣佛華嚴經疏』·『大方廣佛華嚴經隨疏演義鈔』의 조성성격」,『한국중세사연구』4, 1997 ; 崔永好,「海印寺 所藏本『大藏一覽集』刻成時期의 재검토와 조성의 현실관」,『한국중세사연구』6, 1999 ; 崔永好,「13세기 江華京板『高麗大藏經』의 각성사업과 해인사」,『한국중세사연구』13, 2002 ; 金皓東,「『禪門拈頌』과 眞覺國師 慧諶」,『民族文化論叢』18·19합, 영남대 민족문화연구소, 1998 ; 金皓東,「『續高僧傳』과『大唐西域求法高僧傳』에 入傳된 韓國 高僧의 행적」,『民族文化論叢』20, 1999 ; 裵相賢,「『高麗國新雕大藏校正別錄』과 守其」,『民族文化論叢』17, 1997 ; 裵相賢,「高麗時代人의 元曉觀과『金剛三昧論經』의 入藏」,『백양사학』15, 신라대, 1998 ; 韓基汶,「江華京板 高麗大藏經 소재 均如의 著述과 思想」,『한국중세사연구』4, 1997 ; 韓基汶,「『祖堂集』과 新羅·高麗 高僧의 行蹟」,『한국중세사연구』6, 1999 ; 金潤坤,「강화경판 고려대장경 外藏에 入藏된『法界圖記叢髓錄』과『宗鏡錄』의 분석」,『民族文化論叢』20, 1999.

분명하게 딛고 올라설 수 있을 것이며, 그 문화적 가치나 역사성격, 그
속에 투영된 13세기 중엽 고려 사람들의 문명관 등을 선명하게 밝힐 수
있을 것이다.

제1절 경판의 구성체제

1. 대장과 외장의 명칭검토

지금까지 연구자들은 江華京板 『高麗大藏經』을 八萬大藏經板, 再雕
大藏經板 혹은 海印寺大藏經板 등으로 명명하여 왔으며, 근자에는 高麗
高宗官版大藏經이라 하기도 하였다.[5] 이같은 명칭은 나름대로의 근거와
타당성을 가지기도 하나, 역사사실과 서로 부합되지 못한 면도 있다. 최
근에는 종전의 명칭에 대한 비판이 이미 제기되었다.[6] 기존 명칭에는 본
대장경판이 몽고의 침략으로 조성되었으며, 당시의 피난 수도인 江華京
에서 그 조판계획이 수립되고 전체 공역을 지휘·감독하였다는 사실을
충분히 반영하지 못하고 있다. 또한 판각사업이 新羅 이래부터 13세기
중엽까지 우리나라에 전래, 판각된 대장경의 전통 위에서 이루어졌다는
사실도 소홀히 인식되고 있다.

특히 再雕大藏經板이라는 명칭에는 13세기 중엽 이전까지 고려에서
판각되어 온 대장경 조성의 전통을 충실히 반영하지 못하고 있다. 이 명
칭은 고려 顯宗 때 각판한 것을 初雕大藏經이라 하고, 그 다음 두 번째

---

5) 許興植, 「高麗高宗官版大藏經 補版의 範圍와 思想性」 『美術史學論叢』, 蕉雨黃壽
永博士古稀紀念, 1988 ; 『韓國中世佛敎史硏究』, 일조각, 1994 ; 許興植, 「高麗高
宗官版大藏經 彫成經緯와 思想性」 『歷史敎育論集』 13·14합, 1990 ; 위의 책.
6) 朴相國, 「海印寺大藏經板에 대한 再考察」 『韓國學報』 33, 1983.

로 조조했다는 뜻으로 붙여진 것이다. 이같은 명칭은 현종 2년(1011)에 경판조성을 착수한 이래, 그 뒤 문종 때를 거쳐 오면서 형성된 고려대장 경과 江華京板 사이에 단절을 인정하는 결과를 낳게 하며, 또한 고려대 장경의 지속적인 발전과정에서 소위 『속장경』을 소외시키는 단점을 노 출하게 된다. 즉 이 명칭에는 강화경판이 고려 불교문명의 지속적인 발 전의 산물이며, 현종 때 대장경판 조성 이래로 판각기능의 향상과 경판 체계의 발전 등을 계승한 대장경의 결정판이라는 사실이 간과되고 있다.

그리고 海印寺大藏經板이란 명칭은 현재 해인사에서 경판을 보관하 고 있기 때문에 불러지는 것이다. 강화경판은 완성된 13세기 중엽부터 고려 말까지 江華京에 보관되어 있었으며, 여말선초 왜구의 침략으로 인 해 조선 초기에는 漢陽을 경유하여 해인사로 옮겨 보관되고 있다. 이런 점을 고려한다면, 보관장소를 기준으로 하여 그 명칭을 붙이는 방식은 항상 변경될 가능성이 있다.

이에 비하여 강화경판 『고려대장경』의 명칭은 고정 불변의 의미를 가 질 수 있다. 따라서 본 대장경판이 외적의 침입에 굴하지 않은 민족적 자긍심을 느끼게 할 수 있는 역사적 성격도 깃들어 있고, 13세기 중엽 이전까지 대장경조성의 연속과정에서 이루어졌다는 사실을 고려한다면, 그 명칭을 강화경판 『고려대장경』으로 명명해도 큰 무리가 없을 것이 다.[7]

한편 강화경판의 구성체제는 『大藏目錄』과 『補遺板目錄』에 각각 입 장된 경전으로 분류되고 있다. 근자까지 전자에 입장된 경전을 原藏·正藏·正版, 그리고 후자에 편입된 경전을 補版·補遺板 혹은 副藏 등 으로 불러 오고 있다. 이 양자에 대해 許興植은, "정판은 선종서적이 배 제되었다면, 보판에는 의천에 의하여 배척된 균여의 저술이 실리고, 『祖 堂集』등 선종 관계의 저술이 실려 있다"[8]고 하여, 그 편찬 동기가 처음

---

7) 金潤坤, 앞의 논문, 1993, 170~171쪽.

부터 달랐다고 파악하고 있으며, 그 호칭도 2등분하여 부르고 있다.

특히 朴相國은 후자가 전자에 비해 문화 유산적 가치가 떨어지는 경판으로 이해하고 있다. 그 이유는 이 경판들의 대부분이 국가적 차원에서 판각된 分司都監板이 아니라 私刊 또는 寺刊이기 때문이라는 것이다.[9] 또한 대장경의 "補板 또는 補遺板이란 명칭은 더 이상 필요 없는 것이다"라고 하여, 소위 보유판을 강화경판에 포함시킬 수 없는 것으로 해석하고 있다. 그는 후자의 경전들이 『대장목록』에 수록되어 있지 않고, 『보유판목록』에 입장되어 있다는 점도 그 근거로 제시하고 있다. 『補遺板目錄』이 작성된 시기는 조선 말엽인 고종 2년(1865 ; 乙丑年)이다. 이런 사실에서 후자에 포함된 경판은 그 가치가 평가절하되고 있다.

그러나 이같은 이해 방식은 몇 가지의 문제점을 가진다. 첫째로, 補遺板이라는 명칭은 후자의 목록인 『補遺板目錄』이 만들어진 조선 고종 2년에 명명되었다는 점이다. 둘째로, 조선 고종 때 壯雄은 『보유판목록』의 작성과정에서 자신의 불교사상이나 종파성에 입각하여 15종의 경전류를 취사·선택하거나, 또는 당시 이미 없어진 판본을 입장하지 않았을 가능성이 많다는 점이다. 셋째로, 『보유판목록』에 입장된 15종의 경판은 1종을 제외한 나머지가 고려의 江華京時代에 이미 판각되었다는 사실이다. 넷째로, 이들 경판의 대부분은 都監에서 조성되었거나 최소한 그 인적·물적 자원을 활용하여 조성되었다는 사실이다. 다섯째로, 이들 연구자들은 최근 연구에서 지적한데서 알 수 있듯이, 강화경판의 편제구조가 전통적 장경문화와 불교계의 새로운 발전을 항시 수용할 수 있도록 2중적으로 짜여져 있었다[10]는 사실을 간과하고 있는 한계점을 가지고 있다는 점이다.

---

8) 許興植, 앞의 책, 432쪽.
9) 朴相國, 앞의 논문, 204쪽.
10) 金潤坤, 위의 논문, 172~173쪽.

이러한 문제점을 고려한다면, 『대장목록』이나 『보유판목록』에 편제된 경전을 격리하여 단절적으로 이해할 것이 아니라, 모두 대등한 우리의 문화유산으로 평가해야 할 필요가 있다. 아울러 그 호칭도 原藏・正藏・正版과 補版・補遺板・副藏으로 각기 명명할 것이 아니라, 양자를 대등한 입장에서 이해하는 『대장목록』의 內藏 혹은 줄여서 大藏, 『대장목록』의 外藏 혹은 외장으로 지칭하는 것이 보다 타당성을 가진다[11] 할 것이다. 특히 외장의 범주에는 『보유판목록』에 편제된 15종의 경전 이외, 소위 해인사 사・사간본과 새로 발견된 분사도감판도 포함할 수 있으며, 13세기 중엽 이후 새로 판각된 경판까지도 확대시킬 수 있을 것이다.

2. 대장과 외장의 구성체제

1) 대장의 편제와 그 성격

강화경판의 대장은 『大藏目錄』 총 3권에 입장된 모든 경전류가 포함된다. 『대장목록』 하권, 38장의 刊記가 戊申年高麗國大藏都監奉勅雕造라 판각된 사실에서 알 수 있듯이, 그 판각시기는 사업의 종반기인 1248년(고종 35 ; 戊申年)이다. 그리고 그 상권에는 天函~空函, 중권에는 谷函~設函, 하권에는 席函~洞函까지 포함된 경전목록과 入紙張의 數를 수록해 두고 있다.[12] 이처럼 대장에는 그 목록의 經順이 처음인 『大般若波羅蜜多經』 권1(天函)로부터 마지막 經順인 『一切經音義』 권100(洞函)에 이르기까지 총 1,498종의 방대한 경전류가 편제되어 있다.[13]

이와 같이 대장에 편제된 경전류가 방대한 분량을 차지하고 있었다면, 그 판각사업을 위한 예비적 준비는 이미 13세기 중엽 이전부터 진행

---

11) 金潤坤, 위의 논문, 174쪽.
12) 東國大學校譯經院, 『高麗大藏經』 제39책, 영인본, 1976, 174~215쪽.
13) 1,498종은 동국대 영인본 『高麗大藏經』을 참고로 하여 계산한 것이다.

되어 왔다는 사실을 입증하는 것이다. 그 가운데 하나가 守其 등이 교감하여 판각한『高麗國新雕大藏校正別錄』30권[14]을 통해 짐작할 수 있다. 이 교정별록은 國本과 宋本 및 契丹本, 그리고 國內 寺刹傳本 등과 같이 방대한 분량의 대장경을 세세하게 상호 대조하여 만든 것이다. 이 점을 고려한다면, 이 교정별록은 守其를 포함한 몇 명의 대덕고승들이 13세기 중엽에 갑자기 편찬하지 않았을 것이며, 오히려 그 이전부터 진행되어 온 고려 불교계의 교학적 발전이나 대장경 출판 능력의 토대 위에서 완성되었다는 것을 시사한다.

한편 대장에 편제된 경전의 종류는 강화경판의 판각사업 때 일부를 대체 편입・추가 삽입한 경우[15]도 있으나, 그 대부분은 고려 현종 이래 國內에서 累加式으로 판각되어 온 대장경의 경명과 일치하고 있다. 특히 고려 현종 이래 지속적으로 판각되어 온 소위『부인사장 대장경판』에 입장된 경전과 상당 부분이 일치하고 있다. 이러한 사실에서도 대장에는 13세기 중엽 판각사업의 이전부터 준비되어 온 고려 불교계의 교학 내지 장경사업의 발전수준이 반영되어 있다고 확인할 수 있다. 따라서 대장에 편입된 경전의 판각사업은 고려 현종 이래의 전통적 장경문화를 수용・체계화한 것이다.[16]

2) 외장의 편제와 그 성격

외장의 범주에는『大藏目錄』에 입장된 모든 경전을 제외하고,『補遺板目錄』에 편제된 15종의 경전과 더불어 13세기 중엽 이후 새로 판각된 경판까지 확대할 수 있다.

현재까지 몇몇 연구자들은『대장목록』에 포함된 경전과 별개로,『보

---

14) 金潤坤, 앞의 논문, 172쪽.
15) 鄭駜謨,「高麗再雕大藏目錄考」『圖書館學』17, 1989.
16) 金潤坤, 앞의 논문, 172쪽.

유판목록』에 수록된 15종의 경전을 補遺板·補版 혹은 副藏 등으로 지
칭하면서 구분해 왔다. 그런데 이들 15종의 경전들만 별개로 한정하여
외장으로 규정할 수 없다. 이는『보유판목록』이 외장 경전의 첫 조판 시
기보다 훨씬 후대인 조선 고종 2년에 작성되었다는 사실 때문이다. 그리
고 15종의 경전을 취사·선택하는 과정에서는『보유판목록』을 작성한
海冥 壯雄의 불교관이 적극 반영되었거나, 또는 당시 없어진 판본이 누
락되었을 가능성이 많다는 점 때문이다. 아울러 壯雄이 보유판을 확정하
는 과정에서 소위 해인사의 寺·私藏本 가운데, 외장의 성격을 가진 판
본을 확인하지 못하였을 가능성도 있다는 점이다. 이처럼 외장 15종의
경전은 조선 말기 해명 장웅이 대장경의 印經佛事 과정에서『보유판목
록』을 만들면서 확정하였기 때문에, 그 선택 기준이 명확하지 않다. 따
라서 외장의 범주에는『보유판목록』입장의 15종 경전만으로 한정할 수
없으며,『보유판목록』에 입장되어 있지 않았지만 고려시대 大藏·分司
都監에서 조성된 5종의 경전[17]과 함께, 소위 해인사의 사·사간본 가운
데 그 판본의 성격이 외장과 유사한 상당수의 경전까지도 포함할 수 있
을 것이다.

외장에 편제된 경전류의 판본성격은 대장과 달리 다양하다. 우선, 외
장으로 분류할 수 있는 경전들 가운데『보유판목록』에 편입된 경전의
판본성격에서도 확인된다. 앞서 설명한 것처럼, 몇몇 연구자들은 외장으
로 분류할 수 있는『보유판목록』에 입장된 15종 경전의 대부분에 대해,

---

17) 이와 관련된 경전은 현재 5종으로, 즉 從義가 저술한『天台三大部補註』14권(乙
巳歲分司大藏都監板), 惟簡 저술의『宗門撫英集』3권과 宗賾 저술의『重添足本
禪苑淸規』2권 및 永明延壽 저술의『註心賦』(이상 3종은 甲寅歲分司大藏都監板)
(許興植, 앞의 책, 1994, 182~185쪽), 그리고 高麗의 均如가 저술한『一乘法界圖
圓通記』2권(至元二十四年 丁亥五月 大藏都監板) 등이다(許興植, 앞의 책, 1994,
182~185쪽 ; 崔永好,『江華京板 高麗大藏經 刻成事業의 硏究』, 영남대 박사학
위논문, 1996, 54~55쪽).

조성주체와 장소가 국가적 차원의 都監板이 아니라, 私刊 또는 寺刊이
고, 조성시기가 대장의 판각보다 훨씬 뒤 떨어지며, 경판의 板式도 대개
대장에 편제된 경우와 다르다고 하면서, 그 문화유산적 가치를 평가절하
하였다.[18] 이에 대해, 최근의 연구에서는 이같은 이해방식에 대해 의문
을 제기하고 있다.[19] 『보유판목록』의 작성시기가 조선말기이나, 그 목
록에 편제된 경판은 이미 훨씬 이전에 판각되었다는 사실을 분명히 한
다음, 대장과 외장에 입장된 경전을 각기 격리·단절적으로 파악하지
않고 대등한 우리의 문화유산으로 이해해야 필요가 있다는 시각을 제시
하고 있다.

그 사례를 확인하기 위해, 기존 연구자들이 板式의 분석을 통해 판각
시기를 조선전기로 파악한 『慈悲道場懺法』 10권 등에 대해 판각시기와
사업 참여자의 성격을 재검토하였다. 이 연구에서는 경판의 板式이 판각
시기를 규명하는 충분조건이 될 수 없다고 단정한 다음, 『자비도장참법』
의 판각 참여자들이 활동한 시기를 새롭게 분석하였다. 이로써 『자비도
량참법』의 판각 참여자는 대장과 외장의 판각활동에도 관여한 인물이
며, 그 경전은 『종경록』의 판각시기인 1246년(고종 33 ; 丙午年)~1248
년(戊申年)으로부터 『십구장원통기』·『석화엄지귀장원통초』·『석화엄교
분기원통초』 등의 경전들이 판각된 1250년(庚戌年)~1251년(辛亥年)의
사이라고 규명하였다. 그리고 『보유판목록』에 입장된 경판은 대부분이
江華京時代에 이미 판각되었다고 하였다.

아울러 이 연구에서는 강화경판의 편제를 원래부터 후대로 내려가면
서 계속 판각하여 보충할 수 있도록 구성되었다고 파악하고, 『보유판목
록』에 입장돼 있는 경판은 다음과 같이 세 가지 특징을 띠고 있다고 해
석하였다. 첫째, 판각시기가 1243년(癸卯年)부터 1503년(조선 연산군 9 ;

---

18) 朴相國, 「海印寺大藏經板에 대한 再考察」, 『韓國學報』 33, 1983, 204쪽.
19) 金潤坤, 앞의 논문.

癸亥年)에 이르기까지 다양하고, 둘째, 조성장소가 거의 대부분 分司大藏都監이며, 셋째, 신라시대부터 고려중기의 판각사업 당시까지, 그 사이의 韓中 양국의 고승대덕들에 의하여 대부분 撰編된 論藏의 성격에 해당되는 경전이 포함되어 있다는 점 등이다. 물론 이같은 모든 특징이 『보유판목록』에 입장되어 있는 경판에만 나타난 현상이 아닐지라도,[20] 외장에 편제된 경전의 일반적 특징으로 설정할 수 있을 것이다.

이같은 점을 고려하여 먼저, 『보유판목록』에 입장된 경전의 판각시기와 판각장소를 살펴보기로 한다. 이를 정리하면, 다음의 <표 2-1-1>과 같다.

〈표 2-1-1〉『補遺板目錄』에 입장된 경전의 판각시기와 조성장소

順	經名	卷數	撰集者名	조성시기	雕造處	비 고
1	宗鏡錄	100	延壽	1246~1238년	分司	刊記 有
2	南明泉和尙頌證道歌事實	3	連公	1248년	〃	全光宰誌 有
3	金剛三昧經論	3	元曉	1244년	〃	鄭奮誌 有
4	法界圖記叢髓錄	4	天其	미상	불명	
5	祖堂集	20	文僜	1245년	分司	刊記 有
6	大藏一覽集	11	陳實	미상	불명	
7	禪門拈頌集	30	慧諶	1243년	分司	鄭奮跋 有
8	大方廣佛華嚴經搜玄分齊通智方軌	10	智儼	1245년	大藏 分司	刊記 有
9	十句章圓通記	2	均如	1250년	불명	誌文 有
10	釋華嚴旨歸章圓通鈔	2	〃	1251년	〃	〃
11	華嚴經三寶章圓通記	2	〃	미상	〃	〃
12	釋華嚴經敎分記圓通鈔	10	〃	1251년	〃	〃
13	禮念彌陀道場懺法	10	極樂居士	1503년	海印寺	跋文 有
14	慈悲道場懺法	10	梁 諸大法師	1246~1251년	불명	
15	華嚴經探玄記	20	法藏	1245년	分司	刊記 有

* 본 표는 金潤坤, 앞의 논문을 근거로 편집하였다.

20) 金潤坤, 앞의 논문, 203쪽.

『보유판목록』에 입장된 15종의 경전 가운데 <표 2-1-1> - 1·5·8·15
의 경전인『종경록』·『조당집』·『대방광불화엄경수현분제통지방궤』·
『화엄경탐현기』4종은 각권의 말미에 刊記가 판각되어 있다. 이를 통해
이들 經板이 1245년(고종 32 ; 乙巳年)과 1246년(丙午年)~1248년(戊申
年) 사이에 분사도감이나 대장도감에서 조판되었다는 사실이 분명하게
확인된다. 그리고 瑞龍寺의 連公이 저술한『남명천화상송증도가사실』3
권[21]도 全光宰가 1248년에 분사도감의 인적·물적 자원을 이용하여 판
각하였다.[22] 또한『금강삼매경론』도 卷下의 제60장에 새겨진 鄭奮(晏)
의 誌文과 그의 행적을 통해 1244년(甲辰年)에 南海分司都監에서, 『선
문염송집』도 말미에 있는 鄭晏의 誌文과 萬宗의 跋文을 통해 1243년(癸
卯年)에 분사도감에서, 均如 저술의『십구장원통기』·『석화엄지귀장원
통초』·『석화엄경교분기원통초』등 3종도 卷下와 권6의 말미에 있는
誌文을 통해 1250년(庚戌年)과 1251년(辛亥年)에 각각 조성하였다고 이
해되고 있다.[23] 그 다음으로 均如 저술의『화엄경삼보장원통기』는 卷下
의 말미에 판각된 誌文의 형식이『십구장원통기』·『석화엄지귀장원통
초』와 서로 거의 동일하며,[24] 書風과 형식도 이들 경전과 거의 같다[25]
는 점에서, 이 경판의 조성시기가 동일하다고 짐작되고 있다. 또한 고려
말~조선 초기,[26] 또는 조선시대[27]에 조성된 것으로 이해된『慈悲道場
懺法』도 본 경판의 판각사업 참여자를 분석하여 1246~1251년에 판각

---

21) 高翊晋,「證道歌事實 著者에 대하여」『韓國佛教學報』1, 1975 ;『韓國撰述佛書
  의 硏究』, 민족사, 1987.
22) 崔永好,「『江華京板 高麗大藏經』邊界線 소재인명의 판각사업 참여형태」『한국
  중세사연구』2, 1995, 174~175쪽.
23) 金潤坤, 앞의 논문, 175~177쪽.
24) 金潤坤, 위의 논문, 176~177쪽.
25) 朴泳洙, 앞의 논문, 29쪽.
26) 朴相國, 앞의 논문, 203~204쪽.
27) 朴泳洙, 앞의 논문 ; 徐首生,「八萬大藏經板硏究」『韓國學報』9, 1977, 13쪽 ; 許
  興植, 앞의 책, 179쪽.

된 것으로 규명되었다.[28] 한편 『예념미타도량참법』도 권10의 말미에 새
겨진 記文을 통해 1502년(조선 연산군 8 ; 壬戌年)에 착수하여 이듬해에
海印寺에서 重刊되었다.

이처럼 <표 2-1-1>의 15종 경전 가운데 조성시기가 파악되는 경우
는 13종으로, 그 가운데 조선 연산군 9년에 重刊된 『예념미타도량참법』
1종을 제외하면, 12종의 경판은 고려 고종 때인 江華京時代에 조성되었
다. 특히 그 가운데 <표 2-1-1> - 1~3·5·7~8·15의 7종 경판은 『대
장일람집』이 판각된 고종 35년(戊申年) 이전에 완성되었다. 그리고 그
판각장소가 규명된 8종의 경전은 대장의 판각사업을 담당한 大藏都監이
나 分司都監에서 완성되었다.

또한 조성장소를 파악할 수 없는 <표 2-1-1> - 9~12·14의 5종 경
판도 분사도감에서 조성되었다고 짐작된다. 이는 이들 5종 경판이 도감
의 인적 자원을 활용하여 조성되었다는 사실에서 알 수 있다. 이 5종 경
판의 서체가 대장에 입장된 모든 경전(단, 『예념미타도량참법』은 松雪體
로 제외)과 동일한 率更體이라는 사실[29]은 대장도감판이나 분사도감판
의 조성에 관여한 경전 필사자가 외장의 필사에도 참여하였음을 반증한
다. 그리고 각성사업의 실무자로 참여한 天其와 그 제자들이 그 초본을
수집·교정, <표 2-1-1> - 9~12의 경전을 江華京에서 개판한 사실[30]
은 곧 이들이 均如 저술의 경전을 조성하는 과정에서도 도감의 실무자
들로 관여하였다는 것을 입증하는 것이다. 아울러 이들 경판을 조성한
刻手들은 대장도감과 분사도감에서 활동한 인물과 대다수가 중복되고
있는데,[31] 이를 통해서도 이들 경판의 조성에는 都監에서 經板을 새긴

---

28) 金潤坤, 위의 논문, 187~201쪽.
29) 徐首生, 앞의 논문, 13쪽.
30) 崔柄憲, 「高麗時代 華嚴宗團의 展開過程과 그 歷史的 性格」『韓國史論』 20, 국
    사편찬위원회, 1990, 212쪽.
31) 『자비도량참법』의 각수로 활동한 인물들이 대장도감과 분사도감에서 활동한 사

각수들이 참여하였다고 볼 수 있다. 이처럼 이들 5종의 경판은 대장도감 과 분사도감의 실무자·필사자·각수 등과 같은 인적 자원을 토대로 조 성되었다. 특히 均如 저술의 4종 경전은 경판의 판각에 사용된 목재도 國刊經板(都監板)과 동일하다는 점[32]은 도감의 물적 자원도 활용되었다 는 것을 반중한다. 이로써 均如 저술의 4종 경전과『자비도장참법』은 도 감의 인적·물적 자원을 활용하여 조성한 都監板 내지 準都監板으로 규 정할 수 있을 것이다.

이상에서 언급된 13종의 경판 이외, 그 판각시기나 조성장소를 알 수 없는 <표 2-1-1>-4·6의 경전인『법계도기총수록』4권[33]과『대장일 람집』11권[34]도 강화경시대에 사업의 담당기구인 도감에서 조성되었다 고 짐작된다.

우선, 13세기 天其가 저술한『법계도기총수록』[35]의 판각시기부터 살 펴보자. 기존 연구자들은 본 경전의 판각시기를 1244년(고종 31 ; 甲辰 年),[36] 1248년[37]으로 각기 달리 분석하고 있다. 두 연구자들이 분석한 근거는 그 경판의 판식이나 서체 등과 같은 형태서지학 자료이다. 물론 이들 자료도 그 중요자료가 된다. 그런데 이보다 더욱 명확한 분석자료

실은 이미 규명되어 있다(金潤坤, 앞의 논문). 뿐만 아니라 <표 2-1-1>-9·10· 12의 경판조성에 활동한 대다수의 각수도 대장도감과 분사도감에서 활동한 인물 들이다.

32) 徐首生, 위의 논문, 24쪽.

33) 金潤坤,「강화경판 고려대장경 外藏에 入藏된『法界圖記叢髓錄』과『宗鏡錄』의 분석」『民族文化論叢』20, 1999.

34)『대장일람집』은 총 10권이나『대장일람집목록』1권을 더하면, 11권이 된다. 이렇 게 권수를 분리하여 파악한 이유는 후자가 총지장수 53장으로 구성되어 있으며, 판 중제를 '覽'자만 사용하고 있는 일람집과 달리 '覽目'자로 판각되어 있다 점이다.

35) 金相鉉,「『法界圖記叢髓錄』考」『韓國史學論叢』, 千寬宇先生還曆紀念, 1989.

36) 徐首生, 앞의 논문, 31쪽.

37) 朴相國(앞의 논문, 203쪽)은 본 경판의 개판시기를『남명천화상송증도가사실』과 같은 해인 1248(고종 35)~1249년으로 이해하고 있다. 그런데『남명천화상송증 도가사실』은 1248년에 판각되었다(崔永好, 앞의 논문, 174~175쪽).

는 이들 경판의 판각사업에 직접 참여한 경판의 刻手자료가 될 것이다.
본 경판의 참여각수는 다음의 <표 2-1-2>와 같다.

<표 2-1-2> 『法界圖記叢髓錄』의 참여각수

順	각수이름	卷次	張次	板數	비고
1	公俊	上之1 上之2	제17장 제20·22~23장	4장	
2	光乂	上之2	제12장	1장	
3	道宣	下之1	제17~20장	4장	17·19장은 道, 18·20장은 宣
4	士代	上之1	제31장	1장	
5	升有	上之1	제45장	1장	
6	仁乂	下之1	제32장	1장	
7	昌茂	上之1	제40장	1장	

* 본 표는 동국대의 영인본 『高麗大藏經』과 동아대 石堂傳統文化硏究院의 인경본
을 근거로 작성하였다. 그리고 각 경판에 새겨진 刻手인 人·法名의 글자 가운데
현대한자로 표기하기 어려운 경우에는 正字나 類似字로 표기하였다. 이하의 각수
관련 표도 이와 동일하다.

『법계도기총수록』 각 경판의 板中題 하단부에는 公俊·光乂·道宣
·士代·升有·仁乂·昌茂 등 7명의 각수들이 판각되어 있다. 이들은
대장이나 외장에 입장된 각 경판의 邊界線에 판각되어 있는 人·法名과
마찬가지로 經板의 각수나 판각 기진자로 판각사업에 직접 참여한 인물
이다.[38] 따라서 이들은 판각사업이 진행되던 13세기 중엽에 생존·활동
한 인물이다.

그런데 이들 7명은 외장의 『법계도기총수록』이외, 大藏에 입장된 경
판의 판각사업에도 직접 관여하였다. 시기별·조성장소별로 한 사례씩
만을 적출하여 정리하면, 다음 <표 2-1-3>과 같다.

---

38) 金潤坤, 「高麗大藏經의 彫成機構와 刻手의 性分」 『民族史의 展開와 그 文化(上)』,
벽사이우성교수정년기념퇴직논총, 1990, 236~251쪽 ; 金潤坤, 「『고려대장경』의
각판과 국자감시 출신」 『國史館論叢』 46, 국사편찬위원회, 1993, 77~78쪽.

〈표 2-1-3〉『法界圖記叢髓錄』각수의 大藏판각 참여사례

順	각수	시이기	장소	적요	出典 經名	函	卷	張次
1	公俊	1237년	大藏		放光般若波羅蜜經	重	16	제11~12장
		1244년	〃		佛說大乘菩薩藏正法經	宗	5	제5·10장
2	光乂	1243년	〃		楞伽阿跋多羅寶經	此	3	제5장 등
		1243년	分司	21장은 裔	續高僧傳	驚	1	제21~22장
		1244년	大藏	15장은 裔	雜寶藏經	星	甲	제15~16장
		〃	分司		集古今佛道論衡	承	18	제4장
3	道宣	1238년	大藏		摩訶般若波羅蜜經	海	24	제28~29장
		1239년	〃		慧上菩薩門大善權經	裳	上	제3~6장 등
		1240년	〃		大乘大集地藏十輪經	陶	1	제11~34장
		1241년	〃	道, 宣	大方等大集經	有	2	제2~20장 등
		1242년	〃	道, 宣 혼용	方廣大莊嚴經	歸	10	제1~13장 등
		1243년	〃		悲華經	駒	4	제2~3장 등
		〃	分司		本事經	籍	4	제10~16장
		1244년	大藏		摩訶僧祇律	學	8	제16장
		〃	分司		阿毘曇毘婆沙論	磨	40	제27장
		1245년	大藏		大方廣佛華嚴經	實	37	제8~12장 등
4	士代	1243년	〃	6장은 思	佛說放鉢經	恭	單	제5~6장
		〃	分司	전체가 思	正法念處經	定	4	제21·23장
		1244년	大藏	〃	十誦律	以	56	제32~33장
		〃	分司	〃	阿毘曇毘婆沙論	規	60	제20장
5	升有	1243년	大藏		增壹阿含經	似	4	제15·17장
		〃	分司		阿含經	薄	15	제25장
		1244년	大藏		十誦律	職	18	제9~10장
		〃	分司		薩婆多毘尼毘婆沙	猶	9	제11~12장
		1247년	〃		廣釋菩提心論	用	4	제5장
6	仁乂	1241년	大藏		大方等大集經	位	15	제2~19장 등
		1243년	〃		佛說解節經	此	單	제2~11장 등
		〃	分司		中阿含經	履	4	제13·15장
		1244년	大藏		摩訶僧祇律	學	6	제39~40장
		〃	分司		摩訶僧祇律	優	13	제6장
		1245년	大藏		大方廣佛華嚴經	問	47	제2~25장
7	昌茂	1244년	分司		金光明經	精	3	제24장

<표 2-1-3> - 1에 따르면, 『법계도기총수록』의 판각 사업에 직접 참여한 公俊은 1237년(고종 24 ; 丁酉年)과 1244년(甲辰年)의 2년 동안 대장도감에서 대장에 편입된 『放光般若波羅蜜經』 권16(重函)의 제11~12

장과『佛說大乘菩薩藏正法經』권5(宗函)의 제5·11장 등을 판각하였다.
그리고 자신을 光裔로도 표기한 光乂[39]는 1243년(癸卯年)과 1244년(甲
辰年)의 2년 동안 대장도감과 분사도감에서 대장에 입장된 경판의 판각
활동에도 참여하고 있다. 특히 '道'字나 '宣'字의 외자를 사용하여 자신
을 표기한 道宣도 1238년(戊戌年)~1245년(乙巳年)까지 8년 동안 연이
어 대장도감과 분사도감에서 대장에 편제된 경판의 판각활동을 하였다.
思代라고도 자신의 인명을 표기한 士代[40]도 1243년(癸卯年)과 1244년
(甲辰年) 2년 동안 양도감에서 대장의 판각활동에 직접 참여하고 있다.
升有 역시 1243년(癸卯年)·1244년(甲辰年)·1247년(丁未年)의 총 3년
동안 양도감에서 대장의 판각사업에 활동하였다. 仁乂도 1241년(辛丑年)·
1243년(癸卯年)~1245년(乙巳年)의 총4년 동안 양도감에서 경판의 각수
로 활동하였다. 昌茂도 1244년(甲辰年)에 분사도감에서 대장에 입장된
『金光明經』권3(精函)의 제24장 등을 직접 판각하였다.

　이처럼『법계도기총수록』4권의 각 경판을 판각한 각수 7명의 전원
은 1237~1245년과 1247년에 대장도감이나 분사도감 또는 양도감에서
대장에 입장된 경판도 직접 판각하였다. 이들 7명의 판각활동 기간이 최
하 1년에서 최고 8년까지 큰 차이를 보이고 있으나, 1244년의 한 해 동
안에는 모두가 대장의 판각사업에 참여하였다. 이런 사실을 염두에 둔다
면,『법계도기총수록』4권도 1237~1245년과 1247년 경에 대장도감이
나 분사도감에서 조성되었을 가능성이 높다. 특히 이들 7명의 각수들이
함께 판각활동을 한 1244년경에 조성되었을 개연성도 있다.

---

39) 光乂는 동음이자인 光裔로도 자신을 표기하고 있다. 이는『雜寶藏經』권1(驚函)
　　의 제21장이 光裔, 제22장이 光乂, 그리고『集古今佛道論衡』卷甲(星函)의 제15
　　장이 光裔, 제16장이 光乂로 각각 판각된 사실에서 확인된다.
40) 士代는 대장에 입장된 경판에 대부분 思代로 판각되어 있으나,『佛說放鉢經』권
　　1(恭函)의 제5장이 士代, 제6장이 思代로 표기되어 있다. 즉 연이은 장에 인명이
　　동음이자로 판각된 점에서 동일인이 분명하다.

뿐만 아니라『법계도기총수록』의 서체가 대장에 편제된 경판과 동일
한 率更體라[41]는 점에서, 이 경판의 板下本의 작성에 도감의 필사자가
활용되었다고 짐작할 수 있다. 이로써『법계도기총수록』은 도감의 인적
자원을 활용한 都監板 내지 準都監板으로 분류될 수 있을 것이다.

다음으로『大藏一覽集』11권의 판각시기와 장소를 살펴보자. 이 경전
의 판각시기에 대해서는 파악을 보류한 경우[42]를 제외하고, 일부 연구
자들이 1244년(甲辰年)~1248년(戊申年)[43]이나 1230년대 후반~1240
년대 내지 그 직후[44] 또는 1250년대[45]로 추정하고 있다. 그러나 대부분
의 연구자들이 조선 초기 세조 때 내지 전기로 확정하고 있으며,[46] 이것
은 최근까지도 거의 고정되어 있는 상태이다. 특히 최근에는 "고려 고종
시에 조성된 것으로 보는 학자도 있으나, 版型이나 撰者로 보아 조선전
기라는 통설에 의문의 여지가 없다"[47]고 하여 조선전기로 확정하고 있
다. 본 경전의 편찬자인 寧德優婆塞 陳實의 생존·활동시기와 해인사
현존 經板의 版型(版式)을 핵심 근거로 삼은 결과, 그 조성시기를 조선전
기로 통설화 하고 있다.

---

41) 徐首生, 앞의 논문, 13쪽 참조.

42) 金潤坤,「『江華京板 高麗大藏經』의 체제에 관한 一考」『釜山女大史學』10·11합,
    1993, 175~176쪽 ; 東國大學校,『高麗大藏經(解題·索引)』48, 1976, 972쪽 ;
    金斗鍾,『韓國古印刷技術史』, 探求堂, 1973, 85쪽.

43) 徐首生,「八萬大藏經板研究」『韓國學報』9, 1977, 32·43쪽.

44) 崔永好,『江華京板 高麗大藏經 刻成事業의 研究』, 영남대 박사학위논문, 1996,
    50~54쪽.

45) 韓基汶,「"江華京板 高麗大藏經" 소재 均如의 著述과 思想」『한국중세사연구』4,
    1997, 120쪽.

46) 大屋德城,「朝鮮海印寺經板攷」『東洋學報』15-3, 1926, 18쪽 ; 千惠鳳,『羅麗印
    刷術의 研究』, 경인문화사, 1980, 100쪽 ; 朴相國,「海印寺大藏經板에 대한 再考
    察」『韓國學報』33, 1983, 203쪽 ; 朴相國,「祇林寺 毘盧舍那佛像 腹藏經典에 대
    하여(下)」『季刊書誌學報』2, 1990, 153쪽 ; 許興植,『韓國中世佛敎史研究』, 일
    조각, 1994, 179쪽.

47) 許興植, 위의 책, 179쪽.

이에 대해 최근에는 陳實의 생존・활동시기와 해인사본의 서지학적
특성 및 『欽定四庫全書總目』권145, 子部釋家類存目의 내용48)을 재검
토하고, 『대장일람집』의 편찬시기와 함께 해인사에 소장한 본 경관을
판각한 각수들의 생존・활동시기 등을 분석하였다.49) 그에 따르면,『대
장일람집』의 편찬자인 陳實의 활동시기와 편찬시기는 明나라가 아니라,
南宋 高宗 때 내지 12세기 중엽 경이며, 해인사 소장 경관의 판식과 서
체의 특징 및 각수들50)의 생존・활동기가 고려 후기, 특히 대장이나 여
타의 외장이 조판된 13세기 중엽 내지 그 인접 시기와 밀접한 관련을
가지고 있다고 규명하였다. 그 결과 해인사소장의『대장일람집』은 1237
년(丁酉年)~1246년(丙午年)이나 1243년(癸卯年)~1244년(甲辰年)경에 대
장도감이나 분사도감에서 조판되었으며, 그 판본의 성격도 都監板 내지
準都監板으로 짐작할 수 있는 근거를 제시하였다.

이상에서 알 수 있듯이,『補遺板目錄』에 입장된 15종의 경관 가운데
연산군 9년 해인사에서 중간된『예념미타도량참법』10권의 1종을 제외
한 나머지 14종은 대장의 판각사업이 진행되던 1236(고종 23)~1251년
(동왕 38) 때인 江華京時代에 조판되었다. 뿐만 아니라 이들 14종 가운
데 刊記가 판각된『종경록』・『조당집』・『대방광불화엄경수현분제통지

<hr>

48) 大藏一覽十卷(內府藏本) 明 陳實原編 實原寧德人 始末未詳 是編以藏經 浩繁 難
於尋覽 因錄其大要括爲一書 分八門六十品系 以因緣一千一百八十一則(『欽定四
庫全書總目』권145, 子部釋家類存目).
49) 崔永好, 위의 박사학위논문, 50~54쪽 ; 崔永好, 「海印寺 所藏本『大藏一覽集』
刻成時期의 재검토와 판각의 현실관」『한국중세사연구』6, 1999.
50) 해인사 소장의『대장일람집』을 판각한 각수들은 戒宗・供中(仲・冲)・公茂・金
升・金延・端午・大林・大士・大之・德惠・道休・禿牛・盧惠・里知・文
功・宝之・甫惠・甫熙・思代・性一・成惠・世失・守呂・安宏・唵狂・彦
光・然灯・禹臣・元俊・元進・惟正・由且・李義・仁京・仁祐(友)・寅老・自
兼・慈世・自玄・長存・正三・貞位・正因・正藏・宗植・宗惠・學修・惠
堅・惠歸・惠如・黃令・孝習・黑升 등 총 53명이 확인된다(崔永好, 앞의 논문,
1999).

방궤』・『화엄경탐현기』 4종, 그리고 刊記가 누락되어 있는 10종의 경전
도 도감의 기능과 인적 자원을 활용하여 판각되었다. 이로써 본다면, 간
기가 없는 10종의 경판도 都監板 내지 準都監板으로 규정할 수 있을 것
이다. 따라서 외장에 입장된 경판은 私・寺刊板으로 규정하여 평가절하
할 것이 아니라, 대장과 동일한 또는 최소한 그에 준하는 문화유산의 차
원으로 평가되어야 할 것이다.

한편 『보유판목록』에는 입장되어 있지 않으나, 大藏의 조성시기와 근
접하고 분사대장도감에서 조판한 4종의 경판인 『宗門撫英集』 3권, 『重
添足本禪苑淸規』 2권, 『天台三大部補註』 14권, 『註心賦』 등[51]과 대장
도감에서 開板된 『一乘法界圖圓通記』 2권도 외장으로 분류될 수 있다.
이들 5종의 경판이 『보유판목록』에 누락된 이유를 명확히 알 수 없으나,
조선 고종 2년(1865)에 그 목록을 작성한 승려 壯雄이 그 판본을 발견하
지 못하였거나, 그 당시에는 海印寺에 전하지 않았기 때문에, 이들 경전
이 외장의 목록에서 누락되었을 것이다. 이 점은 이들 5종의 판본이 현
존하지 않고, 印經本이 여러 곳에 개별 분산적으로 남아 있다는 사실에
서 짐작할 수 있다.

從義 저술의 『天台三大部補註』 14권은 권1~5가 발견되었는데, 권1
~2를 제외한 나머지 세 권에는 '乙巳歲分司大藏都監開版(권3)'과 '乙巳
歲分司大藏都監彫造(권4~5)'라는 刊記가 권말에 인경되어 있다.[52] 이
로써 이 경판도 각성사업이 진행되던 1245년(고종 32 ; 乙巳年)에 분사
도감에서 조성되었다고 확인할 수 있다.

惟簡 저술의 『宗門撫英集』 3권은 中卷과 下卷의 말미에 각각 '甲寅
年分司大藏重彫'와 '甲寅年分司大藏都監重刻',[53] 宗賾 저술의 『重添

---

51) 許興植, 앞의 책, 1994, 181~188쪽.
52) 許興植, 위의 책, 184쪽.
53) 千惠鳳, 앞의 책, 103쪽 ; 許興植, 위의 책, 182쪽.

足本禪苑淸規』2권은 하권의 말미에 '甲寅歲分司大藏都監重彫',[54] 永明
延壽 저술의『註心賦』는 책의 끝에 '甲寅歲分司大藏都監彫造'[55]라는
刊記가 새겨져 있다. 그리고 고려 華嚴宗의 대덕고승인 均如가 저술한
『一乘法界圖圓通記』2권도 下卷의 말미에 '至元二十四年 丁亥五月 日
… 大藏都監開板'[56]이라는 간기가 있다. 이런 점에서 본다면, 대장의 판
각사업이 일단락된 3년 뒤인 1254년(甲寅年)까지는 분사도감, 그 훨씬
이후인 1287년(충렬왕 13 ; 至元 24) 5월까지는 대장도감의 판각기능이
각각 잔존하고 있었다. 이로써『보유판목록』에 입장되어 있지 않지만,
4종의 分司都監板[57]과 1종의 大藏都監板은 都監板으로 규정하여 외장
에 편입시킬 수 있을 것이다.

   여기서 주목되는 사실은 이들 5종의 경전 가운데『천태삼대부보주』
를 제외한 3종의 분사판이 강화경판의 판각사업이 일단락된 1251년(辛
亥年)보다 3년 뒤에 조판되었다는 점, 均如의『一乘法界圖圓通記』2권
이 그보다 한참 뒤인 1287년(충렬왕 13 ; 丁亥年)에 大藏都監에서 開板
되었다는 점이다. 이러한 사실에서, 판각사업 담당자들은 사업이 종결된
이후까지도 都監의 판각기능을 잔존시켜, 고려 불교계의 새로운 발전문
명을 항시 수용할 수 있는 체제를 유지하고 있었다는 것을 알 수 있다.
즉 외장에 편제할 대장경은 판각사업의 이후에도 계속 사업으로 남겨두
고 있었던 것이다. 이같은 체계는 언제까지 유지되었는지 알 수 없으나,
최소한 均如의『一乘法界圖圓通記』2권이 판각된 충렬왕 때까지는 지
속되었던 것이다.

---

54) 崔法慧,『高麗板重添足本禪苑淸規』, 民族社, 1987 ; 許興植, 위의 책, 183쪽.
55) 高麗大學校 中央圖書館,『漢籍目錄』, 高麗大學校出版部, 1984, 20쪽 ; 許興植, 위
    의 책, 185쪽.
56)『一乘法界圖圓通記』卷下, 마지막 장, '前攝郎金晅用晦跋(『韓國佛敎全書』제4책,
    東國大 出版部, 1982, 4-38~39쪽).'
57) 許興植, 위의 책, 182~185쪽.

뿐만 아니라, 더 구체적인 사실은 제2절에서도 언급되겠지만, 『보유판목록』에 입장된 15종의 경판 가운데 국내의 대덕고승이 저술한 경전은 8종(<표 2-1-1> - 2~4·7·9~12의 경전)이나 된다. 특히 판각사업 당시나 직전에 저술된 경전은 修禪社의 慧諶이 저술한 『선문염송집』 30권, 禪宗의 고승인 瑞龍寺의 連公이 저술한 『남명천화상송증도가사실』 3권, 화엄종의 고승인 天其가 저술한 『법계도기총수록』 4권 등의 3종 경전(<표 2-1-1> - 2·4·7의 경전)이 포함되어 있다. 이같은 경전이 외장에 편제되어 있다는 점은 그 편제가 국내 불교계의 발전을 항시 흡수할 수 있도록 구성되어 있었음을 반증하는 것이다.

따라서 강화경판의 편제구성은 전통적 체제를 고수한 대장, 이후 불교계의 발전을 항시 수용할 수 있는 외장과 같은 이중적 형태로 짜여져 있었다. 이 점이 강화경판의 편제구성에 있어 가장 큰 특징이다. 이같은 점을 인정한다면, 판각사업이 일단락된 이후에 판각되어 외장에 입장된 대장경도 대장과 동일선상에서 문화유산의 가치를 인정받아야 할 것이며, 또한 조선 연산군 때에 해인사에서 조판된 『예념미타도장참법』 10권도 외장의 일종으로 분류해 볼 수 있을 것이다.

이상과 같은 외장의 성격을 고려한다면, 『보유판목록』에 누락되어 있는 위의 5종의 경전 이외, 현재 해인사의 동·서재에 보관된 상당수의 寺·私藏本도 외장의 범주로 설정할 수 있다. 그 대표적인 경전은 1236년(고종 23 ; 丙申年) 해인사에서 완성한 『佛說梵釋四天王陀羅尼經』 2장, 1241년(辛丑年) 安東 龍壽寺의 지원으로 伽耶山의 下鉅(鋸)寺에서 조판된 澄觀 述의 『大方廣佛華嚴經疏』 4권과 『大方廣佛華嚴經隨疏演義鈔』 2권, 1251년 4월 東京(경주시)에서 판각되어 해인사에 소장된 『佛說阿彌陀經』 4卜 등이다.[58] 이들 경판 가운데 하거사에서 간행한 2종의

---

58) 金潤坤, 「高麗國 分司都監과 布施階層」 『民族文化論叢』 16, 영남대, 1996 ; 『고려대장경의 새로운 이해』, 불교시대사, 2002 ; 崔永好, 「海印寺 所藏本 『大方廣

사례가 주목된다. 우선 이들 2종의 경판은 판본의 크기나 판식 및 서체
가 외장에 입장된 경전과 거의 유사하고, 다음으로는 이 경판의 판각시
기가 판각사업의 중반기인 1241년이며, 그 다음으로는 대장과 외장에
입장된 경판을 판각한 大藏都監 소속의 전문 각수들이 이 경판을 조판
하였다는 사실이다. 특히 2종의 경판을 판각한 王柱・道宣・三旅 등 3
명은 1241년(辛丑年)까지도 大藏都監에 소속하여 대장 입장의 경판을
판각하고 있다. 그 수량은 王柱가 총 25장, 道宣이 총 30장, 三旅가 총
41장이다. 이들이 1241년에 조성한 대장 入藏의 경판수량은 한 해 최소
판각량보다 약 4~10배이며, 최대 판각분량에 비해 절반 이상을 능가하
고 있다. 따라서 이들 2종의 경판은 1241년까지, 또한 그 이후까지도 大
藏都監에 소속된 전문 각수들이 조성하였다.

　이와 같은 사실을 고려한다면, 1241년 伽耶山의 하거사에서 완성된
2종의 疏鈔는 판각사업의 진행 중에 대장도감에서 조조되었거나(이 경
우는 대장도감이 하거사 내지 용수사에도 설치되어 있었음을 고려한 것
이다),59) 최소한 대장도감의 인적・물적 자원이 활용된 都監板 내지 準
都監板의 성격을 가진다. 이런 점에서 2종의 해인사 寺藏本도 외장에 입

　　佛華嚴經疏」・『大方廣佛華嚴經隨疏演義鈔』의 판각 성격」『한국중세사연구』4,
　　1997 ; 崔永好, 「海印寺 所藏本『大藏一覽集』刻成時期의 재검토와 판각의 현실
　　관」『한국중세사연구』6, 1999 ; 崔永好, 「13세기 중엽 江華京板『高麗大藏經』
　　의 刻成事業과 海印寺」『한국중세사연구』13, 2002 ; 崔永好, 「13세기 중엽 경주
　　지역 分司東京大藏都監의 설치와 운영형태」『新羅文化』27, 동국대 신라문화연
　　구소, 2006.
59) 1241년은 아직 分司都監板이 산출되지 않은 시기이다. 그리고 이들 2종의 경판이
　　대장도감에서 조성되었다면, 각성사업에 관련된 두 가지의 가능한 사실을 제시할
　　수 있다. 하나는 도감의 각성 중에도 외부의 요구에 의해 경판을 조판할 수 있다
　　는 점인데, 이는 각성사업의 참여 분위기가 대단히 자율적이었음을 반증하는 것
　　이다. 다른 하나는 江華京 이외, 다른 지역에도 대장도감이나 그 판각공간이 있었
　　으며, 그 위치가 伽耶山 下鉅寺 내지 安東 龍壽寺와 같은 사원, 또는 그와 근접한
　　거리에도 있었을 개연성이 있다는 점이다. 이 문제는 논고를 달리하여 살펴볼 것
　　이다.

장된 경판과 유사한 성격을 가지고 있다. 따라서 이들 해인사 寺藏本의
경판도 대장이나 외장에 못지않은 문화유산의 가치를 가지고 있는 것으
로 인식할 필요가 있으며,[60] 외장으로 분류해 볼 수 있을 것이다.

제2절 경판의 板式과 그 발전

1. 대장에 입장된 경판의 판식

1) 일반적 판식

합천 해인사에 현존하는 강화경판『고려대장경』의 대장과 외장은 경
전수 1,513종, 권수 6,814권, 판면수 160,510장(經板數 80,255매)[61]으로
구성되어 있다. 특정 경전의 卷次數는 최하 1권[62]에서 최고 600권[63]
까지, 그리고 장차수는 최하 1장[64]에서 160장[65]까지 큰 편차를 보이고
있다.

---

60) 海印寺 寺藏本 중에는 문화유산적 가치에서나 불교사의 연구자료(특히 고려대장
   경의 보완적 자료)에서 그 중요성이 높은 것이 포함되어 있다. 이미 기존의 몇 연
   구자들은 이들 자료를 정리・소개하기도 하였으나, 아직 미흡한 점이 없지 않다.
   이에 최근에는 일부의 자료를 재정리하여 발표되는 글도 있다.
61) 金潤坤, 「『大般若經』의 刻成과 反蒙抗戰」, 『한국중세사연구』2, 1995, 127쪽.
62) 대장 가운데 單卷으로 구성된 경전의 수량은 총 1,002종으로 전체의 2/3 이상을
   상회한다(朴相國, 「大藏都監의 板刻性格과 禪源寺 問題」『韓國佛教文化思想史
   (上)』, 伽山李智冠스님華甲紀念論叢, 1992, 990~991쪽).
63) 『大般若波羅蜜多經』 권1(天函)~권600(奈函) 참조.
64) 대장 가운데 1권이 1장으로 구성된 경우는 총 7종이 있다. 『佛說大乘方等要慧經』
   권1(裳函), 『佛說大七寶陀羅尼經』 권1(讚函), 『佛爲海龍王說法印經』 권1(羊函), 『觀
   摠想論頌』 권1(命函), 『佛說進學經』 권1(詞函), 『禪行法想經』 권1(甚函), 『佛說無
   上處經』 권1(竟函) 등이 그것이다.
65) 『新集藏經音義隨函錄』 권13(世函) 참조.

〈도판 2-1-1〉 첫 장 :『大般若波羅蜜多經』권3, 제1장

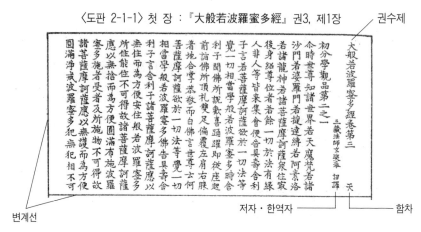

大般若波羅蜜多經卷第三　天
三藏法師玄奘奉　詔譯
初分學觀品第二之一
尒時世尊知諸世界若天魔梵若諸
沙門若婆羅門若揵達縛若阿素洛
若諸龍神若諸菩薩摩訶薩衆住冣
後身紹尊位者若餘一切於法有緣
人非人等皆來集會便告具壽舍利
子言若菩薩摩訶薩欲於一切法等
覺一切相當學般若波羅蜜多時舍
利子聞佛所説歡喜踊躍即從座起
前詣佛所頂礼雙足偏覆左肩右膝
著地合掌恭敬而白佛言世尊云何
菩薩摩訶薩欲於一切法等覺一切
相當學般若波羅蜜多佛告具壽舍
利子言舍利子諸菩薩摩訶薩應以
無住而為方便安住般若波羅蜜多
所住能住不可得故諸菩薩摩訶薩
應以無捨而為方便圓滿布施波羅
蜜多施者受者及所施物不可得故
諸菩薩摩訶薩應以無護而為方便
圓滿淨戒波羅蜜多犯無犯相不可
권수제
저자・한역자
함차
변계선

〈도판 2-1-2〉 가운데 장 :『大般若波羅蜜多經』권3, 제14장

十二大丈夫相或八十隨好因是布
施得無忘失法或恒住捨性因是布
施得一切智或道相智或一切相智
因是布施得預流果或一來果或不
還果或阿羅漢果或獨覺菩提或得
無上正等菩提能如實知如是淨戒
安忍精進靜慮般若得大果報亦復
如是
復次舍利子若菩薩摩訶薩修行般
若波羅蜜多能如實知如是布施方
便善巧能滿布施波羅蜜多如是布
施方便善巧能滿淨戒波羅蜜多如是
布施方便善巧能滿安忍波羅蜜多
如是布施方便善巧能滿精進波羅
蜜多如是布施方便善巧能滿靜慮
波羅蜜多如是布施方便善巧能滿
般若波羅蜜多能如實知如是淨戒
方便善巧能滿淨戒波羅蜜多如是
淨戒方便善巧能滿安忍波羅蜜多
如是淨戒方便善巧能滿精進波羅
蜜多如是淨戒方便善巧能滿靜慮
波羅蜜多如是淨戒方便善巧能滿
般若波羅蜜多如是淨戒方便善巧
大般若經第三卷　第十四張　天
판제
(판미제)

〈도판 2-1-3〉 마지막 장 :『大般若波羅蜜多經』권3, 제25장

般若波羅蜜多若菩薩摩訶薩作是
思惟我於何時當得無上正等菩提
十方各如殑伽沙界諸有情類聞我
名者必得無上正等菩提是菩薩摩
訶薩欲成斯事應學般若波羅蜜多
舍利子諸菩薩摩訶薩欲得此等無
量無數不可思議希有功德應學般
若波羅蜜多
大般若波羅蜜多經卷第三
丁酉歲高麗國大藏都監奉
勅雕造
大般若經第三　第二十五張　天
간기
권미제

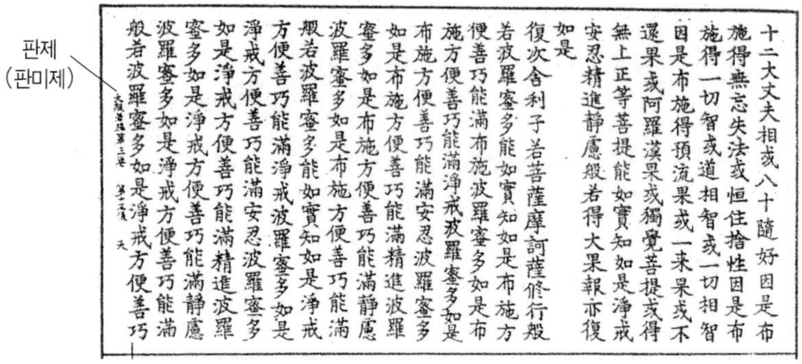

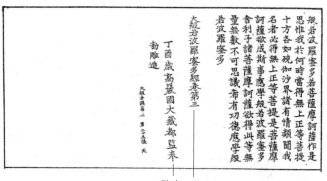

그런데 일부 예외적인 사례도 있지만, 대장에 입장된 각 경판의 板本
은 대체로 다음과 같은 구성형식을 띠고 있다.

특정 권의 제1장은 卷首題, 해당경전의 譯者나 著者 이름, 경전의 본
문내용(<도판 1-2-1>), 그리고 제2장~마지막의 앞 장은 본문내용, 板
首題 또는 板尾題(<도판 1-2-2>), 또한 마지막 장은 본문내용, 卷尾題,
刊記, 판수제 또는 판미제(<도판 1-2-3>) 등과 같은 형식으로 구성되어
있다. 아울러 모든 개별 경판은 邊界線이 있으며, 각 장마다 있는 변계선
의 하단에는 대개 細字로 1명씩의 人·法名[66]이 판각되어 있다.

대장에 입장된 개별 경판의 구성형식을 좀 더 구체적으로 살펴보면
다음과 같다. 먼저, 제1장의 앞 변계선과 본문 사이에 위치한 卷首題는
'大般若波羅蜜多經卷第一天'과 같이 經名·卷次·函名, 끝장의 뒤 계선
과 본문의 여백에 있는 卷尾題는 '大般若波羅蜜多經卷第一'과 같이 경
명·권차의 형식으로 각기 판각되어 있다. 그리고 卷題의 글자 크기나
서체는 본문과 거의 동일하다. 둘째로, 본문의 서체는 率更體이며,[67] 제
1장의 行字數는 대개 22行 14字(<도판 1-2-1>)이며, 그 나머지 장은 23
行 14字(<도판 1-2-2>)로 구성되어 있다. 이같은 본문의 行字數는 『符
仁寺藏 大藏經板』과 아울러 강화경판의 일반적인 구성형식이다.[68] 셋째

---

66) 특정 張의 邊界線에 2명의 인명이 판각된 경우는 강화경판 『고려대장경』 전체
　　가운데 3~4곳이 있다. 『方光般若波羅蜜經』 권1(柰函)의 제14장에는 판수제 하
　　단과 뒷 변계선의 안에 각각 '明覺刊'이, 『佛說大般若尼洹經』 권2(率函)의 제 8장
　　에는 '金'字와 '大成'이 변계선 내외에 각각 판각되어 있다. 그러나 이들은 동일
　　인 '明覺'과 '金大成'을 중복 또는 분리하여 판각한 것에 불과하다. 다만, 『十頌
　　律』 권53(莨函), 제45장은 판수제 하단에 '應超', 卷尾題 하단에 '莊德' 2명이 각
　　기 판각되어 있을 뿐이다. 그 이유는 명확히 알 수 없으나 '莊德'이 이 권의 판각
　　책임자 내지 경판 보시자, 또는 경전 필사나 완성된 경판의 확인자로 추정해 볼
　　수 있다. 이는 '莊德' 단 1명만이 『雜阿含經』 권14(之函)의 마지막 장 권미제 아
　　래에 판각되어 있다는 사실에서 짐작할 수 있다.

67) 徐首生, 앞의 논문, 11쪽.

68) 千惠鳳·朴相國, 『初雕大藏經調査硏究』, 成保文化財團, 1988, 13~14쪽.

로, 板題는 대부분 각 장의 본문과 뒷 변계선 사이에 위치한 板尾題이나, 앞 변계선과 본문의 여백 사이에 있는 板首題도 있으며,[69] 그 글자의 크기는 본문보다 작은 細字이다. 그리고 '大般若經第二卷 第十七張 天'[70]과 같이, 그 형식은 약칭의 經名·卷次·張次·函名으로 이루어져 있다. 특히 특정 장을 표기하는 글자는 대개 '張'字를 사용하고, '丈'·'卜'·'幅'字로 표기되어 있기도 하다. 넷째로, 대장에 입장된 경판 가운데 78종 301권을 제외한[71] 나머지 경판은 卷末에 刊記가 판각되어 있는데, 그 서체나 글자의 크기가 대개 본문과 유사하다.[72] 그리고 '丁酉歲高麗國大藏都監奉勅雕造'[73]나 '甲辰歲高麗國分司大藏都監奉勅彫造'[74]와 같이 造成時期·國名·機構名·主體 등의 형식을 취하고 있다. 다섯째, 앞 뒤 변계선의 하단부에 판각된 人·法名은 細字이며, 이들은 판각사업 당시인 13세기에 생존·활동하였다. 그리고 이들은 대부분의 경우에 자신의 인·법명만 판각해 두었으나, 극히 일부는 자신의 판각사업 참여 형태, 출신성분·지역, 소속종파 내지 사원 등을 함께 표기하기도 하였다. 이들은 경판의 板刻 기진자(보시자) 내지 각수의 형태로 판각

---

69) 千惠鳳은 "再雕本은 극히 드물게 그것(板首題; 細字의 經名·卷次·張次·函名)이 初雕本처럼 앞 餘白에 표시된 경우도 있지만 대체로 각장 本文의 끝 餘白에 새겨지고 있다"고 하여 강화경판『고려대장경』의 板題가 대개 板尾에 위치한 것으로 이해하고 있다(千惠鳳·朴相國, 앞의 책, 14쪽). 그러나 실제로 강화경판의 전체 경판을 조사해 보면 板題가 앞 餘白에 위치한 경우가 20~30% 정도를 점하고 있다. 따라서 판수제도 상당수가 있었음이 확인된다.

70) 『大般若波羅蜜多經』 권2, 17장.

71) 대장에 입장된 경판 가운데 無刊記의 권수는 총 78종 301권이다(朴相國, 앞의 논문, 990~991쪽).

72) 대장에 입장된 經典의 개별 卷의 刊記는 일반적으로 卷尾題와 뒷 界線의 여백 사이에 위치하며, 본문 서체나 글자 크기와도 유사하다. 그러나 卷尾題 아래에 細字로 판각되어 있는『法苑珠林』권62(號函)·권66(踐函)·권79(會函)·권88(盟函)의 刊記는 일반적인 판각 형식에서 벗어나고 있다.

73) 『大般若波羅蜜多經』 권2, 28장.

74) 『摩訶僧祇律』 권18(優函), 제40장.

사업에 직접 참여하였다.[75]

이상과 같은 대장의 일반적인 구성형식은 강화경판의 판각사업이 추진된 13세기 중엽에 갑자기 생겨난 것이 아니라, 그 이전까지 고려사회에 전래되고 판각되었던 대장경의 판본형식을 계승하여 창조적으로 발전시킨 것이다. 강화경판의 판각사업이 추진된 13세기 중엽까지 고려사회에 현존한 장경의 板本이나 인경본은 開寶勅板·契丹板·宋新譯經論·貞元續開元釋敎錄·貞元新定釋敎錄·續貞元釋敎錄과 國內 傳本, 이들 경전을 저본으로 하여 조판한『符仁寺藏 大藏經板』(소위 초조대장경),[76] 그리고 소위『續藏經』등이 있었다. 이들 경전류 가운데 강화경판의 저본류는『부인사장 대장경판』, 개보판·거란판 및 각종 불경[77]이며, 특히『부인사장 대장경판』이 주로 활용되었다.[78] 뿐만 아니라 강화경판의 대장에 편제되어 있는 경판의 판본 구성형식도 대체로『부인사장 대장경판』과 비슷하다.[79] 이로써 본다면, 강화경판의 대장에 입장된 경판의 구성형식은『부인사장 대장경판』을 계승하고 있다.

『부인사장 대장경판』의 개별 경판은 기본적으로 卷首題, 해당 경전의 譯者나 著者 이름, 경전의 본문, 板首題, 卷尾題 등과 같은 형식으로 편제되어 있는데,[80] 이는 앞서 설명한 대장의 일반적 판식과 유사하다. 뿐

---

75) 金潤坤,「高麗大藏經의 彫成機構와 刻手의 性分」『民族史의 展開와 그 文化(上)』, 碧史李佑成敎授停年退職紀念論叢, 1990 ; 崔永好,「『江華京板 高麗大藏經』邊界線 소재 인명의 판각사업 참여형태」『한국중세사연구』2, 1995.

76) 千惠鳳,『韓國書誌學』2판 2쇄, 민음사, 1993, 139~140쪽.

77) 千惠鳳, 위의 책, 142~143쪽.

78) 鄭駜謨,「高麗再雕大藏目錄考」『圖書館學』17, 1987, 42쪽 ; 千惠鳳,「高麗再雕大藏經의 書誌學史的 視角」, 1987 ;『高麗大藏經 研究資料集(2)』, 高麗大藏經研究會, 1989, 381·382쪽.

79) 千惠鳳, 위의 발표문, 382쪽.

80)『符仁寺藏 大藏經板』의 제1장은 卷首題, 해당 經典의 譯者나 撰者, 本文 內容, 제2장~마지막 앞의 장은 板首題, 本文 내용, 끝 장은 板首題, 本文 내용, 卷尾題 등과 같이 편제되어 있다.

만 아니라 그 구체적인 구성내용까지도 이와 거의 동일하다. 권수제와
권미제는 그 서체나 글자의 크기 및 표기순서에서, 본문은 서체나 글자
크기와 아울러 行字數에서, 판제는 그 글자 크기와 구성내용에서 각각
대장의 일반적 판식과 유사하다. 그리고 人·法名이 경판의 계선에 細
字로 판각되어 있다는 점도 같다.

　현존 『부인사장 대장경판』의 인경본에서, 경판의 변계선에 인·법명
이 판각된 사례는 두 곳에서 확인된다. 『부인사장 대장경판』의 인경본
『大方廣佛華嚴經』 권75(首函), 제1장과 『本事經』 권7(籍函), 제21장의
앞 변계선 하단부에 細字로 '智賢', '里寶(또는 里實)'가 각각 인경되어
있다.[81] 현재 『부인사장 대장경판』의 변계선에 인·법명이 판각된 經板
數는 분명히 파악할 수 없으나, 적지는 않았을 것이다. 이들 인·법명은
『부인사장 대장경판』의 판각사업에 어떤 형태로 관여했는지는 명확히
알 수 없으나, 경판의 각수 내지 판각 기진자였을 가능성이 높다. 이는
'智賢'의 경우를 통해서 짐작할 수 있다. 智賢이 판각된 앞 변계선의 같
은 行의 상단부에 '周'字가 인경되어 있는데, 그 '周'자는 '彫 또는 '剛'
字의 '彡'변이나 '刂'변이 누락된 정도의 크기이다. 여기서 '周'자는 실
제로 '彫 또는 剛'자라는 사실을 확인할 수 있다. 이로써 智賢은 『부인
사장 대장경판』의 조성에서 경판을 조판하는 각수로 참여하였다는 것을
알 수 있다. 이런 점에서, 강화경판의 변계선에 소재한 인·법명의 판각
내용도 『부인사장 대장경판』의 형식을 계승하였다[82]고 볼 수 있다.

　한편 『부인사장 대장경판』에는 생략된 刊記[83]가 강화경판의 대장에

---

81) 이 자료는 서울 湖林博物館에 所藏하고 있는 『大方廣佛華嚴經』 권75(首函), 제1
　　장과 『本事經』 권7(籍函), 제21장을 근거로 하였다.
82) 崔永好, 앞의 논문, 171쪽.
83) 『符仁寺藏 大藏經板』의 文末에 간기를 생략한 이유는 당시의 미묘한 국제관계에
　　서 자주성을 살리기 위함에 있었다고 이해하고 있다(千惠鳳, 「初雕大藏經의 現存
　　本과 그 特性」 『大東文化硏究』 11, 1976 ; 『高麗大藏經 硏究資料集(2)』, 1989,
　　51쪽).

편제된 경판의 卷末에 판각되어 있다. 이러한 사실은 大藏에 입장된 경판의 일반적 구성형식이 『부인사장 대장경판』이외, 다른 대장경의 형식에서도 영향을 받았음을 반증한다. 13세기 중엽 이전까지 고려사회에 전래되거나 판각된 藏經 가운데 刊記가 있는 경우는 北宋本인 開寶板과 소위 『속장경』이 있다. 開寶板의 간기는 '大宋開寶七年甲戌歲 奉勅雕造 孫淸'[84]과 같이 국명·조성시기·주체, 속장경은 '壽昌四年戊寅歲高麗國大興王寺奉宣雕造'[85]와 같이 조성시기·국명·장소·주체 등의 편제형식을 취하고 있다. 이 가운데 대장에 입장된 각 경판의 간기는 그 외형적 편제형식에서 北宋本보다 속장경과 거의 같다. 따라서 대장의 각 경판에 판각된 간기의 편제형식은 속장경의 형식을 계승하였다고 볼 수 있다.

그런데 대장에 입장된 개별 경판의 일반적 구성형식은 『부인사장 대장경판』과 소위 『속장경』의 판식을 계승하고 있으나, 그 내용면에서는 몇 가지의 차이를 보이고 있는 부분도 있다. 板題의 장차 표기글자, 본문의 오탈자 및 避諱缺劃, 간기의 조성시기와 주체에 대한 표기형태 등이 그것이다. 우선, '제□장'과 같은 張次의 표기글자에 대해, 『부인사장 대장경판』은 주로 '丈'字를, 대장에 입장된 경판은 대개 '張'자를 사용하고 있다는 점에서 하나의 차이가 발견된다. 다음은 守其法師가 初雕本·北宋本·契丹本 등을 두루 섭렵하여 강화경판의 본문을 校訂 補修하고 異體字까지 알기 쉽게 고쳐 새겨 수용하였기[86] 때문에 대장이 『부인사장 대장경판』보다 오탈자가 훨씬 적으며 정확하다는 점이다. 셋째는 대장이 일반적으로 『부인사장 대장경판』에 비해 宋帝의 諱字는 물론 兼避諱字에 있어서 缺劃의 빈도도 훨씬 덜 나타나고 있다[87]는 사실이다. 경전

---

84) 이 자료는 일본 南禪寺에 所藏하는 『佛本行集經』 권19의 零本이며, 본고는 千惠鳳(앞의 논문, 32쪽 ; 앞의 책, 1980, 51쪽)이 소개한 내용을 재인용하였다.
85) 『金剛般若經疏開玄鈔』 권4, 제46장.
86) 千惠鳳·朴相國, 앞의 책, 14~16쪽.

교정의 정확성과 避諱缺劃의 빈도수 저하는 13세기 고려 불교계의 교학
적 수준과 출판능력의 지속적인 향상, 그리고 고려의 대외적 자주성이
반영된 결과일 것이다. 넷째로, 『속장경』과 대장의 刊記가 내용면에서
상당한 차이를 보이고 있다. 두 대장경의 刊記 가운데 내용면에서 동일
한 경우는 국명인 '高麗國'뿐이며, 조성시기·장소·주체에서 차이를
보이고 있다. 이 가운데 조성장소는 『속장경』과 강화경판이 각각 달랐
기 때문에 '大興王寺'와 '大藏都監'·'分司大藏都監'으로 서로 달리 표
기한 것에 불과하다. 그런데 조성시기와 주체에 대한 표기형태에서 크게
다르다. 속장경은 '壽昌'과 같은 契丹의 연호를 사용하고 있으나, 대장은
중국의 연호를 생략하고 干支만 표기하고 있다. 그리고 그 조성주체의
표기는 속장경의 '奉宣'에 대신하여 대장에서는 '奉勅'으로 나타내고 있
다. 여기서도 13세기 중엽 몽고 침략기 고려의 자주적인 대외관이 반영
되어 있음이 입증된다.[88]

　이상과 같이 강화경판의 대장에 입장된 개별 경판의 구성형식은 『부
인사장 대장경판』과 『속장경』의 판식을 계승하고 있으나, 한편에서는
13세기 중엽까지 고려 불교계의 교학적 수준이나 출판능력 및 자주적
대외의식을 반영하여 창조적으로 발전시킨 형태를 취하고 있다.

　이같은 구성형식은 거란본, 국내 저술본, 특이한 『부인사장 대장경
판』을 대장의 저본으로 삼았을 경우에도 적용되고 있다. 먼저, 보다 구
체적인 사실은 후술하겠지만, 한 행 17자의 契丹本[89]을 저본류로 삼은
『彌沙塞五分戒本』[90]의 판식은 주해문(본문 글자와 동일, 한 행의 14자)
을 제외한 나머지가 앞에서 설명한 대장의 일반적인 구성내용과 동일하

---

87) 千惠鳳·朴相國, 위의 책, 17쪽.
88) 崔永好,「海印寺 所藏本 『大方廣佛華嚴經疏』·『大方廣佛華嚴經隨疏演義鈔』의
　　판각 성격」『한국중세사연구』 4, 1997.
89) 千惠鳳, 앞의 책, 140·160쪽.
90) 『彌沙塞五分戒本』 권1(隨函), 제30～31장.

다. 둘째로, 재조 때 대장에 대체 편입된 국내 저술 경전이 그 일반적
판식으로 재구성되어 조성된 경우는, 『부인사장 대장경판』의 『一切經源
品次錄』 30권(俊~密函)을 제거하고, 그 函順에 대체·편입한 『高麗國
新雕大藏校正別錄』 30권(俊~密函)[91])이 있다. 이 교정별록은 대개 제1
장이 23행인 점, 끝장의 板尾題가 경명·권차가 생략된 채 권미제와 같
은 행의 아래에 細字로 張次·函次만 판각되어 있는 점을 제외하면, 대
장에 입장된 경판의 일반적 구성형식과 거의 동일하다. 셋째로, 『부인사
장 대장경판』의 일반적인 판식에서 벗어났던 경판도 재조 때에 大藏의
일반적인 형식으로 수정하여 조판한 경우는, 총 60函(天~奈), 600권,
14,977장[92])으로 대장 전체 양의 약 1/10이 되는 『大般若波羅蜜多經』이
있다. 『부인사장 대장경판』에 포함된 『대반야바라밀다경』 권481은 전체
지장수가 22장, 행자수가 25행(1장은 24행) 14자[93])로 『부인사장 대장경
판』의 일반적인 행자수인 24행 14자에 비해서 行數에서 다르다. 그런데
대장에 입장된 『대반야바라밀다경』 권481은 지장수 24장, 23행(1장은
22행) 14자[94])로 『부인사장 대장경판』이나 대장의 일반적인 행수와 동일
하다. 이러한 현상은 권481뿐 아니라 『대반야바라밀경』 600권 전체에
해당될 수 있는 것이다. 이런 점을 염두에 둔다면, 『부인사장 대장경판』
의 일반적 판식에서 벗어났던 『대반야바라밀다경』 600권은 대장에 입장
된 경판의 일반적 구성형식으로 재구성하여 편입되었다. 따라서 특이한
일부의 『부인사장 대장경판』·거란본·국내 저술본 등을 저본으로 삼
은 대장의 경전류도 그 일반적인 판식으로 재구성하여 조성되었다. 여기

---

91) '俊乂密函 右三函中國本 有一切經源品次錄三十卷 沙門從梵撰者 今檢但是標擧諸
　　經卷中首尾之言 於看覽藏經者 所益無幾 今且除之 以新撰校正別錄三十卷編其函
　　焉(『高麗國新雕大藏校正別錄』 권30(密函), 제10장).'
92) 金潤坤, 「「大般若經」의 刻成과 反蒙抗戰」 『한국중세사연구』 2, 1995, 129쪽.
93) 千惠鳳·朴相國, 앞의 책, 22쪽.
94) 『大般若波羅蜜多經』 권481(劍函).

서 13세기 중엽 당시 판각사업의 담당자들이 전통문명의 계승·발전적인 의식을 강화경판에 담고자 노력한 흔적을 발견할 수 있다.

2) 특이한 판식

대장에 입장된 경판의 구성형식은 모두 획일적이지 않으며, 그 가운데 일반적인 형식에서 벗어난 經板類도 포함되어 있다. 이를 정리하면, 다음의 <표 2-2-1>과 같다.

<표 2-2-1> 대장 입장의 특이한 판식의 경판류

順	經名	函名	卷數	卷題	本文	板題	기타
1	大方廣佛華嚴經 (晋本)	湯~道	60		17字 24行	張을 幅으로 표기	각권 音義有
2	大方廣佛華嚴經 (周本)	垂~首	80		〃	〃	〃
3	新集藏經音義隨函錄	振~侈	30	卷을 策, 册으로 표기	14字 14行	板中題, 卷·張 數는 壹·貳 사용	
4	御製緣識	輕	5	細字 표기	細字, 13字 22行		刊記 大字
5	大方廣佛華嚴經 (貞元本)	策~實	40		17字 24行	張을 幅으로 표기	각권 音義有
6	新華嚴經論	勒~銘	40		16字 25行	張·幅 혼용	
7	釋摩訶衍論	漢	10		17字 24行		권1 音義有
8	大藏目錄	更	3		14字 18行	板中題	
9	續一切音義經	雞	10		15~16字 20行		
10	一切音義經	田~洞	100		14~15字 12行	〃	

* 본 표는 동국대 影印本 『高麗大藏經』을 근거로 작성하였다.

대장에 편입된 경전들 가운데 卷題의 卷次 數字·卷字·서체 크기, 본문의 글자 크기·行字數, 板題의 위치·張次字·張次數, 그리고 音義

나 入紙張의 표기 등에서, 그 일반적 구성형식에서 벗어난 경판은 총10
종, 378권, 12,965장[95])이나 된다. 이외,『福蓋正行所集經』[96])도 총 12권
가운데 8권·73장이 본문의 행자수가 23행 15자~16자로 특이한 판식
을 띠고 있다.[97])

　이들 총 11종의 경전 가운데『부인사장 대장경판』의 판각 때 이미 조
판된 경전류는 <표 2-2-1>-1~6·8과 같이 7종[98])이며, 강화경판의 판
각사업 때에 代替編入된 경우는『부인사장 대장경판』의『佛名經』18권
(廻·漢函)을 제외시키고 그 函順에 편입한『釋摩訶衍論』10권(廻函)[99])
의 1종이 있다. 그리고 나머지 3종의 경전류인『福蓋正行所集經』과
『續一切音義經』및『一切音義經』은 唐·宋系의 어느 佛典目錄에서 찾
아 볼 수 없는 것으로 재조 때 추가된 경전이다.[100]) 따라서 대장에 편
입된 경전 가운데 특이한 판식을 가진 경판의 총수량은 11종, 386권,
13,038장으로 전체의 약 8.2%를 차지한다. 이같은 비율은 대장에 입장
된 경전 전체에 비하면 결코 적은 분량이 아니다.

---

95) 본 경판 수량은 동국대 영인본『고려대장경』을 근거로 하였다.
96)『福蓋正行所集經』권1~8(門函).
97) 이외 해당 경전의 판식 가운데 1~2부분에서 특이한 판식을 가진 경우가 있는
　데, 그 경판류는 판제의 권차수를 '甲乙丙丁'으로 표기한『集古今佛道論衡』4권
　(星函), 총 20권 가운데 8권(권1·4·10·11·14·15·19·20)이 권미제와 간기 사이
　에 音義가 판각된『大宗地玄文本論』(廻函), 총 100권 가운데 45권(권1~10·12
　~13·15 ~28·30~33·35~36·38~43·45~48·51·57·67)이 제1장의 권수제
　아래에 해당 권의 入紙張數를 표기한『法苑珠林』(覇~阿函) 등이다. 이들 경전
　류는 본 절에서 필요한 경우를 제외하고 설명을 생략한다.
98) 鄭駜謨,「高麗初雕大藏目錄의 復元」『書誌學硏究』2, 1987, 66~105쪽 ; 鄭駜
　謨,「高麗再雕大藏目錄考」『圖書館學』17, 1989, 38~39쪽.
99) '廻漢函 右二函中國本 有佛名經十八卷者 今檢與下寧晉楚函中三十卷 本同是一
　經 後人見其卷數異 認爲異經 故中編入 今以三十卷世所盛行故除此中十八卷者
　乃以摩訶衍論十卷 爲廻函 玄文論二十卷 爲漢函云(『高麗新雕大藏校正別錄』권
　30(密函), 제9~10장).'
100) 鄭駜謨,「高麗再雕大藏目錄考」『圖書館學』17, 1989, 41쪽.

잘 알려진 것처럼, 강화경판은 교감이 철저하게 이루어진 경판이다. 이런 점을 고려한다면, 판각사업 실무자나 필사자는 이같이 많은 분량이 대장의 일반적인 판식에서 벗어나 있었던 사실을 발견하지 못했을 리가 없다. 따라서 판각사업의 실무자들이 특이한 판식을 가진 경판류를 대장에 입장한 것은 우연한 실수가 아니라, 오히려 의도적이었다는 것을 반증한다. 이는 후술할 대장에 편입된 『大方廣佛華嚴經』周本 80권의 판식이 그 당시까지 전래되고 있던 『부인사장 대장경판』이 아닌, 國內 寺刹傳本에서 채택되었다는 사실을 통해서도 짐작할 수 있다.

뿐만 아니라 이같은 사실은 이들 경전들의 조성장소와 조판시기를 통해서도 알 수 있는데, 이를 정리하면, 다음의 <표 2-2-2>와 같다.

<표 2-2-2> 대장 입장의 특이한 경판의 판각장소와 시기

順	經名	函名	卷數	조성장소			조성시기						
				大	分	不	43	44	45	46	47	48	未
1	大方廣佛華嚴經(晋本)	湯~道	60권	52	2	6		35	17	1			6
2	大方廣佛華嚴經(周本)	垂~首	80권	74		6			73	1			6
3	新集藏經音義隨函錄	振~侈	30册	25		5	25						5
4	御製緣識	輕	5권		4	1	4						1
5	大方廣佛華嚴經(貞元本)	策~實	40권	38		2		2	36				2
6	新華嚴經論	勒~銘	40권	4	21	15			4	21			15
7	釋摩訶衍論	漢	10권	10						6	4		
8	大藏目錄	更	3권	1		2						1	2
9	續一切音義經	雞	10권	9		1					9		1
10	一切音義經	田~洞	100권	1		99					1		99
		총수량	378권	214	27	137	25	41	130	29	14	1	137

* 본 표는 동국대 영인본을 근거로 작성하였다. 조성장소의 '大'는 대장도감, '分'은 분사도감, '不'은 불명인 경우이며, 조성시기는 1200년을 뺀 숫자이고, '未'는 그 시기를 알 수 없는 경우이다.

대장 입장의 특이한 판식을 가진 11종, 378권의 경판 가운데 조성장소와 판각시기를 알 수 없는 137권을 제외하면, 대장도감에서 214권이, 분사도감에서 27권이 각각 판각되었다. 조성시기는 1243년이 25권, 1244년이 41권, 1245년이 130권, 1246년이 29권, 1247년이 14권, 1248년이 1권이다. 여기서 대장에 입장된 특이 판식의 경판은 판각사업을 총괄하고 핵심적인 실무자들이 모여 있던 대장도감이 중심 조성장소이며, 대장의 판각이 가장 활발하였던 1243년(고종 30 ; 癸卯年)~1245년(乙巳年)의 3년 사이101)에 3/4이 판각되었다. 이처럼 특이한 대장에 입장된 경판 가운데 특이한 板式을 가진 경판은 판각사업이 가장 활발하였던 시기에 총괄 담당기구인 대장도감에서 조판되었다. 그럼에도 불구하고 이 시기에 대장도감에서 조판된 이들 경판은 대장의 일반적인 판식에서 벗어나 있다. 이런 사실은 곧 실무자들이 특이한 판식의 경판을 대장에 의도적으로 입장하였다는 것을 반증하는 것이다.

그러면 판각사업의 실무자들이 특이한 구성형식을 가진 경전을 의도적으로 대장에 편입한 연유는 무엇일까? 이를 해명하기 위해 우선, 그들이 채택하였던 판식의 종류를 살펴보아야 할 것이다. 특이한 판식을 가진 총 11종의 경전 가운데 6종의 경판은 그 판본의 계승관계를 어느 정도 파악할 수 있다. 먼저, 동일한 판식을 가진 晋本(일명 60華嚴, 舊華嚴)과 周本(일명 80華嚴, 新華嚴) 및 貞元本(일명 40華嚴)의 3本『大方廣佛華嚴經』의 경우부터 살펴보자. 이들 3본『화엄경』의 경판은 공히 본문의 행자수, 판수제의 표기내용, 각권의 권미제와 간기 사이에 판각된 音義 등에서 대장의 일반적 판식과 상당한 차이를 보이고 있다. 여기서 대장에 입장된 3본『화엄경』의 판식은『부인사장 대장경판』이나 속장경의 형식 이외, 다른 장경류의 형식도 계승하고 있음을 확인할 수 있다.

이들 3본『화엄경』이 대장에 입장된 경판의 일반적 형식에서 벗어나고 있음은 현존하는『부인사장 대장경판』과 대장에 편입된『大方廣佛華嚴經』(周本)의 판식을 비교함으로서 알 수 있다. 현존『부인사장 대장경

---

101) 朴相國, 「海印寺 大藏經板에 대한 再考察」『韓國學報』33, 1983, 184쪽.

판』의 인경본 가운데『大方廣佛華嚴經』周本 권2와 권75는 지장수가
각각 총 21丈과 31丈, 행자수가 각기 23행 14자, 판제의 張次의 표기
글자가 주로 '丈'자이며, 또한 각권의 판미제 다음에는 音義가 없다.[102]
이에 비해서 대장에 편입된 같은 권의 경판은 각각 총 19幅과 24幅, 24
行 17字이며, 판제의 '張'자를 '幅'자로 표기하고 있다. 그리고 각권의
판미제와 간기 사이에 해당 권의 音義가 판각되어 있다. 이런 점에서,
『부인사장 대장경판』과 대장에 입장된 周本『華嚴經』은 각각 지장수와
행자수, 판제의 至張 표기글자, 音義의 판각 등에서 서로 큰 차이를 보이
고 있다. 이런 차이는 周本에만 국한된 것이 아니라 3본『화엄경』전체
에 해당될 것이다. 따라서 대장에 입장된 3본『화엄경』의 판본 형식은
『부인사장 大藏經板』이외, 다른 판식을 채택하여 계승·발전하고 있다.
   한편 이 3본『화엄경』의 행자수 형식은 한 행 17자이거나 또는 그
이상의 글자수인 契丹本이나 國內 寺刹傳本과 유사하다.[103] 이 점에서
대장에 입장된 3본『화엄경』의 행자수 배열은 거란본이나 국내 사찰전
본의 형식을 계승하였을 가능성이 있다. 그러나 이는 거란본보다 국내전
본을 계승한 것으로 판단되는데, 다음의 두 사실에서 추정된다. 그 하나
는 대장에 입장된 경전 가운데 丹本을 저본으로 하여 조판된 경전도 契
丹本의 행자수를 취하지 않고, 대장의 일반적인 형식을 채택하고 있다는
사실, 그리고 11~12세기에 걸쳐 고려의 사원에서 조판된 3본『화엄경』
도 한 행 17자의 형식으로 판각되어 있다는 사실이다. 강화경판에 입장
된 경전 가운데 丹本을 바탕으로 판각된 경우는 상당수가 있다. 그 대표
적인 경전은 '丹'이나 '丹本' 및 '丹藏'이라는 글자가 卷首題와 板題의
函名 아래에 판각되어 있는『東方最勝燈王如來經』(知函)·『蘇悉地羯羅
經』(詩函)·『大乘法界無差別論』(命函)·『舍衛國王夢見十事經』(若函)

---

102) 千惠鳳·朴相國, 앞의 책, 32·36쪽.
103) 千惠鳳, 앞의 책, 140·160쪽.

등104)이 있다. 그런데 이들 경전의 행자수는 대부분 22행(제1장)・23행 (제2장부터) 14자의 형식으로 구성되어 있으며, 그 이외의 판식도 대장 의 일반적 형식과 같다.105) 따라서 대장에 입장된 경전 가운데 거란본을 저본으로 하여 조판된 경판은 그 본문내용을 활용하였을지라도, 그 판본 의 구성형식은 대장의 일반적인 형태로 재구성되었다는 것을 알 수 있 다. 이에 비하여, 11～12세기 고려의 여러 사원에서 여러 차례에 걸쳐 조판된 3본『화엄경』의 대부분은 한 행 17자의 형식을 띠고 있다.106) 따라서 현재 대장에 편입된 한 행 17자의 3본『화엄경』은 그 판식을 11 ～12세기 이래 국내 사원에서 판각된 寺刹傳本에서 영향을 받았다는 것 을 알 수 있다.

　그 다른 하나는 3본『화엄경』각권의 권미제와 간기 사이에 판각되어 있는 音義의 내용이 唐宋에서 찬집된 음의 관련 경전과 상당한 차이를 보이고 있으며, 오히려 고려의 독자적인 설명 방식을 띠고 있다는 사실 이다. 대장에는 唐나라의 玄應이 찬술한『一切音義經』25권(納～轉函),107) 宋나라의 可洪이 찬술한『新集藏經音義隨函錄』30책(振～侈函),108) 송 나라의 希麟이 편집한『續一切經音義』10권(雞函),109) 당나라의 慧琳이 저술한『一切經音義』100권(田～洞函),110) 특히 당나라의 慧苑이 찬술 한『新譯大方廣佛華嚴經音義』2권(轉函)111) 등과 같은 음의 경전을 입 장하고 있다. 그리고 이들 음의 경전은 대장 입장의 대부분 경전 이외,

---

104)『東方最勝燈王如來經』(知函)・『蘇悉地羯羅經』(詩函)・『大乘法界無差別論』(命函) ・『舍衛國王夢見十事經』(若函) 각각 참조.
105) 이들 경전의 판식 가운데 본문의 行字數 이외, 卷首題・板題・卷尾題・刊記 등 도 대체로 대장의 일반적인 형식에 입각하여 판각되어 있다.
106) 千惠鳳, 앞의 책, 160～161쪽.
107) 東國大學校譯經院,『高麗大藏經』제32책, 영인본, 1976, 1～340쪽.
108) 東國大學校譯經院,『高麗大藏經』제34・35책, 영인본, 1976, 628～852・1～728쪽.
109) 東國大學校譯經院,『高麗大藏經』제41책, 영인본, 1976, 785～852쪽.
110) 東國大學校譯經院,『高麗大藏經』제42・43책, 영인본, 1976.
111) 東國大學校譯經院,『高麗大藏經』제32책, 영인본, 1976, 340～368쪽.

3본 『화엄경』의 音義 해석에 도움을 주고 있다. 그럼에도 불구하고 大藏에 입장된 3본 『화엄경』의 권미제와 刊記 사이에 音의 해석 내용을 따로 판각해 두고 있다. 아울러 여기에 판각된 音은 위의 여러 音義典에서 설명된 音義와 다른 독자적인 방식으로 해석되고 있다. 이는 『화엄경』 진본, 권1에 해당되는 音義를 대장에 판각된 내용과 당나라 慧琳의 『一切經音義』에서 해석하고 있는 것을 상호 비교해 봄으로써 그 해결의 실마리를 찾을 수 있다. 대장에 편입된 晉本, 권1, 제21幅에는 '光茂'·'其幹' 등을 비롯한 23개의 단어에 대해 音을 설명해 두고 있는데 비해, 『一切經音義』 권20(赤函), 제20~22장에는 '摩竭提' 등 9개 단어의 音義를 해석하고 있다. 이들 단어 가운데 상호간에 반복되는 것은 '罣礙'로 단 하나에 불과하다. 그런데 중복되는 단어인 罣礙에 대해 전자에서는 細字의 '上卦畵二者'로, 후자에서는 細字의 '字略作罫同胡卦反網礙也 下古文石亥 同五代反說文礙止也 又作閡郭璞以爲古文礙字說文閡外閉也 經文作导音都勒反案衛宏詔定古文字書礙得二字同體說文得取也 尙書高宗夢得說是非此義也'로 하여, 각각 달리 그 音義를 설명하고 있다. 여기서 양자는 音이나 의미의 해석에서도 역시 차이를 보이고 있다. 이는 위에서 소개한 여러 音義經典과 비교해 보아도 마찬가지며, 또한 『화엄경』(진본) 제2권 이하나 다른 2종의 『화엄경』인 주본·정원본의 전체 卷에서도 그 같은 차이를 보이고 있다. 따라서 대장에 입장된 3본 『화엄경』의 음의는 당·송나라와 달리, 고려의 독자적 형식으로 나타내고 있다.

이상과 같이, 行字數와 板題의 표기 내용 및 音義의 설명방식을 통해 볼 때, 대장에 입장된 3본 『화엄경』의 판본 구성형태는 고려의 국내 寺刹傳本에서도 영향을 받고 있다.[112] 그런데 음의의 설명 능력은 고려 불

---

112) 해인사 寺藏本 가운데도 3本 『華嚴經』의 한 종류가 포함되어 있다. 이 3본 『화엄경』은 대장에 입장된 경판과 비교해 보면 판식과 판본 및 音義의 표기형태, 그리고 개별 경판의 각수 이름 존재(단, 양 경판의 동일 장차에서는 동일인이 판각되지 않았으나, 대장에 참여한 각수가 寺藏本에도 판각되어 있다) 등에서

교의 교학적 발전수준을 반영하고 있는 것이다. 그리고 이들 3본 『화엄경』은 화엄종의 기본 교리가 되는 경전류이다. 이런 점을 고려한다면, 당시의 판각사업 실무자들이 3본 『화엄경』의 말미에 우리의 독자적인 음의의 音에 대한 해석방식을 지닌 국내 寺刹傳本을 대장에 입장한 것은 삼국시대 이래 13세기 초까지 우리 불교계 내에서 화엄종이 발전시켜 온 교학적 역량과 경전보급의 전통을 반영하기 위한데 있었다고 볼수 있다.

둘째로 『부인사장 대장경판』에 입장되었던 『佛名經』을 대체·편입한 『釋摩訶衍論』 10권(漢函)은 본문이 24행(1장은 23행) 17자이며, 총 10권 가운데 권1의 卷尾題와 刊記 사이에 음의의 音에 대한 설명내용이 판각되어 있다. 이러한 판본의 구성형식은 앞에서 설명한 3본 『화엄경』과 매우 유사하다. 이로써 『釋摩訶衍論』 10권도 역시 국내 寺刹傳本의 판식을 계승하고 있다.[113]

셋째로 『新華嚴經論』 40권도 본문의 行字數와 판수제의 표기내용 및 간기에서 대장의 일반적인 판식과 차이를 보이고 있다. 이 경판의 행자수는 25행 16자로 대장의 일반적 형식인 23행 14자와 전혀 다르다. 板首題의 張次字는 '張'자(총 20권) 이외, '幅'자(총 19권)와 '丈'자(총 1권) 및 '卜'자가 사용되고 있으며, 그 장차의 숫자는 간혹 '二十'자가 '卄'자로 표기되기도 하는데,[114] 이런 사례도 대장의 일반적 형식과 차이를 보이는 부분이다. 또한 이 경전의 총40권 가운데 無刊記인 경우가 15권,

---

매우 유사한 면을 가지고 있다. 이런 점에서 이들 경판은 같은 시기에 조판된 것이며, 상호 연관이 있음이 분명하다. 그러나 이들 양 경전 중 어느 것이 저본이며, 판각 시차의 전후를 명확히 알 수 없다, 이 문제는 논고를 달리하여 검토할 것이다.

113) 한편 다른 부분이 대장의 일반적인 판식과 동일하나, 총 20권 가운데 8권의 권미제와 刊記 사이에 音義가 판각된 『大宗地玄文本論』(廻函)도 국내 寺刹傳本의 판식을 일부 계승하였을 가능성이 높다.

114) 『新華嚴經論』 권22의 제23·24장, 권25의 제22~26장.

'丙午歲分司大藏都監開板'으로 표기한 사례가 20권, '乙巳歲分司大藏都監彫造' 및 '丙午歲高麗國大藏都監奉勅彫造'의 표기가 각각 1권, '乙巳歲高麗國大藏都監奉勅彫造'의 경우가 3권[115])으로, 간기의 표기형태에 있어서도 대장의 일반적인 형식과 유사한 사례는 총 4권뿐이다. 이 가운데 판수제에 있어서 '幅'과 '卄'의 사용형식은 국내 寺刹傳本의 판식을 띠고 있는 대장 입장의 3본 『화엄경』이나 뒤에 설명될 외장과 매우 유사하다. 이로써 『신화엄경론』의 판식도 국내 사찰전본에서 일부의 영향을 받았을 가능성이 높다.

넷째로, 『御製緣識』 5권(輕函)은 본문과 권제 및 판수제의 글자 크기가 오히려 細字이며, 간기는 이보다 큰 글자로 판각되어 있다. 그리고 본문의 행자수는 13자 22행(제1장은 21행)으로 구성되어 있다. 이러한 판식은 중국의 唐·宋本, 契丹本, 그리고 국내 『부인사장 대장경판』의 형식과도 분명한 차이를 보인다. 이런 점에서, 이 경판의 판식에는 국내 사찰전본의 구성형식이 채택되어 계승되고 있다. 이처럼 대장의 일반적인 판식에서 벗어난 총11종의 경전 가운데 파악되지 않는 5종을 제외한 나머지 6종의 판본 구성형식은 국내 寺刹傳本의 일부 내용을 계승하여 반영하고 있다.

이상에서 판각사업 담당자들은 대장 입장의 경판을 조판하는 과정에서 판본의 구성형식을 13세기 중엽 이전까지 국내에서 조판된 『부인사

---

115) 板首題의 張次字를 '張'자로 표기한 경우는 권1·3~10·19~24·26~30 등 총 20권, '幅'자는 권2·11~18·31~40 등 총 19권과 20권의 2幅, '丈'자는 16권의 제23·24장, 21권의 제2장, 22권의 제21~24장, 권25 등, '卜'자는 권16의 제27卜 등이 있다. 그리고 간기는 無刊記가 권2~7·9·10·12·28·29·33·35·36·40 등 총 15권, '丙午歲分司大藏都監開板'이 권1·8·11·13·14·16~18·22~25·27·30~32·34·37~39 등 총 20권, '乙巳歲分司大藏都監彫造'가 권15의 1권, '丙午歲高麗國大藏都監奉勅彫造'가 권19의 1권, '乙巳歲高麗國大藏都監奉勅彫造'가 권20·21·26 등 3권 등이 있다(東國大學校譯經院, 『高麗大藏經』 제36책, 영인본, 1976, 230~588쪽).

장 대장경판』이나 소위 『속장경』 이외, 국내 사찰전본에서도 채택하여, 이를 창조적으로 계승·발전시키고 있다. 강화경판의 판각사업에는 13세기 중엽 이전까지 고려사회에서 지속되어 온 판각사업의 전통과 창조적 계승노력, 그리고 국내 불교계의 교학적 발전수준이 투영되어 있다. 따라서 강화경판의 판각사업은 중국으로부터 대장경 문명의 외래성이나 모방성보다, 13세기 중엽까지 고려사회가 지켜온 문명의 내적 발전역량과 불교계의 교학적 수준을 충실히 반영하고 있다는 측면에서 이해해야 할 것이다.

이와 아울러, 판각사업 담당자들은 13세기 중엽까지 고려의 불교문명이나 교학의 발전능력을 강화경판에 담아 계승함으로서, 우리 문명의 파괴에 위기를 느끼고, 또한 전통 문화의 발전에 자긍심을 가지고 있던 상당수 승려층과 세속인의 적극적인 참여를 유도할 수 있을 것이다. 잘 알려진 바와 같이, 13세기 중엽 몽고의 잔혹한 침략으로 인하여 『부인사장 대장경판』과 황룡사 9층목탑 및 장6존상과 같은 우리의 불교 문명이 광범위하게 파괴되고 있었다. 그리고 당시까지 불교계 전체가 고도로 발전시켜 온 교학적 능력을 계승함에도 위기를 느끼고 있었을 것이다. 이같은 현실에서 자기 문명이나 교학적 발전능력에 자긍심을 가지고, 이를 창조적으로 계승하려는 고려의 승려층과 세속인은 판각사업에 주도적으로 참여하였을 것이다. 따라서 사업 담당자들이 대장에 자기 문명이나 교학적 발전성을 반영한 배경에는 현실적으로 당시의 고려 사람들로 하여금 내적 문명 발전성에 대해 자긍심을 갖게 함과 동시에 승려층이나 세속인들의 적극적인 사업참여를 유도함에 있었을 것이다.

2. 외장에 입장된 경판의 판식

앞서 설명한 것처럼, 外藏으로 분류될 수 있는 20종 내지 그 이상의 경전은 경판의 구성형식이 다양하기 때문에 판식을 그 주된 기준[116]으로 설정할 수 없다. 즉 대장에 입장된 경전과 달리, 외장에 포함된 경판의 구성형식은 획일적이지 않고 다양한 형식을 띠고 있다. 이같은 사실은『보유판목록』에 입장되어 있는 15종 경전 가운데 고려시대에 조판된 14종 경판의 판식을 검토함으로서 알 수 있다. 이를 정리하면, 다음의 <표 2-2-3>과 같다.

〈표 2-2-3〉 외장에 입장된 14종 경판의 판식

順	經 名	撰述者	卷數	卷 首題	行 字數	板題	刊記	적 요
1	宗鏡錄	延壽	100	函字 有	30-17	板首, 張(丈), '卄' 표기	有	각권 音義有
2	南明泉和尙頌 證道歌事實	생략	3	函字 생략	20-20	板中, 第와 丈 생략	無	全光宰誌 有
3	金剛三昧經論	元曉	3	〃	22-20	板中, 第와 張 생략, '卄'표기	無	鄭奮誌 有, 元曉傳 부기
4	法界圖記叢髓 錄	생략	4	〃, 卷上之一로 표기	20-20~23	板中, 第와 張 생략	無	
5	祖堂集	文僜	20	函字 생략	28-18	板尾(일부 板首), 丈·張 혼용	有	권1 刊記有
6	大藏一覽集	陳實	10	〃	22-21	板中, 第와 張 생략, '卄'표기	無	罫線有
7	禪門拈頌集	慧諶	30	〃	24-21	板中, 第와 張 생략, '卄'표기	無	誌文 有
8	大方廣佛華嚴 經搜玄分齊通 智方軌	智儼	10	〃, 一之上으로 표기	27-20	板尾, 第와 張 생략	有	
9	十句章圓通記	생략	2	函字 생략	細字, 32-22	板尾, 第 생략, '卜' 사용	無	誌文 有
10	釋華嚴旨歸章 圓通鈔	均如	2	〃	〃	板首, 第와 張 생략	無	誌文 有
11	華嚴經三寶章 圓通記	均如	2	〃	〃	板首, 第와 張 생략	無	誌文 有
12	釋華嚴敎分 記圓通鈔	均如	10	〃	〃	板首(板尾), 卜·丈 혼용, '卄'표기	無	권차를 初로 표기, 誌文有, 均如傳 부기

---

116) 千惠鳳, 앞의 책 ; 朴相國, 앞의 논문.

| 13 | 慈悲道場懺法 | 생략 | 10 | 〃 | 19~22 - 12~14 | 일부 板首이나 대개 각장의 본문 끝행 앞에 위치, 張과 第생략, '卅'표기 | 無 | |
| 14 | 華嚴經探玄記 | 法藏 | 20 | 〃 | 細字, 28~18 | 板首, 幅·丈 혼용(일부 '卜'사용) | 有 | |

 * 본 표는 동국대 영인본을 근거로 작성하였다. 行字數의 숫자－숫자 가운데 앞 숫자는 行數, 뒷 숫자는 字數이다.

 『보유판목록』에 입장된 경판 가운데 대장과 같이 刊記를 판각해 둔 경우는 <표 2-2-3>－1·5·8·14의 경판과 같이 4종이며, 나머지는 생략되어 있다. 그러나 이 4종의 경판도 본문의 行字數, 板題와 刊記의 구체적 내용 등을 살펴보면, 상당한 차이를 보이고 있다.

 우선, <표 2-2-3>－1의 경전 경우, 본문의 행자수는 30행 17자(단, 1장은 29행)의 배열 형식을 띠고, 판제의 장차수를 간혹 '卅'으로 표기하고 있다는 점에서, 24행(단 1장은 23행) 14자와 '二十'의 정자를 사용하는 대장과 차이를 보이고 있다. 그리고 간기의 내용 가운데 대장에 입장된 경판과 동일한 경우는 총 100권 중에서 6권에 불과하며,[117) 나머지는 큰 차이가 있다. 뿐만 아니라 대장에 입장된 대부분의 경판에서 찾아보기 어려운 音義가 각 권의 板尾題와 간기 사이에 판각되어 있다. 둘째로, <표 2-2-3>－5의 경판은 卷首題와 板題에 函字가 생략되어 있다는 점, 본문의 행자수가 28행 18자라는 사실, 판제의 '張'자를 대부분 '丈'자로, 일부만 '張'자로 표기하고 있다는 점에서, 대장의 일반적인 판식과 다르다는 것을 알 수 있다. 셋째로, <표 2-2-3>－7의 경판은 권수제와 판제에 함자가 생략되고, 또한 권수제의 卷次를 上·中·下나 一·二·三 등이 아닌 一之上·一之下 등으로 표기하고 있다는 점, 본문의 행자수를 27행 20자로 배열하고 있다는 점, 그리고 판제에 '經名＋第□

117) 『宗鏡錄』 권16·22~24·34~35의 刊記.

張'의 '第'자와 '張'자를 생략하고 있다는 점에서, 대장에 입장된 경판의 판식과 완연히 다르다는 것을 알 수 있다. 넷째로, <표 2-2-3> - 14의 경판은 권수제와 판제에 함자를 생략한 점, 본문의 행자수가 28행 18자인 점, 首題 가운데 '幅'자와 '丈'자를 혼용(간혹 '卜'도 사용)하고 있다는 점에서, 역시 대장의 일반적 판식과 차이를 나타내고 있다.

한편,『보유판목록』에 입장된 14종 경판의 경우는 상호간에서도 판식의 차이를 보이고 있다. 총14종의 경판 가운데 권수제, 본문의 서체와 행자수, 판제의 구성내용 등이 동일한 경우는 均如의 저술인 <표 2-2-3> - 10과 11의 경전으로 2종뿐이다. 나머지 12종 가운데 일부(<표 2-2-3> - 2와 4, 10·11과 9)는 유사하기도 하나, 대다수의 경우는 큰 차이를 보이고 있다. 따라서 외장에 입장된 경판의 구성은 다양한 형식을 띠고 있다. 외장에 입장된 경판의 판식이 다양하였던 이유는 신라시대 이래 고려사회에서 개별 분산적으로 조성되어 온 국내 寺刹傳本을 각성사업에 흡수·반영하였기 때문이다. <표 2-2-3> - 14종의 경판 가운데 2~4·7·9~11 등 8종 경전의 저술자는 連公[118]·天其[119]·元曉·慧諶·均如이며, 신라의 승려가 1명, 나머지 4명이 고려의 고승이다. 그리고 이 가운데 慧諶과 連公 및 天其는 13세기 각성사업이 진행되고 있던 전후의 시기에 생존·활동한 고려의 고승이다. 이러한 사실을 통해서 외장에 입장된 이들 8종의 경전은 신라~고려시대에 저술·판각되어 전해지고 있던 판본을 저본하여 조성하였다는 것을 알 수 있다.

뿐만 아니라 天其와 그 제자들이 여러 화엄종 사원에 보관하여 오던 均如 저술의 4종 경전을 수습하여 판각한 점, 鄭晏이 강화경의 천도 때 분실된『禪門拈頌集』을 조사하여 조성한 점, 그리고 全光宰가 강원도 金城에서『남명천화상송증도가사실』을 얻어 조판한 점을 염두에 둔다

---

118)『南明泉和尚頌證道歌事實』권3, 제38장, 全光宰誌.
119) 金相鉉, 앞의 논문.

면, 외장은 국내의 다양한 지역이나 사원에서 전하던 경판이나 인경본
및 초본을 흡수, 반영하여 조성하였다는 것을 알 수 있다. 따라서 외장에
포함된 이들 8종의 경판은 국내 사찰전본을 저본하고, 또한 그 판식을
계승하여 조판되었다. 이런 점이 인정된다면, 이들 8종의 경전을 통하여
13세기 중엽 이전까지 국내 사찰전본에 반영되어 있던 경판의 구성형식
의 특성을 파악할 수 있다. 하나는, 卷首題와 板首題의 函字를 생략한다
는 사실이다. 둘째로 본문의 行字數는 20자~22자의 형식을 띠고 있다
는 점이다. 셋째로 판제의 '제□장'의 '第와 丈'자는 생략하는 것이 일반
적이나, 간혹 '丈'자와 'ㅏ'자로도 표기되며, 그리고 판제의 장차 숫자로
'二十□'자 이외, '卅□'자도 사용되고 있다는 사실이다.

　이러한 국내 사찰전본의 판식은 대장에 편입된 경판의 일반적 구성형
식과 큰 차이를 보이는 것으로 <표 2-2-3>의 나머지 6종의 경판과 유
사한 면을 가지고 있다. <표 2-2-3>-1의 경판을 제외한 5·6·8·13·14
의 경전은 모두 권수제와 판수제에 函字가 생략되어 있으며, 6과 8의 경
판은 각각 한 행의 字數가 각각 21자와 20자이다. 그리고 6·8·13의 경
전은 판제의 '제와 장'자가 생략되고 있으며, 1·6·13의 경우는 판제의
장차 숫자가 간혹 '卅'자로 표기되고 있다. 이런 점에서 본다면, 외장에
입장된 나머지 6종 경판의 구성형식도 국내 사찰전본에서 채택·계승되
었을 것이다. 특히 이들 경판의 판식이 『부인사장 대장경판』이나 중국
전래본과 다르다는 사실, 그 일부가 이미 우리나라에 전래되어 국내 사
원에서 조판되기도 하였다는 사실에서, 이들 경판의 판식은 국내 사찰
전본이 기준이 되었다. 이와 같이 외장에는 13세기 중엽 이래 신라와 고
려의 다양한 사찰전본이 계승되고 있었다는 사실은 고려 불교문화의 발
전이 대장경 편제에 수시로 수용되고 있었다는 것을 반증하는 것이다.
즉 외장에는 13세기 중엽까지 우리 출판인쇄술의 능력과 신라·고려 불
교계의 교학적 발달수준이 반영되어 있다. 이는 다음과 같은 사실에서

충분히 짐작할 수 있다.

첫째로, 앞서 설명한 바와 같이 외장에는 국내 고승들이 저술한 논초가 상당수 입장되어 있다는 사실이다. 신라와 고려의 고승이 저술한 논초류의 경전은 외장에 8종이 입장되어 있다. 논초는 대덕고승과 불교 연구자들이 經·律에 대한 탐구로 나온 새로운 견해 및 연구 논문집이다. 이처럼 국내의 고승이 저술한 논초가 외장에 입장되어 있다는 사실은 곧 13세기 중엽 이전까지 신라와 고려의 교학적 발전수준이 반영되어 있음을 의미한다. 둘째, 『금강삼매경론』卷下, 61~62장과 『석화엄교분기원초』권10, 19~28卜에는 각기 宋나라의 通慧 大師가 저술한 「唐新羅國黃龍寺沙門元曉傳」과 進士 赫連斑이 저술한 「大華嚴首座圓通兩重大師均如傳」이 부기되어 있다는 사실이다. 이 두 傳記에 부기되어 있는 元曉와 均如는 신라와 고려초기의 화엄학을 크게 발전시킨 고승이다. 그리고 이들 전기는 원효와 균여 이후, 국내 화엄종 승려들이 수집·정리하여 부기하였던 것이다. 이 사실은 후대의 화엄종 승려들이 원효와 균여에 대해 지속적으로 관심을 기울이고 있었다는 것을 입증한다. 이로써 본다면, 외장에는 원효와 균여 이후에도 지속되었던 국내 화엄종계열의 교학적 발전수준이 반영되어 있음이 분명해진다. 셋째, 禪宗의 경전류인 『종경록』에는 각권의 말미에 音義가 판각되어 있다는 사실이다. 音義는 경전에 표기된 文字의 발음과 뜻을 해석한 것으로 불교계의 교학발전과 보급을 위한 기본연구이다. 이같은 音義가 『종경록』의 각권에 판각되었다는 사실은 곧 고려 선종계열의 교학적 발전과 보급이 반영되고 있었다는 것을 웅변하는 것이다.

이상에서 외장에 입장된 경판은 대부분 江華京時代나 그 이후에 都監의 기능이나 인적·물적 자원을 활용하여 판각되었음에도 불구하고, 그 판식은 다양한 형태를 띠고 있다. 외장에 편입된 경전의 판식이 다양할 수 밖에 없었던 연유는 판각사업의 실무자들이 국내의 여러 사원에서 조판되어 전하던 판본이나 인경본을 그 저본으로 삼았고, 또한 그 저본의 특성을 최대한 반영하였기 때문이다. 이런 점에서 본다면, 판본의 구성 형식은 외장의 범위나 문화적 가치를 규정하는 핵심 기준이 될 수 없을 것이다. 아울러 각성사업의 실무자들은 다음과 같은 점을 염두에 두고 외장에 국내 사찰전본의 특성을 반영하였던 것이다. 그 하나는 외장에 13세기 이전뿐 아니라 그 이후에도 지속되는 국내 불교계의 출판문화 능력이나 교학적 발전수준을 최대한 반영하고자 하는 의도에 있었다. 따라서 외장도 대장과 동일한 불교 문화유산으로 인식되어야 할 것이다. 다음은 대장과 아울러 외장에도 여러 사원이나 종파의 창조적 발전산물을 반영함으로서, 불교계 내부의 분파주의를 극복하고, 또한 다양한 불교 사원의 승려층이나 세속인이 판각사업에 적극 참여할 수 있는 통로를 마련하고자 함에 있었던 것이다.

제3장

판각사업의 주도계층과 현실인식

강화경판『고려대장경』은 잔혹한 몽고의 침략, 파행적인 최씨무인정권의 운영이라는 고려 건국 이래 최대의 현실적·민족적 모순을 겪던 시기에 조성되었다. 이에 한국사 전문연구자의 상당수는 최씨정권의 안녕과 안정, 그리고 그들을 중심으로 하는 對蒙抗爭의 운영, 불교계의 재편, 사업배경, 都監의 소재지와 운영을 밝히는데 집중하였다. 이같은 집중현상은 강화경판에 담겨진 특정 사실에 대한 심층적 이해를 가능케 하였으나, 그 다양한 내용의 규명과 다변적 접근 방법에 있어서 제한조건으로 작용하기도 하였다.

그런데 최근에는 현존하는 강화경판의 대장·외장에 입장된 각 경판의 邊界線 안팎에 판각된 각수들의 人·法名과 기타 자료 및 刊記 자료, 그리고 소위 海印寺 寺藏本(일명 雜板, 寺·私刊本 등)에 새겨진 인명이나 誌·跋文 등을 전반적으로 정리·활용하여 새로운 사실을 밝히거나 확대·재해석하고 있다.[1] 참여자의 참여형태와 의식 및 출신성분, 조성

---

1) 이 내용은 1970~1980년대에도 분산적 관심을 가졌으나, 1990대부터 본격적인 연구가 진행되고 있다.
　　金潤坤,「高麗大藏經의 彫成機構와 刻手의 性分」『民族史의 展開와 그 文化(上)』, 碧史李佑成教授停年退職紀念論叢, 1990 ; 金潤坤,「『江華京板 高麗大藏經』의 체제에 관한 一考」『釜山女大史學』10·11합집, 碧庵文炯萬教授停年紀念論叢, 1993 ; 金潤坤,「「大般若經」의 刻成과 反蒙抗戰」『한국중세사연구』2, 1995 ; 金潤坤, 「高麗國 分司大藏都監과 布施階層」『民族文化論叢』16, 영남대, 1996 ; 金潤坤, 「江華京板 高麗大藏經』內·外藏의 특징」『民族文化論叢』18·19합, 1998 ; 金潤坤,「『高麗大藏經』조성의 참여계층과 雕成處」『人文科學』12, 경북대, 1998 ; 金潤坤,「江華京板 고려대장경의 外藏에 入藏된 『法界圖記叢隨錄』과 『宗鏡錄』의 분석」『民族文化論叢』20, 1999 ; 金潤坤,「고려대장경의 새로운 이해」, 불교시대사, 2002 ; 金潤坤·金晧東,「『江華京板 高麗大藏經』刻成活動의 參與階層」 『한국중세사연구』3, 1996 ; 金晧東,「『禪門拈頌』과 眞覺國師 慧諶」『民族文化

주체, 도감의 소재지와 운영형태, 판각공간 및 工房의 분포, 연도별 사업
의 추이, 경판의 조성성격, 대장경판 전체의 체제와 문화유산적 가치, 개
별 경판의 판각시기와 그 성격 및 사상성 등과 같은 다양한 내용을 새롭
게 추적하고 있다. 이로써 각성사업에 대한 연구범위의 확대와 연구내용
의 다양화가 모색되고 그 성격이 당대의 모순을 극복하기 위한 범국가
적·종파적 사업이었음이 밝혀지고 있다. 이와 함께 최씨정권 및 특정
종파 내지 사원을 중심으로 하는 이해 방식도 극복되고 있다.

그럼에도 이를 무인 최씨정권과 연결하여 불교계 운용과 재편, 정치
적 목적 및 대몽항쟁의 측면에서 파악하거나, 正板과 補板에 반영된 사
상성을 당시 불교계의 현실성과 특정 종파 내지 사원과 관련시켜 이해
함2)으로써 사업의 주체나 배경 등에 대해 합일점을 도출하지 못하고 있

論叢』18·19합, 1998 ; 金皓東, 「『續高僧傳』과 『大唐西域求法高僧傳』에 입전된
韓國 高僧의 행적」 『民族文化論叢』 20, 1999 ; 裵象鉉, 「『高麗國新雕大藏校正別錄』
과 守其 - 『高麗大藏經』의 校勘과 彫成에 반영된 13세기 佛敎界의 現實認識 -」
『民族文化論叢』 17, 1997 ; 裵象鉉, 「高麗時代人의 元曉觀과 『金剛三昧論經』의
入藏」 『백양사학』 15, 1998 ; 정동락, 「『江華京板 高麗大藏經』 造成의 參與階層
과 對蒙抗爭」 『嶠南史學』 7, 1996 ; 崔然柱, 「高麗大藏經 硏究」, 경인문화사,
2006 ; 崔永好, 「『江華京板 高麗大藏經』 邊界線 소재인명의 판각사업 참여형태」
『한국중세사연구』 2, 1995 ; 崔永好, 「高麗武人執權基 僧侶知識人 '山人'의 『江
華京板 高麗大藏經』 각성사업 참여」 『石堂論叢』 21, 동아대, 1995 ; 崔永好, 「華
嚴宗系列 승려의 『江華京板 高麗大藏經』 각성사업 참여」 『釜山史學』 29, 1995 ;
崔永好, 「南海地域의 江華京板 『高麗大藏經』 각성사업 참여」 『石堂論叢』 25,
1997 ; 崔永好, 「瑜伽宗의 江華京板 『高麗大藏經』 각성사업 참여」 『釜山史學』 33,
1997 ; 崔永好, 「天台宗系列의 『江華京板 高麗大藏經』 각성사업 참여」 『지역과 역
사』 3, 부산경남역사연구소, 1997 ; 崔永好, 「海印寺 所藏本 『大方廣佛華嚴經疏』·
『大方廣佛華嚴經隨疏演義鈔』의 판각성격」 『한국중세사연구』 4, 1997 ; 崔永好,
「海印寺 所藏本 『大藏一覽集』 刻成時期의 재검토와 판각의 현실관」 『한국중세
사연구』 6, 1999 ; 崔永好, 『江華京板 高麗大藏經 刻成事業의 硏究』, 영남대 박
사학위논문, 1996 ; 韓基汶, 「江華京板 高麗大藏經 소재 均如의 著述과 思想」 『한
국중세사연구』 4, 1997 ; 韓基汶, 「『祖堂集』과 新羅·高麗 高僧의 行蹟」 『한국
중세사연구』 6, 1999 ; 藤田亮策, 「海印寺雜板攷」 『朝鮮學報』 138~140, 1991.
2) 이와 관련한 1990년대 이후의 대표적인 연구는 다음과 같다. 金甲周, 「高麗大藏

는 실정이다. 이에 본 장에서는 사업의 주체 내지 주도계층에 대한 기존 연구성과를 재검토하고, 주도계층의 분담역할과 출신성분 및 참여성향 에 대한 이해의 폭을 확대시켜 보고자 하였다.[3]

　이로써 일제 식민주의시기와 1960～1970년대 군사정권시대의 연구 내용이나 시각을 탈피하고, 13세기 중엽 모든 고려 사람들의 염원과 실 천이 담겨져 있는 현실적·민족적 모순의 극복과 전통 불교문명의 발전 노력을 보다 객관적으로 이해할 수 있는 틀을 모색할 수 있을 것이다.

제1절 판각사업의 주체에 대한 재검토

　강화경판 각성사업의 주체에 대한 이해는 판각사업의 배경과 목적, 대장·분사도감의 설치경위와 그 위치 및 운영형태, 사업경비와 현장인 력의 확보형태, 참여자의 참여범위 및 그 의식,『符仁寺藏 大藏經板』(소 위 초조대장경)의 소실 경위 등을 이해하는 바로미터이다. 때문에 기존

都監 硏究」『不聞聞』창간호, 영취불교문화연구원, 1990 ; 金光植,「鄭晏의 定林 社 創建과 南海分司都監」『建大史學』8, 건국대, 1993 ;『高麗武人政權과 佛敎界』, 민족사, 1995 ; 文暻鉉,「高麗大藏經 雕造의 史的 考察」『佛敎와 歷史』, 李箕永 博士古稀紀念論叢, 1991 ; 민현구,「고려대장경」『한국사시민강좌』, 일조각, 1998 ; 朴相國,「大藏都監의 板刻性格과 禪源寺 問題」『韓國佛敎文化思想史(上)』, 伽山 李智冠스님華甲紀念論叢, 1992 ; 蔡尙植,「高麗後期佛敎史硏究」, 일조각, 1991 ; 崔永好,「武人政權期 崔氏家 家奴와『高麗大藏經』판각사업」『釜山女大史學』 10·11합, 碧庵文炯萬敎授停年紀念論叢, 1993 ; 許興植,「高麗高宗官版大藏經 補 板의 範圍와 思想性」『美術史學論叢』, 蕉雨黃壽永博士古稀紀念, 1988 ;『韓國中 世佛敎史硏究』, 일조각, 1994 ; 許興植,「高麗高宗官版大藏經의 造成經緯와 思想 性」『歷史敎育論集』13·14합, 1990 ; 위의 책.

3) 다만 본고에서는 현장의 각수로 주도적인 역할을 한 明覺, 了源 등이나, 분사도감 의 행정을 총괄하였던 全光宰, 실무 간사인 比丘 天旦, 교열 책임자인 擧上人 등 을 제외하였다.

의 많은 연구자들은 이에 대해 일찍부터 관심을 가지고 다양하게 분석하였다. 그 관심은 초기 일본인 연구자들로부터 비롯되었다.

1915년 당시 조선총독부 사무관인 小田幹治郎[4]은 李奎報의 「大藏刻板君臣祈告文」을 근거로 삼아 조성 주체를 君臣, 즉 국가로 상정하였다. 1920년대 초반까지 관련 논문을 정리한 역사학자 池內宏도 이 기고문을 바탕으로 江都의 君臣이 사업을 수행하였다고 서술하였다.[5] 그러나 곧바로 池內宏은 『고려사』 권129, 崔忠獻 부 崔沆傳 및 권100, 鄭淑瞻 부 鄭晏傳 등을 핵심적인 분석 자료로 삼아 사업의 주체를 국가가 아닌 崔怡 父子와 그의 사위(실제는 최이의 사위가 아니라 처남매형)인 鄭晏[6] 등과 같이 최씨정권의 개인적 차원이라고 규정하였다. 아울러 그는 판각사업 당시 崔氏父子의 食邑이 南海와 가까운 晋州에 있었고, 정안이 南海에 퇴거하여 있었다는 사실도 이들 개인이 南海分司都監의 설치·운영에 있어서 주도적인 역할을 한 주요 단서로 삼고 있다. 이러한 이해방식은 일제 식민주의 연구자들이 각성사업의 역사적 성격이나 배경을 평가절하하는 태도와 그 맥락을 같이하며, 고려 불교의 국가적 염원과 기능을 도외시한 것이다.

池內宏의 이해방식은 해방이후 한국 연구자들이 수용하거나 확대 재생산하고 있다. 최씨정권의 壽福祈願이라는 개인적 안녕과 함께 정권의 안정적 유지 및 정당성 확보라는 정권적 차원까지 확대하여 해석하고 있다.[7] 그 핵심적인 자료는 池內宏이 이미 활용한 『고려사』의 관련 열전

---

4) 小田幹治郎, 「大藏經奉獻顚末」, 1915 ; 『小田幹治郎遺稿』, 1931, 53쪽.

5) 池內宏, 「高麗朝の大藏經(上)」 『東洋學報』 13-3, 1923 ; 『滿鮮史硏究』 中世2, 1937, 488쪽.

6) 池內宏, 「高麗朝の大藏經(下)」 『東洋學報』 14-1, 1924 ; 위의 책, 569~571쪽 ; 池內宏, 「「高麗朝の大藏經」に關する 一二の補正」 『東洋學報』 14-4, 1924 ; 위의 책, 634쪽.

7) 이와 관련한 대표적인 글은 다음과 같다. 閔泳珪, 「一然重編 曹洞五位 重印序」 『學林』 6, 1984 ; 兪瑩淑, 「崔氏武人政權과 曹溪宗」 『白山學報』 33, 1986 ; 金光

과 더불어 해인사에 소장된 崔怡·鄭晏의 私刊 경판에 판각되어 있는 誌·跋文 내용 등을 분석 대상으로 삼고 있다. 또한 이들 연구자들은 최씨집권자의 願刹인 江華京의 禪源寺를 대장도감, 정안의 원찰인 南海 定林社를 분사도감의 소재지로 각각 설정하고 있으며, 晉州 및 南海 등지에 도감을 설치한 이유를 최씨정권의 세습적 식읍과 관련지어 해석하기도 한다. 그리고 정안의 정치성향이나 외척으로서의 유대가 최씨정권과 밀착되었다고 해석하기도 한다.

이처럼 각성사업을 최이 부자나 정안 등의 개인 내지 최씨정권과도 연결하여 이해할 수도 있다. 이들은 사업의 정책적 결정, 도감의 설치 및 운영, 막대한 私財의 시납을 하였음으로 판각사업에 있어서 중요 역할의 분담을 부인할 수 없다. 특히 당시의 현실정치가 최씨정권 중심으로 운영되고 있었다는 사실도 최이 부자의 역할 정도를 충분하게 짐작할 수 있다. 그럼에도 불구하고 최씨정권 및 정안이 사업주체라는 이해 방식은 그 관련 자료를 세밀하게 분석함으로써 선결할 문제점이 발견되고 있다.

우선, 고려 국왕의 정치적 권위이나 국가의 운영조직이 판각사업에 활용되었다는 사실을 간과하고 있다. 당시 각성사업에 있어서 실질적인 정권운영 관계를 고려한다면, 국왕은 명분만 유지하고 있었음을 부인할 수 없다. 그럼에도 불구하고 최근 연구성과와 관련 자료의 정밀한 검토를 통해, 판각사업에는 국왕의 권위나 국가의 운영조직이 적극 개입되었다는 사실이 밝혀지고 있다. 사업의 시작과 마무리 의례행사에 국왕과 관료층이 참여하였고, 최이 부자가 국왕의 詔書, 즉 국왕의 권위라는 매개체로써 판각사업의 공적을 평가받았으며, 대장·분사도감의 운영에 국왕의 권위와 함께 국가조직이 깊이 개입되어 있었다.[8] 특히 분사도감

植, 앞의 논문 ; 앞의 책 ; 文暻鉉, 앞의 논문 ; 閔賢九, 앞의 논문 ; 朴相國, 앞의 논문 ; 蔡尙植, 앞의 책 ; 許興植, 앞의 논문, 1990 ; 앞의 책.

이 지방 통치조직인 계수관 중심으로 설치·운영되었고, 각 경판의 刊記에 표기된 '高麗國(分司)大藏都監奉勅雕造'와 '沙門守其等 奉勅校勘' 및 '開泰寺僧統守眞 學博識精 奉勅勘大藏經正錯'라는 내용9)에는 판각사업에 국가 운영조직과 고려 국왕의 勅命이 직접 개입되고 있음이 분명하게 드러나고 있다. 이로써 판각사업의 모든 과정에는 국가의 운영체계나 국왕의 권위가 적극 개입되고 있다는 사실이 확인된다.

한편 당시 최씨정권이 개인적 차원에서 사업을 진행할 경우 각 계층이 광범위하게 반발을 불러일으키고 있었다는 사실도 주목할 필요가 있다. 13세기 중엽 최씨무인정권이 개인적으로 토목사업이나 佛事를 주도한 경우에는 관료·지식인·승려 및 일반 郡縣民으로부터 상당한 비판이나 저항을 불러 일으켰다. 그 가운데 崔沆이 金坵에게 『圓覺經』의 跋文을 짓게 하니, 김구가 이를 거부하고 作詩하여 비판한 사건10)도 있었다. 이 같은 정황에서 최씨무인정권이 강화경판의 판각사업을 개인적으로 주도하였다면, 각 계층의 반발에 부딪치어 사업을 체계적으로 진행하지 못하고 상당한 차질을 빚었음이 분명할 것이다.

이러한 문제와 더불어 기존 연구자들이 제시·분석한 근거자료의 비판적 검토도 요구된다. 먼저, 판각사업의 업무를 총괄하고 경판의 대부분을 판각한 대장도감의 위치에 대한 재검토이다.11) 첫째, 대장도감이 晉州지역에 위치하였다는 견해를 살펴본다. 이 연구에서는 진주지역이

---

8) 『고려사』권129, 崔忠獻 부 崔沆傳 ; 『고려사』권24, 고종 38년 9월 壬午 ; 『東國李相國集』권25, 雜著, 大藏刻板君臣祈告文 및 跋尾 ; 金潤坤, 앞의 책, 2002 ; 崔然柱, 『高麗大藏經 研究』, 경인문화사, 2006, 83~137쪽.

9) 『高麗國新雕大藏校正別錄』권1(俊函)~권30(密函), 각 권 제1장 ; 『補閑集』卷下.

10) 『고려사』권106, 金坵傳 및 『止浦集』권3, 附 年譜 7년 丁未. 한편, 『고려사』권129, 崔忠獻 부 崔怡傳에도 최씨정권이 주도한 토목사업에 반발기사가 기록되어 있다.

11) 이와 관련하여 최근 다음 논문에서 재검토하였다. 崔永好, 「南海地域의 江華京板『高麗大藏經』 각성사업 참여」, 1997, 251~254쪽.

최씨무인정권의 경제력이 집중된 곳이고, 용재 수급이 용이하며, 후방으로 병란의 위협이 적으며, 남해 분사도감과 업무상 협조나 거리상 인접하였다는 조건을 그 근거로 제시하였다.[12] 그런데 최근에는 崔氏家의 식읍인 진주지역의 稅貢米가 진주 또는 남해 등지에 소재한 분사도감의 소요 경비와 직접적인 관련이 없다는 사실이 밝혀졌으며,[13] 몽고 침략군이 1232년(고종 19), 1235년, 1238∼1239년에는 大邱와 慶州지역을, 1254∼1256년에는 丹溪(지금의 경상남도 산청군)와 玄風지역[14]과 같이 경상도 일대, 특히 진주와 인접한 지역까지 침략하고 있어 진주지역이 몽고 침략의 안전지대가 아니라는 사실도 확인된다.

둘째로는 崔怡의 願刹인 강화경의 禪源寺였다는 견해[15]에 대한 문제이다. 그 가운데 관찬서의 관련 기록인 '(충선왕) 後元年三月 傳旨曰 … 以米三百石 分賜大藏都監禪源社'와 '(조선 태조 7년) 幸龍山江 大藏經板輸自江華禪源寺'라는 내용[16]은 대장경판의 조성 과정인 조판이나 업무총괄 장소와 연결하여 이해하기보다, 완성된 경판의 보관장소로 파악하는 자료이다. 또한 선원사의 창건시기와 판각사업의 기간이 상호 일치하지 않는다는 사실도 주목된다. 판각사업은 1236년에 시작하여 1237년

---

12) 閔泳珪, 앞의 논문, 5∼6쪽.

13) 金潤坤, 앞의 논문, 1996, 62∼63쪽.

14) 尹龍爀,『高麗對蒙抗爭史 硏究』, 고려대 박사학위논문, 1987, 397쪽, 附表1 ;『高麗對蒙抗爭史硏究』, 일지사, 1993.

15) 다음 논문에서 대장도감의 소재지를 江華京의 禪源寺(社)로 파악하기 시작하였다. 文明大,「大藏都監 禪源寺址의 發見과 大藏都監板의 由來」『韓國學報』3, 1976 ; 黃壽永・文明大,「高麗禪源寺址 發見과 高麗大藏經板의 由來」『江華島學術調査報告書』1책, 동국대 강화도학술조사단, 1977. 이후 다수의 연구자들도 이를 수용하고 있으며, 그 대표적 연구는 다음과 같다. 許興植, 앞의 논문, 1990 ; 앞의 책, 168∼169쪽 ; 蔡尙植, 앞의 책, 119쪽 ; 金光植, 앞의 책, 227∼228・254∼262쪽, 兪瑩淑, 앞의 논문, 180쪽 ; 손영종・조희승,『조선수공업사』, 공업출판사, 1990, 373쪽. 특히 아래 논문에서는 이를 더욱 명확하게 주장하고 있다. 金甲周, 앞의 논문, 135∼136쪽 ; 文暻鉉, 앞의 논문, 504∼510쪽.

16)『고려사』권78, 食貨志, 田制 租稅 ;『太祖實錄』권14, 7년 5월.

부터 완성된 경판이 산출되었는데[17] 비하여, 江華京의 선원사는 1245년
(乙巳年)에 창건되었다.[18] 이로써 선원사의 창건은 판각사업이 시작된
10년 이후로써 판각 및 업무총괄 장소로서의 대장도감이 이 곳에 위치
하지 않았다는 것을 알 수 있다.

다음으로, 최씨무인정권이나 鄭晏을 분사도감의 설치·운영 주체로
파악하는 견해의 재검토[19]이다. 상당수의 연구자들은 분사도감의 위치
가 진주·거제·하동 등지와 南海, 특히 정안의 원찰인 남해지역의 定
林社(江月庵)나 고현면 대사리 일대로 해석하여[20] 그 운영과 소요 경비
를 최씨정권이나 정안이 담당하였던 것으로 파악하고 있다. 정안이 국가
와 절반의 대장경 경비를 분담하였다고 표현될 만큼 거만의 私財를 시
납한 사실은 인정되나,[21] 그를 南海 分司都監의 운영 주체로 해석하기
에 도식적인 측면이 없지 않다. 아울러 앞서 언급한 것처럼 진주지역에
있던 崔氏家 食邑의 稅貢米도 분사도감의 경비로 충당되지 않았다. 오
히려 판각사업에 소요되는 인적·물적 자원은 상당 부분이 각 계층의
몸보시와 재보시로 충당되었다.[22] 이와 함께 1248년 분사도감의 총괄

---

17) 각성사업은 일부의 다음 논문에서 1233년(고종 20)부터 시작되었다고 해석한다.
   朴相國, 「海印寺 大藏經板에 대한 再考察」 『韓國學報』 33, 1984, 192~193쪽 ;
   朴相國, 앞의 논문, 1992, 1001·1007쪽 ; 金甲周, 앞의 논문, 133~135쪽 ; 金光
   植, 앞의 책, 324쪽. 그런데 이들 연구자이 제시한 근거는 다음 글에서 재검토되
   어 기존 연구처럼 1236년이라는 사실이 입증되었다. 崔永好, 「南海地域의 江華
   京板 『高麗大藏經』 각성사업 참여」, 1997, 256~257쪽.
18) 『東文選』 권117, 臥龍山慈雲寺王師贈諡眞明國師碑銘 ; 蔡尙植, 앞의 책, 19쪽 주
   38) ; 金光植, 앞의 책, 255쪽.
19) 분사도감의 위치와 함께 이 내용에 대한 기존 연구성과의 재검토는 최근 다음 논
   문에서 정리하였다. 崔永好, 위의 논문, 254~260쪽.
20) 文暻鉉, 앞의 논문, 515쪽 ; 金政鶴, 「특별기고-정림사와 남해분사는 과연 어디
   인가」 『대중불교』 1993년 1월호 ; 金光植, 위의 책, 311·325~343쪽.
21) 『고려사』 권100, 鄭淑瞻 부 鄭晏傳.
22) 金潤坤, 「『고려대장경』의 각판과 국자감시 출신」, 1993, 76쪽 ; 金潤坤, 앞의 논
   문, 1996, 58~62쪽.

책임자인 慶尙道按察副使 全光宰가 주도하여『南明泉和尙頌證道歌事實』3권을 판각할 당시 원본 교정자와 필사자 및 각수 등의 현장 전문인력은 실무 간사인 比丘 天旦의 협조 하에 모집한데서 알 수 있듯이, 그 조직체계가 敎·俗 이원적으로 운영되고 있었음이 확인된다.[23]

뿐만 아니라 최근에는 분사도감이 지방 통치조직인 界首官체제를 중심으로 설치·운영되었고, 도감의 工房이 기왕의 시설물을 활용하였음으로 남해지역 이외, 東京(지금의 경주시)·晋州牧·海印寺, 동경의 東泉社, 산청군 斷俗寺, 伽耶山 下鉅寺 등지에도 분사도감이나 작업공방이 분산되어 있었음이 규명되고 있다.[24] 특히 해인사·하거사·동천사는 화엄계통의 소속사원으로 국왕이나 왕실과 밀착되어 있었다. 이런 점에서 분사도감의 운영은 최씨정권이나 정안의 개인 주도로 파악하기 보다는 국가 행정조직이나 사원 조직이 적극 개입되었다고 이해하는 측면이 합리적이지 않을까 생각된다.

마지막으로 優婆塞 鄭晏의 성향이나 참여의식은 최씨정권과의 인척관계 내지 정치적 협조자로 편향하여 해석하는데도 무리가 없지 않다는 사실이다. 판각사업의 참여 당시 정안은 최씨정권과 원만한 정치적 관계

---

23) 崔永好,「『江華京板 高麗大藏經』邊界線 소재인명의 판각사업 참여형태」, 1995, 172~179쪽.

24) 藤田良策,「海印寺雜板攷」『朝鮮學報』138, 1991, 64쪽 ; 金潤坤, 앞의 논문, 1990, 235쪽 ; 金潤坤,「高麗國 分司都監과 布施階層」, 1996, 68~80쪽 ; 金潤坤,「高麗大藏經의 東亞大本과 彫成主體에 대한 考察」, 1996, 47·97쪽 ; 金潤坤,「江華京板『高麗大藏經』內·外藏의 특징」, 1998, 105~106쪽 ; 崔永好,「海印寺 所藏本『大方廣佛華嚴經疏』·『大方廣佛華嚴經隨疏演義鈔』의 판각성격」, 1997, 146~148쪽 ; 崔永好,「南海地域의 江華京板『高麗大藏經』각성사업 참여」, 1997, 254~255쪽 ; 崔永好,「13세기 중엽 江華京板『高麗大藏經』의 刻成事業과 海印寺」『한국중세사연구』13, 2002 ; 崔永好,「13세기 중엽 경주지역 分司東京大藏都監의 설치와 운영형태」『新羅文化』27, 동국대 신라문화연구소, 2006 ; 崔永好,「13세기 중엽 강화경판『고려대장경』의 조성공간과 경주 東泉社」『한국중세사연구』20, 2006 ; 崔然柱, 앞의 논문, 1998, 139~143쪽 ; 앞의 책.

를 유지하지 못하고 있었으며, 그의 의식은 국왕 및 왕실의 안녕과 더불어 최씨정권의 극복에 있었다고 짐작된다.[25]

이상과 같이 기존 연구성과를 재검토한 결과, 13세기 중엽 강화경판의 판각사업에서는 崔怡 父子 및 정안이 중요 역할을 분담하였다. 그러나 사업의 주체로서의 일반적인 해석에는 표피적인 검토 결과에 머물 수 있는 함정이 없지 않다. 명분적 측면이 없지 않으나 그 최고의 정점에는 국가의 운영체계 내지 국왕의 권위가 전반적으로 작용하고 있었다는 형태로 이해하는 것이 보다 합리적이지 않을까 생각된다. 이같은 의미는 판각사업의 모든 과정과 마무리이후 의례행사에 奉勅이나 傳旨 등과 같은 국왕의 권위가 개입되고 있음이 분명하고, 특히 기존 연구자들이 최씨부자의 주도로 해석하는 핵심 자료인『고려사』권129, 崔忠獻 부 崔沆傳의 내용도 국왕의 권위인 詔書를 통해 최이부자가 판각사업의 공적을 평가받고 있다는 사실에서 확인된다. 아울러 중앙 및 지방의 국가 운영조직과 사원조직도 사업에 적극 개입되고 있다는 사실도 이를 충분히 뒷받침한다. 그 결과 각 계층의 적극적인 협조와 참여를 유도하여 범국가적·범종파적 사업으로 이루어질 수 있었던 것이다.

이러한 시각은 다음의 연구 내용에 투영되어 있어 주목된다. 판각사업은 최씨정권의 정치적 목적 및 필요성과 함께 그들 중심의 대몽항쟁을 지속시키려는 의도가 개입되어 있다는 점도 어느 정도 인정되나, 문인지식층의 자발적 참여, 왕족·귀족·관료층으로부터 일반 군현민에 이르기까지 광범위한 재보시와 몸보시, 그리고 국왕의 명령에 이루어진 사업이라고 표명함으로써 추진·완성되었다는 것이다. 판각사업은 최씨정권이 계획·진행하였더라도 고려 황제의 위상을 높임으로써 왕정복고를 원하는 세력들이 동참할 수 있는 여건을 조성하는 계기가 되었으며, 그

---

25) 鄭晏의 참여배경과 의식은 다음 논문에서 기존 연구를 비판적으로 재검토하였다.
　　崔永好,「南海地域의 江華京板『高麗大藏經』 각성사업 참여」, 1997, 267~269쪽.

결과 전민족이 주체적이고 자발적인 동참으로 이루어졌다는 것이다.[26] 따라서 판각사업의 주체는 국가 내지 고려 국왕이 주축이며, 최씨정권이나 정안 및 여타의 인물들은 각각의 역할 분담을 맡은 형태로 이해할 수 있을 것이다. 특히 알려진 바와 같이 당시에는 최씨정권의 극복 내지 왕정복고 세력이 존재하고 있었다는 사실까지 고려한다면, 국왕이나 국가 중심의 이해 방식은 보다 더 객관성을 가질 것이다.

나아가 이러한 이해방식은 일제식민주의 역사학과 1960~70년대 군사정권기의 연구내용이나 시각에 편향되어 있는 분위기를 탈피하여, 판각사업에 담겨져 있는 우리 불교문명의 가치성과 함께 역사적 의미를 보다 객관적인 측면에서 접근할 수 있는 계기가 마련될 것이다.

제2절 기획·주도계층의 역할과 현실인식

고려의 국왕 고종이 강화경판 『고려대장경』의 판각사업에 참여한 사실은 다음 내용에 명확하게 기술되어 있다.

> (고종 38년 9월) 임오일에 국왕이 성의 서문 밖 大藏經板堂에 행차하여 백관을 거느리고 분향하였다. 현종 때 판본이 임진년(고종 19 ; 1232) 몽고 병사에게 불타버렸다. 국왕이 여러 신하와 함께 다시 발원하여 都監을 설치하고 16년만에 공역을 마쳤다.[27]

고종은 여러 신하와 함께 사업의 시작을 의미하는 발원 의례와 都監의 설치, 그리고 사업의 마무리 의례 행사인 大藏經板의 봉납 분향에 직접 참여하였다. 아울러 완성된 경판이 산출되기 시작한 1237년에는 판

---

26) 金潤坤, 앞의 논문, 1998, 73~76쪽.
27) 『고려사』 권24, 고종 38년 9월 壬午.

각사업의 당위성과 명분을 홍보하는 「大藏刻板君臣祈告文」의 반포 의례에 있어서 기원의 주체로써 관여하고 있으며, 각 경판의 刊記인 '高麗國(分司)大藏都監奉勅雕造'와 '沙門守其等 奉勅校勘' 및 '開泰寺僧統守眞 學博識精 奉勅勘大藏經正錯'라는 내용[28]에서 알 수 있듯이, 대장도 감·분사도감의 조직체계상에 있어서 뿐만 아니라, 교감 책임 담당자의 사업 참여를 독려하는 명령의 최고 정점으로 기술되어 있다. 또한 고종은 판각사업에 있어서 崔怡 父子가 분담한 역할의 공적을 치하하는 詔書도 내리는 등 사업 참여자에 대한 공적 평가와 포상의 주체로 역할하였다. 이처럼 판각사업에는 고종의 권위와 국가의 명분이 사업의 전 과정과 사후 공적 포상에 이르기까지 그 전반에 걸쳐 최고의 정점으로 직접 개입되어 있다.

이러한 현상은 李奎報가 핵심적으로 역할을 한 결과이기도 하며, 또한 당대 정치·사회적 분위기가 최씨무인정권으로 하여금 이를 수용할 수밖에 없었던 조건이 성숙되어 가고 있었기 때문에 이루어졌을 것이다. 국왕의 권위와 국가적 명분을 전면에 내세울 수밖에 없었던 연유는 우선, 당시 존재하고 있던 왕정복구 세력[29]이 동참할 수 있는 계기를 마련하고자 함에 있었다. 아울러 다음과 같은 정황도 그 주요 요인이 되었을 것이다. 1217년(고종 4)에 崔忠獻은 郎將 金德明의 말을 믿고 자주 공사를 일으켜 여러 사원을 侵耗함에 따라 僧徒의 저항을 초래하였으며, 1234년 崔怡는 安養山의 栢樹를 江華京에 있는 자기 집으로 옮겨 심는 과정에서 연로의 郡縣民으로부터 큰 반발을 받았다. 또한 1228년에는 최이가 敎定所의 牒을 보내어 慈惠院의 경영에 필요한 목재를 江陰縣에서 벌채하도록 협조를 구하였으나 監務 朴奉時가 이에 따르지 않았다. 뿐만 아니라 崔沆이 『圓覺經』을 雕造하고 金坵에게 跋文을 짓게 하니

---

28) 『高麗國新雕大藏校正別錄』 권1(俊函)∼권30(密函), 각 권 제1장 ; 『補閑集』 卷下.
29) 金潤坤, 앞의 논문, 1993, 75쪽.

문신 관료인 김구가 시를 지어 비판하였다.[30] 이처럼 최씨집권기에 국왕의 권위나 국가적 운영체계가 개입되지 않고 개인적 차원에서 추진된 토목사업, 벌목사업, 경판의 판각사업은 사원세력과 일반 군현민, 지방 및 중앙 관료층의 광범위한 비협조와 비판 및 반발을 불러일으키고 있었다.

이러한 상황에서는 강화경판의 판각사업도 국가적 명분을 개입시키지 않고 최씨 부자의 개인적 차원에서 추진할 경우, 사원세력과 세속의 각 계층으로부터 많은 비판과 반발을 불러 일으켜 사업을 원활하게 진행할 수 없었을 것이다. 특히 그 대부분의 반발과 비협조 현상은 판각사업이 본격적으로 기획·추진되기 이전부터 나타나고 있었다. 이 같은 정황에서 최씨정권은 李奎報의 기획안을 수용하여 국왕의 권위와 국가적 명분을 판각사업의 전면에 내세울 수밖에 없었을 것이다. 그렇게 함으로써 판각사업의 추진 과정에서 예상되는 비협조적 걸림돌과 비판이나 반발 요소를 사전에 제거하여 사업을 성공적으로 마무리할 수 있기 때문이다.

따라서 최씨 부자를 판각사업의 주체라고 편중하여 해석함에도 무리한 점이 없지 않다. 그럼에도 최씨정권이 판각사업에서 핵심적인 역할을 분담하였음은 부인할 수 없다.

> 다음해(고종 42년) 국왕이 다음과 같은 조서를 내렸다. "… 또한 역대로 전해오던 鎭兵大藏經板은 모두 狄兵(몽고병)에 의해 불타버리게 되었다. 국가에서는 사고가 많아 새로 重刻할 틈이 없었다. 都監을 별도로 설치하자, 개인의 재산을 온통 시납하여 經板(강화경판)을 거의 절반이나 새겨 국가에 복리를 주었으니 그 공적을 잊기 어렵다. 그의 아들 侍中 崔沆은 가업을 이어서 임금을 바르게 하고 변란을 제압하였으며, 대장경판(강화경판)에 재물을 시납하고 공역을 감독하여 사업이 완성된 것을 보고하고 經讚會를 거행하였다. 이에 온 나라가 복을 받게 되었다. …"[31]

30)『고려사』권129, 崔忠獻 및 부 崔怡傳 ;『고려사』권106, 金坵傳.
31) "明年 王詔曰 … 且歷代所傳 鎭兵大藏經板 盡爲狄兵所焚 國家多故 未暇重新 別

최이 부자는 각성사업에서 도감의 설치, 소요 경비의 시납, 役事의 감독, 완성된 경판의 봉납식전 거행 등과 같은 핵심적인 역할을 분담하고 있다. 이 같은 역할 때문에, 기존 연구에서는 판각사업의 실질적인 주체로 상정하고 있다. 특히 연구자들 가운데는 최씨정권의 원찰인 江華京의 禪源寺를 대장도감의 소재지로 확정하여 이 내용을 보다 고착시키고 있다.

그런데 이같은 내용은 최씨 부자를 사업주체로 일반화시킬 수 있는 충분조건으로 확정하기에 어려운 점이 없지 않다. 우선, 사업 진행과정에서 대장도감은 강화경의 선원사에 설치되지 않았다는 사실이 확인되었다. 아울러 위의 기사 내용도 비판적으로 검토된다는 사실이다.

첫째, 이 기사의 전체 구성은 고려 국왕이 주체가 되어 최씨 부자에게 조서를 내려 그 공적을 평가하는 형태로 이루어져 있다는 사실을 주목할 필요가 있다. 최씨 부자는 판각사업이 국가적 사업이라는 공적인 범위 내에서 참여하여 담당하였던 역할 분담에 대한 공적을 평가받고 있으며, 그 공적은 고려 국왕의 조서, 즉 국왕의 권위가 賜與 주체로 최상위에 위치하고 있다는 사실이다. 둘째, 이 기사에는 과장되거나 다른 기록과 일치하지 않는 내용도 있다는 사실이다. 도감의 설치와 완성된 경판의 봉납의례는 위의 기사와 달리, 앞서 소개된 기사에서는 고려 국왕과 여러 신하가 함께 한 것으로 기술되어 있다. 또한 소요 경비의 시납은 절반가량으로 표현될 만큼 상당 부분을 鄭晏이 분담하였으며, 당시 전 고려 사람들도 적극적인 재보시와 몸보시를 하였고, 특히 晋州지역에 있었던 최씨집안 식읍의 세공미는 소요 경비로 충당되지 않았다는 사실도 설명되었다. 아울러 판각사업의 현장인력 관리는 국가의 운영조직이 개입되어 있었다는 사실을 통해서도 崔沆의 役 감독도 그 핵심의 일원으로

立都監 傾納私財 彫板幾半 福利邦家 功業難忘 嗣子侍中沆 遹追家業 匡君制難 大藏經板 施財督役 告成慶讚 中外受福 …"(『고려사』 권129, 반역 열전42 崔忠獻 부 崔沆傳)

서의 역할 분담이었다고 짐작할 수 있다. 특히 최씨 부자가 자신들의 門客이나 家奴 등을 판각사업에 투입, 지원하거나 참여를 유도한 것[32]처럼 그들의 사조직 체계에 대해 총괄적인 역의 감독까지 포함되었을 것이다. 이처럼 위의 기사를 그대로 수용하여 최씨정권 주도의 입장에서 파악하는 기본 핵심 자료로 활용함에는 재고의 여지가 남는다고 할 것이다.

이처럼 최씨 부자는 각성사업의 단독 주체이기보다는 핵심적인 역할을 분담하였다고 이해할 수 있을 것이다. 구체적으로는 사업추진의 정책적 판단, 都監의 설치와 운영에서 행정적 총괄, 대시주자의 일원, 經板봉납의례의 핵심 관리자 등에서 중심적인 역할을 하였다. 그러나 이러한 역할은 국왕의 권위를 정점으로 하는 국가운영 조직체계의 테두리 내에서 핵심적인 위치를 담당한 일원으로 이루어졌으며, 그 과정에서는 李奎報의 기획과 건의를 수용하였던 것이다. 그럼에도 여기서는 이들의 분담 역할이 공적을 평가받을 만큼 적극적인 참여 형태로 이루어졌음을 부인할 수 없다.

최이 부자가 적극 참여한 현실적 목적은 연구자에 따라서 약간의 차이를 보인다. 그러나 대부분의 내용은 최씨정권의 壽福祈願과 같은 개인의 안녕을 비롯하여, 민심과 불교계의 결집을 통한 원활한 대몽항쟁의 수행, 정권 협조자의 창출 및 사조직의 결집을 통한 정권안정의 도모, 부도덕한 정권의 정통성 확보 등에 있었던 것으로 파악하고 있다.

한편 판각사업의 발원, 都監의 설치 및 운영에 있어서 주체를 국왕의 권위 내지 국가의 명분으로 전면에 내세우는데 핵심적 역할을 담당한 인물은 1237년(고종 24 ; 丁酉年)「大藏刻板君臣祈告文」을 작성한 李奎報일 것이다. 이는 본 기고문의 첫머리에 국왕이 등장하고 국왕을 정점으로 하여 여러 신하가 함께 의례에 참여하고 있다는 사실에서 확인된다. 특히 국왕의 권위를 표면적 정점으로 내세운 형태는 이규보가 晩年期에

---

32) 文暻鉉, 앞의 논문, 502쪽 ; 崔永好, 앞의 논문, 1993.

대내·외의 상징적 國과 주권자를 국왕으로 이해하였던 인식관[33]을 그대로 반영하고 있는 것이다.

아울러 「대장각판군신기고문」에는 국론통일에 입각한[34] 판각사업의 명분과 정당성을 확보하기 위한 이론적 토대가 반영되어 있다. 구체적으로는 자신의 國王 인식관, 현실인식, 對蒙古인식이나 의식 및 몽고 격퇴의 방식[35]이 투영되어 있으며, 이 같은 인식은 당시 高麗人의 인식관과 일치하는 것이다. 특히 이규보가 이 기고문을 작성할 당시 다양한 계층과 교류하고 있었다는 사실에서, 당대 문인지식인과 승려지식인의 인식관도 충분하게 반영하였을 것이다.

이규보는 판각사업의 이론적 토대를 입안하는 과정에서, 開泰寺의 僧統 守其(守眞),[36] 內道場의 殿主인 僧統 天其,[37] 逸庵居士 鄭奮(晏) 등의 현실·민족적 입장을 수용하였을 것이다. 이는 이규보가 「대장각판군신기고문」을 작성한 1237년 전후에 이들과 밀접한 교류를 하고 있었으며, 또한 시를 통해 현실에 대해 의견을 나누고 있었다는 사실에서 알 수 있다. 일암거사 정안과의 교류는 기고문이 작성되기 일 년 전인 1236년(丙申年)과 당해 연도인 1237년(丁酉年)이며,[38] 천기와의 교류는 승통으

---

33) 박창희, 「李奎報의 본질에 대한 연구(Ⅲ)」『外大史學』3, 1990, 17쪽.

34) 金甲周, 앞의 논문.

35) 『東國李相國集』 권18, 古律詩, 聞達旦入江南 ;『東國李相國後集』 권5, 古律詩, 二月聞虜兵猶在南 및 十月電.

36) 守其와 守眞에 관한 기사는 다음에서 찾아진다. 『高麗國新雕大藏校正別錄』30권 (俊~密函)의 각 권, 제1장 ;『東國李相國後集』 권5, 古律詩, 誦楞嚴經初卷偶得 詩寄示其僧統 ; 권6, 古律詩, 二十九日 又邀僧統守其大禪師志素禪師湛其及雙岩 寺住老金員外設酒卽席得詩一首贈之 ;『補閑集』 卷下, 開泰寺僧統守眞. 한편 일 본인 연구자 妻木直良(「再ぴ 高麗大藏經に 就て」『新佛敎』11-6, 1910)과 常盤 大定(「大藏經彫印攷」『哲學雜誌』28-312, 1913) 등이 守其와 守眞을 동일인으로 파악한 이후, 대부분의 연구자도 동의하고 있다. 특히 최근에는 守眞이 守其의 오 기로 이해하여 동일인으로 확정하고 있다(文暻鉉, 앞의 논문, 499쪽).

37) 『東國李相國後集』 권3, 古律詩, 次韻諸君所賦山呼亭牡丹幷序 … 次韻和成九首 奉寄殿主內道場天其僧統.

로 內道場의 殿主로 있던 1238년(戊戌年)[39]이다. 특히 이규보와 守其는 어린 시절부터 1240년까지 지속적으로 긴밀한 관계를 유지하고 있었다. 이같은 접촉을 통하여 이규보는 당대 불교계나 세속 사회의 현실을 대변하는 僧統 守其(守眞)나 僧統 天其 및 逸庵居士 鄭奮 등의 의견을 수용하여, 기고문에 반영하였을 것이다. 이들의 인식체계가 기고문에 반영된 내용과 상당 부분 일치하고 있다는 점에서도 짐작할 수 있다. 이로써 본 기고문은 이규보와 더불어 당대 지식인층의 현실사회 인식과 대몽전략을 담고 있는 판각사업의 이론적·정책적 기본방안이라고 할 수 있다.[40] 아울러 이규보를 중심축으로 이들은 역시 판각사업의 기획층으로 역할을 분담하였다고 볼 수 있다.

江華京에서 관직을 생활한 1241년을 제외한 1218년(고종 6)~1222년부터 1249년까지 河東과 南海지역에 퇴거하였던 鄭晏[41]도 판각사업에서 중요한 역할을 분담하였다.[42] 그는 대장경판 소요경비의 절반[中半]으로 표현될 만큼 막대한 사재를 보시하였으며, 이규보가 판각사업의 이론 토대인 「대장각판군신기고문」을 작성하는 과정에서 당시의 지방 사회나 불교계 및 현실정치의 분위기를 조언·대변하기도 하였다. 또한 완성된 경판을 보시하기도 하였다. 이는 정안이 南海分司都監 등지에서 간행한 6종의 경판-『妙法蓮華經』(小法華經) 총 7권(1236년 12월 ; 丙申年)·『禪門拈頌集』 총 30권(1243년 ; 癸卯年)·『金剛三昧經論』 총 3

---

38) 『東國李相國集』 권18, 古律詩, 謝逸庵居士鄭君奮寄茶.
39) 『東國李相國後集』 권3, 古律詩, 次韻諸君所賦山呼亭牡丹幷序 … 次韻和成九首奉寄殿主內道場天其僧統.
40) 물론 이 기고문에는 최씨정권의 참여입장도 고려되었음을 부인할 수 없다. 이는 기고문의 내용에 최씨정권의 역할을 기술한 것과 무관하지 않을 것이다.
41) 金光植, 앞의 책, 315~319쪽.
42) 정안의 각성사업 참여형태와 의식은 기존 연구 성과를 검토하여 최근 다음 논문에서 분석되었다. 崔永好, 「南海地域의 江華京板 『高麗大藏經』 각성사업 참여」, 1997, 260~264·267~269쪽.

권(1244년 8월 ; 甲辰年)·『大方廣佛華嚴經入不思議解脫境界普賢行願品』 총 12장(1245년 3월 ; 乙巳年)·『金剛般若波羅蜜經』 총 8장(1245년 3월 ; 乙巳年)·『佛說預修十王生七經』 총 14장(1246년 ; 丙午年) - 이[43] 현재 강화경판의 외장으로 분류되어 해인사에 보관되어 있다는 사실[44]에서 짐작할 수 있다. 뿐만 아니라 정안은 경판의 전문 판각 기능을 소유한 인적 자원을 확보하거나 그들의 참여를 유도하는 매개 역할도 하였다. 이는 山人 明覺이 1236년 12월 鄭奮(晏)이 주도한 『妙法蓮華經』 7권의 조판에 관여한 다음해부터 대장도감판도 판각하였다는 사실에서 확인된다. 이런 사실은 정안 주도의 『묘법연화경』 판각장소가 대장도감과 인적 교류공간이었음을 의미하기도 한다.[45] 또한 정안과의 인연으로 南海分司都監의 판각사업에 참여한 인물은 이미 선행 연구에서 언급된 迦智山門의 一然과 그 門徒,[46] 闍崛山門의 修禪社계열 승려들[47]도 포함되어 있었을 것이다. 이는 일연이 강화경판의 판각사업 당시 定林社의 주지로 초청되어 南海에서 거주·활동하였고, 정안이 판각사업 이전부터 修禪社의 慧諶과 밀접하게 교류하였으며, 1243년에는 慧諶 저술의 『禪

---

43) 藤田良策, 앞의 논문, 29쪽 ; 金潤坤, 「『江華京板 高麗大藏經』의 체제에 관한 一考」, 1993, 175~176쪽.
44) 이들 6종의 경판이 현재 '대장'과 함께 해인사에 소장되어 있다는 사실은 정안이 완성된 경판을 자신의 소유로 하지 않고, 당시 대장경 간행·보관 기구에 기진하였기 때문일 것이다. 이들 경판 참여자의 대장경판과의 관계 및 판각 성격은 지면을 달리하여 정리·분석할 것이다.
45) 崔永好, 「南海地域의 江華京板 『高麗大藏經』 각성사업 참여」, 1997, 262~264쪽.
46) 閔泳珪, 앞의 논문, 6쪽 ; 蔡尙植, 「普照國尊 一然에 대한 연구」 『韓國史研究』 26, 1979 ; 蔡尙植, 앞의 책, 120~127쪽 ; 金光植, 앞의 책, 344~345쪽 ; 金相永, 「一然과 再造大藏經 補板」 『중앙승가대학 논문집』 2, 1993 ; 金相永 外, 「高麗大藏經과 南海分司都監」 『南海分司都監 關聯 基礎調査 報告書』, 佛敎放送學術調査團·南海郡, 1994 ; 崔永好, 앞의 박사학위논문, 170~174쪽.
47) 修禪社계열의 판각사업 참여사실은 최근 언급되었으나, 이들이 남해 분사도감을 통해 관여한 사실이 아직 확인되지 않고 있다. 許興植, 앞의 책, 168~170·185쪽 ; 崔永好, 앞의 박사학위논문, 162~170쪽.

門拈頌集』30권을 간행한 사실 등에서 짐작할 수 있다.

이처럼 정안은 사업에 필요한 경비의 재보시, 현장 인력의 참여 유도, 완성 경판의 희사, 그리고 사업 명분의 조성에 대한 조언 등과 같은 주요 역할을 분담하면서 적극 참여하였다. 이런 점에서 기존 연구에서는 정안을 남해분사도감의 업무를 총괄하는 책임자, 즉 사업 주도자로 이해[48]하기도 한다. 그러나 이미 그 문제점이 지적되었다. 분사도감의 총괄 행정 책임자가 각 지방의 按察使이고, 남해 분사도감의 소재지가 그의 願刹인 定林社로 단정될 수 없으며, 판각사업의 주체와 성격이 최씨 부자나 정안의 개인적 측면으로 확정되기에는 보다 정밀한 검증이 요구된다는 점이다. 따라서 여기서는 정안을 판각사업의 핵심적인 역할을 분담하면서 적극적으로 참여한 인물로 분류하였다.

정안이 판각사업에 참여한 배경은 기존 연구처럼 개인의 불교 숭상, 체득한 불교 관련 소양과도 연결시킬 수 있으며, 당시 崔怡의 강화경판 조성 목적에 영합하여 그와의 우호적인 관계 유지를 통해 자신의 입지와 가문의 존립을 유지시키려는 의도[49]도 작용하였을 것이다. 그런데 이같은 이해 방식은 정안이 개인적 차원에서 참여하거나 최씨정권과 밀착 관계에 있다는 전제 하에서 파악되는 경우에 해당된다.

따라서 다른 측면에서의 접근이 필요하다. 이와 관련하여 판각사업이 시작된 당해 연도인 1236년(고종 23) 鄭晏(奮)이 주도한 『妙法蓮華經』의 발문을 주목하였다.

> 우리 황제의 수명은 하늘 끝까지 뻗치고 태자의 나이는 땅의 뒤편까지 이르며, 隣兵(몽고 침략군)은 와해하고 朝野는 거울과 같이 맑고 깨끗한 축원이 작용하옵고. 다음으로 晋陽侯[50](崔怡)가 장수하여 국가의 柱石되고 영원

---

48) 文曛鉉, 앞의 논문, 514쪽.
49) 金光植, 앞의 책, 326쪽 ; 文曛鉉, 앞의 논문, 515쪽.
50) 원문은 候이나 侯가 옳다.

히 佛法의 울타리를 만들길 기원합니다. 또한 나의 돌아가신 아버지 및 죽은 누이·형제와 6친 친족이 三途(地獄·餓鬼·畜生)에 이르러 輪廻를 받은 사람은 모두 이 因業에서 구제되어 함께 극락세계로 坐化(往生)하기를 바라옵니다. 丙申年(고종 23 ; 1236) 12월 15일 優婆塞 鄭奮誌.[51]

優婆塞 鄭奮(晏)은 국왕의 안녕, 몽고 침략군의 격퇴, 朝廷과 在野의 평안을 우선적으로 기원하고 있으며, 다음으로 최씨정권의 안녕과 佛法의 보호를 바라고, 끝으로 자신의 친족과 여타 고려 사람들의 종교적 기원을 표명하고 있다. 국왕의 안녕은 고려 전기간에 걸쳐 불교 조형물의 誌·跋文에 나타나며, 특히 무인집권기에는 왕권복고의 분위기를 대변하고 있고, 몽고군의 격퇴는 대몽항쟁기에 드러나는 전민족 구성원의 懇願이다.[52] 특히 13세기 중엽 파행적인 최씨정권의 운영과 잔혹한 몽고군의 침략은 왕권의 실추와 민족적 존립의 위기를 조성하고, 조정과 재야의 불안한 상태를 지속시키는 결정적 조건이 되었다. 이러한 현실에서 정안이 고려 국왕 고종의 안녕, 몽고 침략군의 격퇴, 조야의 평안을 먼저 기원한 것은 형식적인 의례가 아니라, 바로 당대 전민족 구성원의 현실·민족적 모순에 대한 위기 극복을 함축적으로 대변한 염원과 실천이었던 것이다.

정안이 주도하여 조성한 『妙法蓮華經』이 天台宗에서 護國 三部經의 하나로 중시하고 있는 護國經이라[53]는 사실, 그가 쓴 본 경판의 誌文 가

---

51) 다음 지문은 藤田亮策, 앞의 논문, 43쪽에서 소개하였으나, 원본과 달리 판독한 경우가 있다. 이에 여기서는 海印寺의 寺·私刊本을 인경해 둔 동아대학교 소장본을 근거로 다시 판독하였으며, 藤田亮策의 사례도 참조하였다. '用祝/ 我聖算亘天 儲齡後地 隣兵瓦解 朝/野鏡淸 次願 晉陽候長 爲國家柱石/ 永作佛法藩墻 更願 我先考及亡/姊兄弟 與六親眷屬 泊三途受輪廻/者 同承此因 共坐極樂世界 丙申年/十二月十五日 優婆塞鄭奮誌(『妙法蓮華經』권7, 15장, 優婆塞 鄭奮誌).'

52) 崔永好, 「고려시대 사원수공업의 발전기반과 그 운영」 『國史館論叢』 95, 2001, 178~179쪽.

53) 李載昌, 『佛敎經典槪說』 現代佛敎新書 46, 동국대 역경원, 1993(4판), 167·222쪽.

운데 시기의 표기와 마찬가지로 중국의 연호를 생략하고 干支만 활용하
고 있다는 사실도 그가 反蒙·민족적 자아 내지 자주의식을 소유하고
있음을 반증한다.[54] 또한 그가 기원한 국왕의 안녕은 자신의 정치적 성
향과 밀접하다고 짐작된다. 정안은 南海 및 河東지역에 퇴거하였던 최씨
집권기에 최씨정권과 미묘한 관계를 유지하였으며, 특히 崔沆을 비판하
였고 사이도 원만하지 못하였다. 그리고 정안은 최씨정권으로부터 견제
되고 있었으며, 그의 門生과 時事를 논하면서 자신의 세력도 구축하고
있었다.[55] 이로써 당시 정안은 반최씨정권의 정치적 성향을 띠고 있었
음이 확인된다. 이러한 성향은 국왕의 안녕을 기원한 것과 무관하지 않
을 것이다. 결국 정안은 국가·국왕과 민족 및 조정의 안녕을 최우선으
로 기원하는 의식을 가지고 있었던 것이 분명해진다.

또한 정안은 불교계의 고승이나 학승, 그리고 다양한 소속 종파와 우
호적 관계를 모색하기 위함도 있었다. 그는 승려지식인 山人 明覺, 修禪
社의 慧諶,[56] 그리고 가지산문의 一然과 밀접한 관계를 유지[57]하여 불
교계 내부에서 영향력을 가진 고승이나 학승과 교류하였다. 그리고 경판
의 보시는 불교계로부터 호의를 가질 수 있는 촉매제인데, 그가 선대부
터 교류하였던 修禪社계열의 慧諶이 찬술한 『禪門拈頌集』을 판각·보
시함으로써 수선사계열과 보다 밀착된 관계를 유지할 수 있었을 것이다.
아울러 그가 간행한 경판 가운데는 화엄종과 관련 깊은 『大方廣佛華嚴
經行願品』, 고려 중·후기 천태종이나 그 계열의 백련사와 수선사계열
및 瑜伽業 등과 아울러 在家 불교지식인도 탐독·연구한 『妙法蓮華經』,

---

54) 崔永好, 「海印寺 所藏本 『大方廣佛華嚴經疏』·『大方廣佛華嚴經隨疏演義鈔』의 판
   각성격」, 1997, 137~140·156~159쪽.
55) 『고려사』 권100, 鄭世裕 부 鄭晏傳.
56) 閔賢九, 「月南寺址 眞覺國師碑의 陰記에 대한 一考察」 『震檀學報』 36, 1973, 15
   쪽 ; 金光植, 앞의 책, 322쪽.
57) 蔡尙植, 앞의 책, 121·126~127쪽.

수선사계열에서 주된 관심을 가지고 三論·天台·華嚴宗 등의 고승에 의해서 주석된『金剛般若波羅蜜經』,[58] 우리나라 대중불교의 상징인 元曉 저술의『金剛三昧經論』등도 포함되어 있다는 사실에서, 그는 불교계의 다양한 종파와 밀착된 관계를 모색하고 있었다는 것을 알 수 있다.

승려는 판각사업에서 핵심적인 역할 분담자로서의 참여가 필수적이다. 그 역할은 僧統 守其(守眞)와 內道場의 殿主인 僧統 天其 등이 담당하였다.[59] 수기는 宋本과 契丹本 및 國本 등을 저본으로 삼아『高麗國新雕大藏校正別錄』30권(俊~密함)을 奉勅하여 校勘하는 총책임자였으며,『大藏目錄』의 편찬자로 짐작[60]되기도 한다. 승통 천기는 강화경판의 외장에 입장된 均如 저술의 4종 경전을 수집·교정·판각하는 책임자였으나 대장에 입장된 경전의 교감도 담당하였을 개연성이 높다. 이들이 담당한 교감과 저술의 역할은 교학적 능력이 통달할 만큼 전문성이 요구된다. 이런 점에서, 수기를 '배운 것이 넓고 아는 것이 정밀하다'라고 기술한 것은 그 전문성의 수준을 대변하는 표현이 틀림없다.

또한 이들은 불교계 내부에서도 고승이나 학승의 위치에 있었으며, 특히 수기는 沙門을 통솔하는[61] 僧統이었고 각성사업 참여 당시에는 五敎兩宗 가운데 오교의 최고 僧官인 五敎都僧統이었다.[62] 이 승계의 위치와 역할은 곧 수기가 사원 내부의 불교계를 통합하고, 적극적인 참여를 유도하기도 하였다는 것을 반증한다. 뿐만 아니라 이 승계는 세속으

---

58) 李載昌, 앞의 책, 1993, 159·166쪽.
59) 守其가 각성사업에서 담당한 역할은 다음 논문에서 일부 언급하고 있다. 朴相國, 앞의 논문, 1992, 1002쪽 ; 金光植, 앞의 책, 229~230쪽.
60) 安啓賢,「大藏經의 雕板」『한국사』6, 국사편찬위원회, 1975, 54쪽 ; 徐首生,「海印寺 大藏目錄板의 內容的價値批判」『성봉김성배박사 회갑기념논문집』, 1976, 658쪽 ; 吳龍燮,「高麗國新雕大藏校正別錄 硏究」『書誌學硏究』창간호, 1986, 217쪽.
61)『東國李相國集』권34, 敎書, 華嚴業僧統都行 敎書官誥.
62)『補閑集』권하, 開泰寺僧統守眞.

로부터도 신망을 받고 있는 위치이기 때문에 다양한 계층의 세속인의 참여를 유도하기도 하였을 것이다. 이러한 사실은 수기가 당시 禪僧 계통의 고승 및 세속의 관인층·문인지식인층과 교류하였다는 사실에서도 짐작할 수 있다.

그리고 수기는 이규보가 「대장각판군신기고문」을 작성하는 과정에서 불교계의 입장 내지 현실도 조언하기도 하였으며, 內道場의 殿主인 僧統 天其도 마찬가지 역할을 분담하였을 것이다. 승통 천기가 판각사업의 전후에 이규보와 시를 교류하고 있었다는 사실은 이를 뒷받침한다.

수기와 천기가 교류한 세속인은 이규보이다. 특히 수기는 이규보와 사돈지간이고, 어린 시절부터 함께 기거·수학하였다.[63] 이규보가 1232년(고종 19) 8~9월경에 首座 守其를 대신하여 兪丞相(升旦)의 제문을 지었으며,[64] 1238년(戊戌年)과 1240년(庚子年) 수 차례에 걸쳐 상호 왕래하고, 시도 교류하였다.[65] 이로써 이들은 상호간에 매우 긴밀한 관계를 유지하고 있었음이 확인된다. 또한 수기는 이규보의 外舅인 大府卿 晉公[66]과 함께 있기도 하였다.[67] 그리고 兪丞相은 자신이 주관한 僧選科에 수기를 장원으로 선발하고 자식처럼 길러 주었으며, 자신의 뜻에 부합하는 인물로 생각하고 유언을 남길[68]만큼 친밀하였다. 뿐만 아니라 守眞으로 기록된 守其가 直講 河千旦과도 시를 교류하고 있었다.[69] 승

---

63) 『東國李相國後集』 권5, 古律詩, 次韻其公見和.

64) 兪升旦이 죽은 시기는 강화경으로 천도한 1232년(고종 19) 7월의 1달 뒤인 8월 병자일(『고려사』 권23, 고종 19년 8월 丙子)이었다. 이를 통해서 본다면, 이규보가 首座 守其를 대신해서 유승단의 제문을 지은(『東國李相國集』 권37, 祭文, 祭兪丞相文) 시기는 1232년 8~9월경으로 볼 수 있다.

65) 『東國李相國後集』 권5, 古律詩, 次韻其公見和; 誦楞嚴經初卷偶得詩寄示其僧統 ; 권6, 古律詩, 二十九日 又邀僧統守其大禪師志素禪師湛其及雙嵓寺住老金貝外設酒卽席得詩一首贈之.

66) 『東國李相國集』 권37, 祭文, 祭外舅大府卿晉公文.

67) 『東國李相國後集』 권5, 古律詩, 次韻其公見和.

68) 『東國李相國集』 권37, 祭文, 祭兪丞相文.

통 수기는 1240년 大禪師 志素, 禪師 湛其, 雙巖寺 住老(주지), 金員外와
함께 江華京에 있는 이규보의 집을 방문, 作詩하였다.[70] 이처럼 승통 수
기가 교류하며 사회현실에 대해 교감을 나눈 세속인에는 丞相 兪升旦,
平章事 李奎報, 大府卿 晋公, 直講 河千旦, 員外 金某로 당대의 관인・
문인지식인이 포함되어 있다. 이들 가운데 유승단과 이규보 및 하천단은
불교지식에도 뛰어난 인물이다.[71] 특히 유승단은 1232년 최이가 강압적
으로 추진한 강화천도에 정면으로 반대의견을 제기하였으며, 고종의 스
승으로 은총을 받는 등 국왕의 측근세력으로 활동하였다. 그리고 화엄종
계열의 승통 수기가 교류한 불교계의 승려는 大禪師 志素, 禪師 湛其 등
으로 그와 소속 종파를 달리하는 선종계열의 고승도 포함되어 있다. 그
리고 그가 교류한 雙巖寺 住老는 源上人로[72] 이 승려는 玄源禪師[73] 즉
源禪師[74]와 동일 승려로 그 역시 선종계열의 고승이다.

이와 같이 수기는 다양한 출신 성분의 문인・승려지식인과 긴밀한 교
류를 하면서 현실사회와 불교계의 입장을 접하고 있었으며, 이같은 입장
은 이규보가 기고문 작성에 수용하여 반영되었을 것이다. 이러한 점은
수기와 이규보와의 관계 정도에서도 충분하게 짐작될 것이다.

당시 수기와 천기는 몽고 침략군의 격퇴 이외, 그들이 가진 현실 인식
은 왕정복고와 범종파적 성향을 띠고 있었을 것이다. 이들이 왕실과 밀
착된 화엄종계열이고, 태조의 원찰인 개태사 소속이며, 승통 천기가
1238년 內道場의 殿主였다는 사실이 이를 뒷받침한다. 내도량은 궐내에
설치하여 국왕이 주도하는 도량으로[75] 판각사업이 진행되고 있던 1238

---

69) 『補閑集』 권하, 開泰寺僧統守眞.
70) 『東國李相國後集』 권6, 古律詩, 二十九日 又邀僧統守其大禪師志素禪師湛其及雙
   嵓寺住老金員外設酒卽席得詩一首贈之.
71) 『고려사』 권102, 李奎報傳 ; 권102, 兪升旦傳 ; 권102, 崔滋 부 河千旦傳.
72) 『東國李相國後集』 권5, 古律詩, 十月十九日遊雙巖寺留題示住老源上人.
73) 『東國李相國後集』 권10, 古律詩, 五月日 … 俄有玄源禪師又携酒果來訪各以詩謝之.
74) 『東國李相國後集』 권10, 古律詩, 次韻源禪師見和前詩三首.

년에 천기가 殿主의 직임을 맡고 있었다. 이런 점에서 천기는 고려 국왕 고종과 교감을 가지고 판각사업에 참여하였을 것이다. 또한 승통 수기는 국왕의 측근세력인 유승단과 밀착되어 있었으며, 소속종파를 달리하는 고승과 교류하고 있다는 사실에서도 그의 인식은 친국왕적 성향이나 범 종파적 성향에 가깝다고 볼 수 있을 것이다. 아울러 수기는 당대 약화된 종파나 民의 信行 경전에 대해서도 배려하는 입장을 지니기도 하였다는 점76)에서도 그의 성향을 짐작할 수 있다. 이와 같이 수기와 함께 국왕 고종의 심경을 잘 파악하고 있었던 승통 천기는 왕권의 안정과 회복, 몽 고 침략의 격퇴를 염원·실천하기 위하여 판각사업에 참여하였다. 아울 러 이들은 불교계의 교학을 확산하고자 하는 의식에서도 각성사업에 참 여하였다. 이는 수기가 맡은 역할이나 그가 수집·정리하고 그 제자들 이 각성한 균여 저술의 경전이 외장에 편입되어 있다는 사실에서 알 수 있다.

---

75)『東國李相國集』권35, 碑銘墓誌, 故華藏寺住持王師定印大禪師追封靜覺國師碑銘 奉宣述.
76) 裵象鉉, 앞의 논문, 1997, 63·67쪽.

제4장

참여각수의 출신성분과 현실인식

제1절 문인·승려지식인과
향리층 및 하급관료층의 참여

13세기 중엽에 추진된 판각사업에는 국왕·왕족·상층관료로부터 일반 군현민에 이르기까지 전민족의 구성원이 자발적으로 참여·보시하였다.[1] 특히 판각사업의 참여자들 가운데는 각 경판의 邊界線에 판각되어 있는 人·法名의 주인공인 각수 내지 판각 기진자들의 출신성분도 다양하다.

각 경판의 변계선에 판각된 각수들은 1,800여 명이나 된다. 이들 가운데 10여 명 정도만 자신들의 출신지역이나 신분을 忠州, 進士·隊正·戶長·山人·道人·比丘·和尙 등과 같이 새겨두고 있다. 이 비율은 전체 참여자의 0.01% 정도에 불과하다. 그리고 이들 10여 명의 경우도 자신의 전체 이름을 새긴 가운데 1∼2곳에만 국한하여 출신성분을 밝혀두고 있을 뿐이다. 따라서 13세기 중엽 강화경판의 판각사업에 참여한 각수 내지 판각 기진자들은 자신의 출신 성분을 밝히지 않는 것이 일반적인 현상이었다.[2] 이런 사실을 고려한다면, 자신의 출신성분을 새기지 않은 경판의 각수나 판각 기진자 가운데는 進士[3]나 山人[4]과 같은 문인·승려지식인층, 향촌사회의 운영 실무자이자 중앙관료의 공급원인

---

1) 金潤坤, 「『고려대장경』의 각판과 국자감시 출신」 『國史館論叢』 46, 국사편찬위원회, 1993, 75∼76쪽 ; 『고려대장경의 새로운 이해』, 불교시대사, 2002.
2) 崔永好, 「華嚴宗系列 승려의 『江華京板 高麗大藏經』 각성사업 참여」 『釜山史學』 29, 1995, 99∼100쪽.
3) 金潤坤, 「高麗大藏經의 彫成機構와 刻手의 性分」 『民族史의 展開와 그 文化(上)』 碧史李佑成教授停年退職紀念論叢, 1990 ; 위의 책 ; 金潤坤, 앞의 논문, 1993 ; 위의 책.
4) 崔永好, 「高麗武人執權期 僧侶侶知識人 '山人'의 『江華京板 高麗大藏經』 각성사업 참여」 『石堂論叢』 21, 동아대 석당전통문화연구원, 1995.

戶長層5)이나 隊正6) 등과 같은 하급관료층, 그리고 지주층과 在朝官僚層7)이 상당수 포함되어 있었을 개연성이 높다.

본 절에서는 이러한 사실을 고려하여, 경판의 각수 내지 판각 기진자 가운데 그 중심적인 역할을 맡았던 문인·승려지식인, 그리고 향리나 隊正과 같은 하급관료층이 강화경판의 판각사업에 참여한 사실과 그 의식을 살펴보고자 한다.8) 이로써 판각사업에 참여한 각수의 출신성분이나 참여의식과 함께 판각사업의 성격을 보다 분명히 파악할 수 있을 것이다. 아울러 13세기 중엽 全高麗人의 민족적 위기와 현실모순의 극복노력, 계층간의 분파주의 극복노력도 이해할 수 있을 것이다.

1. 문인지식인의 참여와 그 의식

國子監試는 進士試로서 그 합격자에게는 높은 지적 수준과 명예를 공인해 주는 제도적 장치이다. 따라서 문인지식인 進士들은 고도의 자부심과 함께 당시 사회에 대해 일정한 책임 의식을 느끼면서 삶을 영위하였으며, 강화경판의 판각사업에 스스로 참여하여 판각 활동을 전개하였던 것은 그와 같은 주체적 의식의 한 표현으로 이루어진 것이다.9)

문인지식인 진사층은 板下本을 작성하기 위한 필사나 교열 이외, 경

---

5) 金潤坤, 「「大般若經」의 刻成과 反蒙抗戰」『한국중세사연구』 2, 한국중세사연구회, 1995.
6) 金潤坤, 「『江華京板 高麗大藏經』의 체제에 관한 一考」『釜山女大史學』 10·11합, 碧庵文烔萬教授停年紀念論叢, 1993 ; 위의 책.
7) 金潤坤, 「高麗國 分司大藏都監과 布施階層」『民族文化論叢』 16, 영남대 민족문화연구소, 1996 ; 위의 책 ; 金潤坤·金晧東, 「『江華京板 高麗大藏經』 刻成活動의 參與階層」『한국중세사연구』 3, 한국중세사연구회, 1996.
8) 문인지식인과 在朝官僚層 및 지주층의 참여 사실이 이미 연구되었다(金潤坤, 앞의 책). 본 절에서는 그 연구 성과를 수용하여 언급하기로 한다.
9) 金潤坤, 「『고려대장경』의 각판과 국자감시 출신」, 1993, 120쪽.

판의 각수나 판각 기진자의 유형으로도 판각사업에 직접 참여하였다.[10] 이는 변계선 소재의 인명은 자신의 출신성분을 생략하는 것이 일반적이었음에도 불구하고, 林大節이 '進士 林大節刊'[11]을, 그리고 永衣가 같은 卷次의 經典 가운데 다른 張에서 '進士'[12]를 각각 표기해 두고 있었다는 사실에서 짐작된다. 문인지식인 進士層이 강화경판의 판각사업에 참여한 사실은 최근에 연구되었다.[13] 그 내용을 정리하면 다음과 같다.

앞서 설명한 것처럼, 현존하는 강화경판의 각 경판에 자신의 출신 성분을 進士로 새겨둔 사례로는 林大節과 永衣가 있다. 임대절은 자신이 직접 판각한 177장의 경판 가운데 대부분의 경우 姓名이나 이름만 표기해 두었으나, 『摩訶般若波羅蜜多經』 권13(薑函), 제13장의 한 곳에만 '進士 林大節刊'을 판각해 두었다. 따라서 그의 출신성분은 문인지식인 進士임이 분명하다. 뿐만 아니라 그는 자신의 판각사업 참여유형을 '刊'자 이외, '刀'자로도 표기하였다.[14] 이런 표현에서 進士 林大節은 경판을 직접 손수 판각한 각수[15]의 유형으로 판각사업에 참여하였음을 알 수 있다. 그리고 임대절은 대장도감과 분사도감에서 1238년(고종 25 ; 戊戌年)부터 1244년(甲辰年)까지 총7년 동안의 장기간에 걸쳐서 177장이나 되는 상당량의 경판을 완성하였는데,[16] 이는 곧 그가 판각사업에 적극 참여하였음을 의미한다.

---

10) 金潤坤, 위의 논문, 78~79쪽.
11) 『摩訶般若波羅蜜多經』 권13(薑函), 제13장.
12) 『大般若波羅蜜多經』 권405(金函), 제6·9·13·15·18·22~23장.
13) 金潤坤, 앞의 논문, 1990 ; 金潤坤, 「『고려대장경』의 각판과 국자감시 출신」, 1993.
14) '林大節刀'(『道行般若經』 권7(淡函), 제2장)
15) 金潤坤, 앞의 논문, 1990, 240쪽 ; 金潤坤, 「『고려대장경』의 각판과 국자감시 출신」, 1993, 79쪽 ; 崔永好, 「『江華京板 高麗大藏經』 邊界線 소재인명의 판각사업 참여형태」『한국중세사연구』 2, 1995, 186~188쪽.
16) 金潤坤, 앞의 논문, 1990, 241~242쪽.

다음으로 永衣(義)의 경우는, 『大般若波羅蜜多經』 권405(金函), 제6·
9·13·15·18·22~23장에 進士를, 제5장에 永衣를 따로 분리하여 판각
해 놓았다. 그런데 『대반야바라밀다경』 권405의 경우, 進士와 永衣로 판
각되어 있는 것을 제외하면 전체 24장 가운데 다른 각수의 이름은 전연
나타나지 않고 있다. 따라서 永衣의 출신 성분도 進士[17]로 확인된다. 進
士 永衣는 동음이자인 永義로도 자신의 인명을 표기하고 있으나, 같은
경전의 변계선에 永衣[18]와 永義[19]가 함께 판각되어 있다는 사실에서 동
일인이 분명하다. 이는 고려시대의 관찬서나 현존 문집류 및 강화경판의
인명 표기형태는 특정 동일인을 동음이자로 표기하는 경우가 상당수 있
다는 사실에서도 알 수 있다.

우선, 관찬서나 문집류에서 동일인을 동음이자로 나타낸 사례는 朴西
挺[20]을 徐挺[21]으로, 崔良伯[22]을 梁伯[23]으로, 車松祐[24]를 車松佑[25]로,
金式材[26]를 金植材와 金植才[27]로, 朴天湜[28]을 朴天植[29]으로, 聶長守[30]
를 聶長壽[31]로, 李梯[32]를 李禔[33]로 표기한 경우이다. 다음으로, 강화경

---

17) 金潤坤, 「『고려대장경』의 각판과 국자감시 출신」, 1993, 79쪽.
18) 『大般若波羅蜜多經』 권446(玉函), 제19장.
19) 『大般若波羅蜜多經』 권446(玉函), 제1·4·5·8·10~11·13·16장.
20) 許興植, 「1262년 尙書都官帖의 分析(上)」 『韓國學報』 27, 1982, 26쪽.
21) 『고려사』 권129, 崔忠獻 부 崔峘傳.
22) 『고려사』 권129, 崔忠獻 부 崔沆傳.
23) 『고려사절요』 권16, 고종 37년 3월.
24) 『고려사』 권129, 崔忠獻 부 崔峘傳 ; 許興植, 위의 논문, 25쪽.
25) 『고려사』 권130, 金俊傳.
26) 『고려사』 권129, 崔忠獻 부 崔峘傳.
27) 許興植, 앞의 논문, 24~25쪽.
28) 『고려사』 권129, 崔忠獻 부 崔峘傳.
29) 許興植, 위의 논문, 26쪽.
30) 『고려사』 권129, 崔忠獻 부 崔峘傳.
31) 『고려사』 권75, 선거지 3, 전주, 고종 45년 2월 ; 『고려사절요』 권17, 고종 45년
    2월.
32) 『고려사』 권129, 崔忠獻 부 崔峘傳.

판에도 동일인을 동음이자로 표기하는 사례가 상당히 많다. 그 대표적인
인물이 宋承綬인데, 그의 성명 표기형태를 정리하면 다음의 <표 4-1-1>
과 같다.

〈표 4-1-1〉 판각사업 참여자 宋承綬의 성명표기 사례

順	성명	성명 표기 유형	출전
1	宋承綬	姓氏＋人名	『歴代三寶紀』 권7(筵函), 제2·7장
2	宋受	姓氏＋人名 뒷자	『阿毘達磨藏顯宗論』 권40(爵函), 제5장
3	宋	姓氏	〃 권38(爵函), 제3장
4	承綬	人名	〃 권33(爵函), 제11～12장
5	承守	〃	〃 권33(爵函), 제9장
6	承受	〃	『歴代三寶紀』 권6(筵函), 제27장
7	升守	〃	『阿毘達磨藏顯宗論』 권33(爵函), 제6～7장
8	升受	〃	〃 권38(爵函), 제1장
9	承	人名의 앞 외자	〃 권38(爵函), 제8장
10	升	〃	『歴代三寶紀』 권5(筵函), 제9장
11	綬	人名의 뒷 외자	〃 권2(筵函), 제3장

 * 升手(『歴代三寶紀』 권4(筵函), 제18장)는 升守가 手刻한 것으로 간주하여, 성명표
   기에는 升에 분류한다.

宋承綬는 1243년(고종 30)～1245년에 판각사업에 참여하여 『阿毘達
磨藏顯宗論』 권33～34, 권37～38, 권40(이상 爵函)과 『歴代三寶紀』 권
1～7(筵函)의 대부분을 조성한 인물이다. 그는 자신의 姓氏와 人名을 宋
承綬·宋受·宋·承綬·承守·承受·升守·升受·承·升·綬 등과 같
이 11가지로 표기하고 있다. 그리고 자신의 이름을 동음이자로도 표기하
고 있다. 이러한 사례는 송승수에게만 적용되는 것이 아니라, 경판의 변
계선에 판각된 상당수의 인·법명의 주인공에게도 적용되고 있다. 따라
서 동일류 경전의 같은 권－즉『大般若波羅蜜多經』 권446(玉函)－의 변

---

33) 許興植, 앞의 논문, 26쪽.

계선에 동음이자로 판각되어 있는 永義와 永衣는 동일인으로 단정할 수 있다.

進士 永義(衣)는 1238년(戊戌年) 1년 동안에 대장도감에서 총 31장의 경판을 판각한 각수인데, 여기서 그는 고려 고종 때 생존·활동한 인물이 분명하다. 이러한 永義(衣)는 신종 2년(1199) 4월 국자감시에서 비서감 李桂長에 의해 詩賦로 선발된 陸永儀와 같은 진사 신분이라는 점, 이름도 서로 같다는 점, 그리고 생존 시기도 동시대라는 점에서 동일인으로 파악되고 있다.[34] 이로써 각수 참여자인 永義(衣)는 문인지식인 진사라고 판단할 수 있다.

임대절이나 영의 이외, 경판의 각수 내지 판각 기진자 중에는, 국자감시 출신의 진사가 상당수 더 있다. 이는 강화경판에 입장된 개별경판의 변계선에 판각되어 있는 인명들 가운데 고려 명종(1171~1197)부터 고종(1214~1259) 사이에 국자감시 급제자와 동일인으로 추정되는 인물이 포함되어 있다는 점에서 알 수 있다. 앞서 언급된 陸永義까지 포함하면 이들은 17명이나 된다.[35] 그들은 李世卿과 世卿, 金光祖와 光照, 丁光祐와 光右, 梁公俊과 公俊, 殷世儒와 世儒, 陸永儀와 永義, 秋永壽와 永壽, 申季伯과 戒白, 鄭宗諝와 宗敍, 尹得之와 得之, 元良允 또는 張良允과 良允, 金良純과 陽純, 李仁과 李仁, 曹希甫와 希甫, 朴文正과 文正, 廉守貞과 守貞, 黃公石과 公石 등이다.

이들 17명의 인물은 다음과 같은 사실에서 동일인으로 파악되고 있다.[36] 우선, 이들은 각기 판각사업이 추진된 13세기 중엽이나 근접한 시기에 생존·활동하였다는 점이다. 다음으로, 이들은 同音이나 同音異字의 인명으로 표기되어 있다는 점이다. 앞서 설명한 것처럼, 고려무인집

---

34) 金潤坤,「『고려대장경』의 각판과 국자감시 출신」, 1993, 81~83쪽.
35) 金潤坤, 위의 논문, <표 14>.
36) 金潤坤, 위의 논문.

권기에는 동일인을 동음이자의 인명으로 표기하는 경우가 상당수 있었으며, 특히 자신 스스로가 판각한 강화경판의 인명 표기도 마찬가지였다. 이런 점에서 본다면, 이들 17명 가운데 丁光祐와 光右, 申季伯과 戒白, 鄭宗諝와 宗敍, 金良純과 陽純 등으로 각기 표기된 4명의 인물도 동일인으로 이해될 수 있다. 따라서 이들 17명과 앞서 언급된 林大節을 합하면, 13세기 중엽 판각사업에 참여한 進士層은 18명이나 확인된다. 그런데 이 인원수는 현재 파악된 정도에 불과하다는 것을 감안한다면, 실제로는 더 많은 진사출신이 참여하였을 것이다.

이들 18명의 진사출신들은 1237년(丁酉年)~1245년(乙巳年)에 판각사업에 참여하였다. 그러나 그들의 참여 기간은 7년이 1명, 3년이 3명, 2년이 6명, 1년이 8명이며, 1~2년 사이의 참여자가 14명으로 전체의 약 80%에 이르고 있다. 또한 이들의 판각량은 1장~20장이 9명, 21장~40장이 5명, 41장~60장이 1명, 61장~80장이 1명, 100장 이상이 2명 등으로, 최고 130장에서 최하 1장까지 상당한 폭의 차이를 보이고 있다. 이처럼 개인의 참여 기간과 판각수량이 상호간에 많은 차이를 보이는 이유는 작업 숙련도나 개인적인 사정에 의한 것이기도 하나, 보다 중요한 원인은 판각자들이 자신의 형편과 재량에 따라 자율적으로 판각 활동을 하였기 때문에 나타난 현상으로 해석할 수 있다. 특히 得之의 경우는 1243년(癸卯年) 30장, 1244년(甲辰年) 17장, 1245년(乙巳年) 13장 등을 각기 판각하고 있는 것에서 알 수 있듯이, 개인의 시기별로 판각수량도 차이를 보이고 있다. 이 점에서도 판각활동이 최씨무인정권의 외적 강제가 아닌, 본인의 자율 의사에 의해 진행되었음을 알 수 있다.

요컨대, 13세기 중엽에 추진·완성된 판각사업에는 상당수의 진사출신이 참여하였으며, 이들은 외적 강제가 아닌 자율적인 의사에 의해 적극적으로 참여하였다. 이들의 자율적 참여는 당시 문인지식층을 최씨무인정권의 통제권 내에 긴박해 두려는 무인정권의 의도와 일치하여, 정권의 안정적 유지에 일시적인 도움을 주었을 것이다. 그러나 문인지식인 진사층의 판각사업 참여는 몽고의 침입으로 인한 민족적 수난기에 현실을 고뇌하고, 이를 극복하려는 현실인식과 실천에 있었던 것이다.

13세기 중엽 당시 야만적인 몽고의 침략을 겪으면서 전국토가 유린당하고 있었음에도 불구하고, 고려의 지배층은 대몽항전의 명분을 가장한 정권 안보를 위해 江華京으로 천도하였다.[37] 이에 반해 본토에 남아 있었던 각 지방의 백성들은 山城·海島 등지에 입보하거나, 무력으로 대몽항전을 전개하고 있었다. 한편 당시 民은 몽고의 침략에 대응하여 어찌할 바를 모르고 다만 외적 퇴치를 위하여 佛力에 의지하고 있기도 하였다. 이같은 참담한 현실 속에서 당시 사회의 지도층이며, 장차 公人이될 소양을 갖춘 문인지식인 진사출신들은 13세기 중엽 민족적 위기와 현실모순을 인식하고 고뇌하였을 것이며, 이를 극복하기 위한 염원과 실천에서 판각사업에 대한 참여가 불가피하였을 것이다. 물론 그들 중에는 개인적 영달을 추구하는 무리도 있었을 것이고, 또한 隱遁하여 개인의 안일만을 바라고 세상의 모든 일을 置之勿問의 자세로 임했던 무리도 없지 않았을 것이다. 그러나 외적의 침탈·방화 등으로 우리 민족의 문화가 송두리째 파괴되고 있는 참담한 현실을 단지 佛力의 가호를 통해 모면해 보려는 무기력한 사회 분위기에서, 문인지식층 가운데는 현실을 고뇌하고 민족적 위기를 극복하기 위한 현실 참여를 희구했던 層들이더 많았을 것으로 믿는다.[38] 이로써 본다면, 문인지식인 진사출신의 판각사업 참여는 민족적 위기를 극복하기 위한 염원과 실천에 있었다.

그리고 이들의 판각사업 참여는 개인적인 측면에서 자신과 亡父母 및 가족의 서방극락 왕생을 염원하기 위함도 있었다.[39] 이는 강화경판의

---

37) 金潤坤,「江華遷都 背景에 대하여」『大邱史學』15·16합, 1978.
38) 金潤坤,「『고려대장경』의 각판과 국자감시 출신」, 1993, 121쪽.
39) 金潤坤, 위의 논문, 122~124쪽 참조.

판각사업이 당시 광범위하게 이루어지고 있던 불교의 보시와 깊은 연관
이 있었다는 점, 판각사업에 그같은 염원을 기원하는 의식이 투영되어
있었다는 점에서 알 수 있다.

따라서 13세기 중엽 문인지식인 진사출신들은 몽고 침략에 따른 민족
적 위기의 극복과 개인적인 공덕신앙의 실현을 위하여 강화경판의 판각
사업에 자발적으로 적극 참여하였다고 볼 수 있다. 이들의 판각사업 참
여는 당시 실의에 빠진 수많은 민중들에게 희망을 고취시켜 주는 하나의
활력소가 될 수 있었을 것이다. 특히 불력에 의해 외적의 침략이 종결되
기를 기대하고 있는 많은 서민 대중들에게 戰禍의 위기감 극복, 또한 일
반대중에 대해 자신들의 장래를 담보해 주는 행위로 기능하기도 하였을
것이다. 나아가서는 현재와 같은 우수한 문화유산을 완성할 수 있는 밑
바탕이 되었던 것이다.

2. 승려지식인, 山人의 참여와 그 의식

1) 고려 무인집권기 승려지식인, 山人의 용례와 출신성분

삼국 이래 고려 무인집권기까지 山人[40]은 특정의 성분이나 성향을 소
유한 부류들을 지칭하는 용례로 사용되었다. 즉 무인집권기 당시나 이후
에 편찬된 문집류 등에서 이 시기에 생존·활동한 인물들을 山人으로
표현하고 있었다. 고려 무인집권기에 생존·활동한 인물 가운데 山人으
로 표현된 사례는 <표 4-1-2>와 같다.

---

40) 최근 고려무인집권기 승려지식인 山人의 존재형태와 각성사업 참여사실에 대해
언급되었다(崔永好,「高麗武人執權期 僧侶知識人 '山人'의『江華京板 高麗大藏
經』각성사업 참여」『石堂論叢』21, 동아대 석당전통문화연구원, 1995). 그러나
본 논문은 연구원의 사정에 의해 교정이 정확하지 못하였다. 따라서 앞의 발표
논문보다 본 연구에서 언급된 내용이 보다 정확하다.

〈표 4-1-2〉 고려 무인집권기 山人의 사례

順	法名	표기형태	활동시기	소속종파	출전
1	無名	白蓮山人	고종~원종	天台宗	『湖山錄』 권4, 「法華印成慶讚疏」
2	無名	山人 某	고종 때	불명	『東國李相國後集』 권12, 「雜著」 '書達摩畵像巾登 額文'
3	觀悟	山人觀悟	신종 때	〃	『破閑集』 권하, 「今司空某」
4	貫該	曹溪山人貫該	고종~원종	曹溪宗	『湖山錄』 권4, 「爲山人文阮侏人書華嚴經願文」
5	貫休	山人貫休	명종~신종	불명	『破閑集』 권하, 「昔元曉大聖」
6	歸一	江南山人 山人歸一	고종 때	禪宗	『東國李相國集』 권16, 「古律詩」 '次韻金承制仁鏡 謝規禪師贈歸一上人所畵老檜屏風' 『東國李相國集』 권19, 「雜著」 '畵老松贊'
7	了然	山人了然	명종 때	불명	『東國李相國後集』 권11, 「序」 '東國諸賢書訣評論序'
8	了源	天台山人了源	고종 때	天台宗	『放光般若波羅蜜經』 권7, 39장
9	明覺	山人明覺	고종 때	불명	『妙法蓮華經』 권7, 優婆塞鄭奮誌(丙申刊; 海印寺寺 藏本)
10	文阮	山人文阮	고종~원종	〃	『湖山錄』 권4, 「爲山人文阮侏人書華嚴經願文」
11	信成	祝□山人信成	고종 때	〃	『大乘顯識經』 권상, 17장
12	演之	山人演之	고종 때	神印宗	『西河集』 권3, 「和山人演之題淸平山滌心亭」
13	燕	燕山人	희종~고종	天台宗	『東文選』 권83, 「靜明國師詩集序」
14	悟生	伽耶山人生公 山人悟生	명종 때	불명	『西河集』 권4, 「寄山人悟生書」 『東國李相國後集』 권11, 「序」 '東國諸賢書訣評論序'
15	益源	山人益源	명종 때	〃	『西河集』 권1, 「寄山人益源」
16	一如	山人一如	고종 때	天台宗	『海東法華傳弘錄』 「天帝邀經而入藏靜和宅主」 『海東法華傳弘錄』 「珍禽顯瑞」
17	宗赫	三岳山人宗赫	고종 때	曹溪宗	『東國李相國集』 권24, 「記」 '赫上人凌波亭記'
18	志閑	山人志閑	고종 때	불명	『大方廣佛華嚴經世主妙嚴品第一』 권1, 15장(海印寺 寺藏本)
19	天頙	萬德山人	고종~충렬왕	天台宗	『湖山錄』 「題天頙國師詩卷」
20	卓然	曹溪山人卓然	고종 때	曹溪宗	『湖山錄』 권4, 「游四佛山記」
21	洪辯	山人洪辯	고종~원종	〃	『海東法華傳弘錄』, 「深敬辯山人之精書」

* 본 표의 작성 자료 가운데 『湖山錄』과 『海東法華傳弘錄』은 許興植(「眞靜國師의

生涯와 現代認識」『東方學志』35, 1983 ; 『高麗佛敎史硏究』, 일조각, 중판, 1993)
이, 『大方廣佛華嚴經世主妙嚴品第一』은 藤田亮策(「海印寺雜板攷」『朝鮮學報』138,
1991)이 각각 소개한 내용을 근거로 하였다.

무인집권기에 생존한 인물 21명은 당시와 그 이후에 편찬된 문집류나
경전의 誌·跋文에서 山人으로 지칭되고 있다. 이들은 스스로, 또는 당
대의 관료·재야 유학자·승려 등에 의하여 山人으로 지칭되고 있다.
먼저, 자신 스스로를 산인으로 칭한 사례는 강화경판의 판각사업에 자신
의 참여 사실을 '天台山人'·'祝□山人'으로 판각해 둔 了源과 信成이
있다(<표 4-1-2>－8·11). 다음으로, 타인이 지칭한 경우는 무인집권
기~원간섭 초기에 관료·재야 문인지식인 및 고승이던 崔滋·李仁
老·李奎報·林椿·林桂一·眞靜國師 天頙·了圓 등이 <표 4-1-2>
에 정리된 대다수의 인물들을 산인으로 표기한 경우이다.

이처럼 당대의 특정인이 自他에 의해 산인으로 표현되고 있었다는 사
실은, 곧 이 용어가 특정한 성분이나 성향의 인물에게 적용되었음을 의
미한다. 이는 산인이 자신을 표현하는 雅號를 가지고 있었다는 점을 통
해서도 알 수 있다.

무인집권기 특정의 성분이나 성향을 소유한 부류인 居士[41]나 處士들
은 자신을 표현하는 雅號와 형식을 가지고 있었으며, 山人의 경우도 마
찬가지였다. 무인집권기 산인의 雅號는 山名·地名·宗派名으로 묘사
되고 있었다. 그리고 산인의 표기형식은 다양하나 雅號(山名·地名·宗
派名)+山人+法名과 같은 형태가 일반적이었다. 이는 '山人 悟生(아호
생략)'이 다른 기록에서 '伽耶山人 悟公'같이 雅號+山人+法名의 형식
으로 표현되고 있다는 사실(<표 4-1-2>－14), 강화경판의 판각사업에
관여한 了源(元)과 信成이 자신의 참여 사실을 스스로 '天台山人 了源'
과 '祝□山人 信城'으로 표현하고 있다는 사실(<표 4-1-2>－8·11)에서

---

41) 『東國李相國集』 권20, 「雜著」 '白雲居士語錄'.

짐작할 수 있다. 따라서 고려 무인집권기에 산인은 거사나 처사와 같이 아호를 가지고 있으며, 또한 그 나름의 표기 형식도 있었다는 것을 알 수 있다.

이러한 사실을 고려한다면, 무인집권기 산인의 용어는 거사나 처사와 같이 특정 성분이나 성향을 소유한 부류에게 적용되었다. 이는 다음의 내용을 통해서도 알 수 있다.

> 그 나머지 士大夫・桑門・逸士 중 서체를 잘 쓰는 자는 學士 洪灌, 宰相 文公裕, 宗室 僧統 冲曦, 首座 道休, 侍郎 朴孝文, 宰相 柳公權, 邵城候 金居實, 宰相 奇洪壽, 學士 張自牧, 山人 悟生과 了然 등이며, 또한 가히 妙品과 絶品으로써의 次序이다.[42]

李奎報는 11명의 인물을 士大夫・桑門(승려)・逸士로 분류하여 지칭하고 있다. 이들 가운데 洪灌・文公裕・朴孝文・柳公權・金居實・奇洪壽・張自牧은 각각 學士・宰相・侍郎・宰相・邵城候・宰相・學士로서 유교적 학문소양을 가지고 현실정치에 직접 참여한 관료층이다. 이로써 이들은 士大夫의 범주에 포함될 수 있는 부류[43]이다. 다음으로 僧統 冲曦[44]・首座 道休[45]는 각각 승려로서 桑門으로 지칭될 수 있는 인물들이다. 이런 점에서 본다면, 나머지 하나인 逸士의 범주에는 山人 悟生과 了然 등이 포함된다. 따라서 무인집권기 산인은 사대부나 桑門이 아닌, 隱者인 逸士의 부류에게 적용되는 용어였다.

그런데 산인은 逸士의 전체를 범칭하는 것이 아니라, 특정 성분을 소

---

42) '其餘 士大夫桑門逸士之工書者 有若學士洪灌 宰相文公裕 宗室僧統冲曦 首座道休 侍郎朴孝文 宰相柳公權 邵城候金居實 宰相奇洪壽 學士張自牧 山人悟生了然 等 亦可以妙品絶品次序焉(『東國李相國後集』 권11, 「序」, '東國諸賢書訣評論序').'
43) 金光哲, 「고려시대 「士大夫」의 용례」 『石堂論叢』 14, 동아대 석당전통문화연구원, 1988.
44) 『고려사절요』 권12, 명종 10년 6월.
45) 『고려사』 권125, 崔弘宰傳.

유한 인물에게 사용된 용어였다.

　　某(林椿)는 삼가 동쪽을 우러러보며 재배하고 멀리 伽耶山人 生公의 侍
　者에게 尺牘(편지)을 보냅니다. … 대저 幽逸之士는 예전에 세상에서 서로
　우러러 보았으나, 지금은 듣기조차도 드물다. 그 箕穎의 지조는 처음과 끝이
　변하지 않고, 맑은 풍채와 의협한 기질은 늠름하여 秋霜과 더불어 엄격함을
　다투니, 족히 탐욕과 오욕의 뜻을 멀리하는 사람은 오직 그대(悟生)와 北原
　處士權君 뿐입니다.[46]

　林椿이 '幽逸之士'로 지칭하는 인물 가운데는 伽耶山人 生公(悟生)과
北原處士 權君(權敦禮)이 포함되어 있다. 그런데 山人 悟生은 출가・은
둔하여 끝까지 환속하지 않고 승려로 생을 마감하였으며,[47] 處士 權敦
禮는 北原(지금의 강원도 원주시)지방에 은둔하여 儒學을 닦으며 끝내
세상에 나오지 않은 인물이다.[48] 이로써 본다면, 산인은 逸士의 한 갈래
로 未出家・隱遁의 儒佛的 知識人인 處士와 구분되고 있다.
　한편 앞의 첫 번째 인용문에 따르면, 逸士의 한 부류인 山人은 승려의
범칭인 桑門과 구분되고 있다. 그러나 이들은 승려와 전혀 동떨어진 부
류가 아니라, 상당한 관련성이 있다. 산인이 승려층이었다는 사실은 앞
서 설명된 悟生이 무신난으로 깊은 산중에 은거하여 끝까지 환속하지
않은 승려였다는 사실, 또한 了然이 法名으로 판단되는 승려였다는 점에
서 짐작할 수 있다. 그리고 이는 이들 이외, <표 4-1-2>에 소개된 대부
분의 인물도 승려들이었다는 사실에도 알 수 있다. 山人 益源이 불교의
진리를 배우기 위해 佛之徒와 은거하였다는 점,[49] 三岳山人 宗赫이 본

---

46) '某(林椿)謹東望再拜 遙致尺牘 于伽耶山人生公侍者 … 是以幽逸之士 古則相望於
　　世 今則罕聞焉 其箕穎之志 始末不□ 清風夾氣凜凜 與秋霜爭嚴 足以激貪汚之志
　　者 唯足下(悟生)與北原處士權君耳(『西河集』권4, 「寄山人悟生書」).'
47) 『고려사』권110, 李齊賢傳 ; 『櫟翁稗說』前集 1, 「德陵又問臣」.
48) 金毅圭, 「高麗武人政權期 文士의 政治活動」『韓㳓劤博士停年紀念史學論叢』1981,
　　285쪽.

래 曹溪宗의 韻士[50]였다는 사실, 후술할 歸一, 燕(天因), 演之, 卓然, 天
頤 등이 고승이었다는 사실은, 곧 산인이 승려층이었음을 입증하는 것이
다. 또한 이는 무인집권기 이전이기는 하지만 高僧 大覺國師 義天의 適
嗣인 戒膺과 高弟인 慧素가 각각 太白山人[51]과 山人[52]으로 표현되었다
는 점에서도 확인된다. 따라서 무인집권기 산인은 승려층에게 적용된 용
어이다.

그럼에도 불구하고, 산인이 桑門으로 지칭된 僧統 冲曦나 首座 道休
와 구분된 이유는 무엇일까? 그 하나는 冲曦와 道休는 僧統이나 首座와
같은 고위 승계를 가진데 비하여, 산인은 은거한 승려였다는 점이다. 다
른 하나는 현실정치의 관여와 승려 본분에의 충실성이 그 기준으로 작용
하였을 것이다. 桑門인 僧統 冲曦나 首座 道休는 승려의 신분임에도 불
구하고 자신의 본분에서 이탈하여 현실정치에 관여하였으며,[53] 그 결과
당시의 정치세력으로부터 축출되었다. 이에 대해 산인은 출가·은둔한
승려로 자신의 본분에 충실하였으며, 현실정국을 풍자하고 있지만 현실
정치[54]에 참여하지 않았던 부류들이다.[55] 이런 점이 곧 桑門인 僧統 冲

---

49) '今子(益源)學眞理 而隱佛之徒 放迹逃名敎 幽閑意所娛 … 吾觀今之世 擾擾群浮
   屠 奇形又詭服 與俗無異趣 以此獲其罪 見排於吾儒 而子獨不然(『西河集』 권1, 「寄
   山人益源」).'
50) '三岳山人宗赫者 本曹溪韻士也 嘗放浪方外 浮雲其迹者 久矣(『東國李相國集』 권
   24, 「記」 '赫上人凌波亭記').'
51) 『破閑集』 권중 「太白山人戒膺」.
52) 『補閑集』 권상, 「金蘭叢石亭」.
53) 冲曦의 정치 간여 사실은 이미 언급되었다(金光植, 『高麗武人政權과 佛敎界』, 민
   족사, 1995, 48쪽). 그리고 首座 道休가 승려의 본분을 벗어나 정치 현실에 관여
   한 승려임은 그가 인종 때의 무인인 權因의 崔弘宰 밀고사건에 연루되어 이자겸
   에 의해 귀양간 사실을 통해서 짐작할 수 있다(『고려사』 권125, 崔弘宰傳).
54) 悟生이 현실정국에 비판적인 태도를 가지고 있었던 사실을 통해 政界로의 再登場
   을 선망하거나 동경하고 있었던 정계은퇴의 한 文臣으로 추단하고 있다(金毅圭,
   앞의 논문, 287쪽). 그러나 현실정국의 풍자를 통해 정치현실에 참여 의사가 있었
   다는 논리의 전개는 지나친 추론으로 비추어질 수 있다. 왜냐하면, 특정 시대에는

曦·首座 道休와 출가·은둔의 산인을 구별하는 기준이 되었던 것이다. 따라서 산인은 출가한 승려들 가운데 현실정치에 관여하지 않고 자신의 본분에 충실하였던 승려들을 지칭하고 있다.

특히 무인집권기의 산인은 출가·은둔의 승려들 가운데 승려지식인을 지칭한 용례였다. 이는 이들이 출가 이전에 유학적 소양을 갖춘 문인지식인이었다는 점, 그리고 출가 이후에도 상당한 불교적 지식을 습득하고 있었다는 점에서 알 수 있다. 먼저, 출가 이전에 유학적 지식을 소유하고 있던 산인으로는 貫悟·悟生·益源·宗赫·卓然·燕(天因)·天頙 등이 있다. 貫悟가 무인집권기 당시 유학적 지식과 詞賦에 뛰어난 司空 某[56]와 교류하였으며 그의 유고인 근체시를 수집하여 鏤板한 사실,[57] 悟生이 무인정변으로 인해 산중에 은둔하기 이전에 유학적 소양을 지닌 관료였다는 점,[58] 益源 역시 유교적 소양의 학자이며 詩에도 능하였다는 사실,[59] 宗赫이 韻士였고 본래 喜文하였다는 사실에서 무인집

현실정국에 대한 비판세력이 존재하는 것이 일반적이고, 이들은 모두 정계에 등장한 것이 아니라는 점, 그리고 앞서 설명한 바와 같이, 悟生이 출가·은둔 이후 절개를 지키며 현실정치에 관여하지 않은 인물의 표상으로 추앙받고 있었다는 사실에서 알 수 있다. 따라서 山人 悟生은 현실정국에 비판적이기는 하였으나, 현실정치에 참여하기를 기대한 인물로 이해함에는 일정한 한계가 있다.

55) 물론 山人들 중에도 현실 정치에 관여한 부류들도 있다. 그러나 이들은 出家 이전(<표 4-1-2>의 悟生·燕·卓然 등의 경우)이나 환속 이후에 정치에 관여하였으며, 승려 산인으로 현실 정치에 관여한 경우는 비난·개혁의 대상이 되었다(『고려사』 권129, 崔忠獻傳). 그리고 무인집권기 山人은 당시의 지식인으로부터 현실정치와 부정축재에 관여하지 않고 스스로 절개를 지키는 승려의 표상으로 인식되고 있었다. 이런 점을 고려한다면, 산인은 현실정치의 관여를 거부하고 승려의 본분을 유지한 부류임을 알 수 있다.

56) 司空 某는 崔忠獻의 아우 崔忠粹가 명종을 계승한 왕으로 추대하려고 한 司空 王瑱이었을 것으로 판단된다. 그것은 그가 經史에 뛰어난 점에서 짐작된다(『고려사』 권129, 崔忠獻傳).

57) 『破閑集』 권하, 「今司空某」.

58) 『고려사』 권110, 李齊賢傳 ; 『櫟翁稗說』 前集 1, 「德陵又問臣」.

59) 『西河集』 권1, 「寄益源上人」.

권기 산인들은 유학적 소양을 갖춘 독서층 출신이 포함되어 있었다. 그리고 卓然이 고종 때 동지공거와 지공거를 역임한 崔正份(芬)[60]의 아들이며 출가 이전에 內侍를 역임하였다는 사실,[61] 그리고 燕山人(靜明國師 天因)과 萬德山人 天頙이 출가 이전에 국자감시에 합격한 점[62]에서 이들 역시 유학적 소양을 지녔던 문인지식인출신이었다.

이들 산인은 출가 이후에도 유학적 지식을 갖추고 있었으며, 한편으로는 불교지식을 닦아 승려지식인이 되었다.[63] 그 대표적인 인물로 益源·卓然·洪辯·天頙 등이 있다. 益源이 眞理(불교 진리)를 배우고자 하여 佛徒와 은거한 점, 洪辯이 僧科인 高科에 합격하고 '精進持戒'하였다는 사실,[64] 卓然이 '道貌已高古'라고 평가받고 있었던 점,[65] 山人 燕(天因)과 天頙이 장차 白蓮社의 高僧이 되었다는 점[66] 등은 산인이 불교 敎學이나 觀行의 수양에 정진하고 있었음을 시사한다. 또한 앞서 설명한 것처럼, 산인들 가운데 상당수가 출가 이전에 유학적 학문 소양을 소유하고 있었다는 점은 출가 이후에도 그러한 능력을 기초로 불교 지식을 익혔을 가능성이 많다. 따라서 고려 무인집권기의 산인은 유학적 학문 소양과 불교 지식을 겸비하고 있었던 은둔의 승려지식인 내지 학승을 표현한 용례이다.

---

60) 『고려사』 권27, 선거지, 고종 11년 3월.
61) 『東國李相國後集』 권9, 「古律詩」 '無可伴行卓然道者乞詩'.
62) 許興植, 「眞靜國師의 生涯와 時代認識」 『東方學志』 35, 연세대, 1983 ; 蔡尙植, 「信仰結社의 유행과 주도세력」 『高麗後期佛敎史硏究』, 일조각, 1991 ; 蔡尙植, 「白蓮結社 성립과 사상적 경향」, 위의 책.
63) 무인집권기 이전의 山人으로 상당한 불교 지식을 소유한 인물은 앞서 언급된 高僧 출신의 戒膺·慧素가 있다.
64) 『海東法華傳弘錄』 「深敬辯山人之精書」.
65) 『東國李相國後集』 권9, 「古律詩」 '無可伴行卓然道者乞詩'.
66) 『湖山錄』 「題天頙師詩卷」(본 논문에서 인용한 『湖山錄』 및 『海東法華傳弘錄』은 許興植, 「眞靜國師의 生涯와 時代認識」 『東方學志』 35, 연세대, 1983을 재인용한 것이다) 및 『東文選』 권83, 「靜明國師詩集序」.

무인집권기 산인의 세속적 출신 성분은 상당수가 유학적 지식인 내지 독서층이었다. 뿐만 아니라 이들의 계층적 출신 성분은 관료, 고위관료의 자제, 지방의 土姓吏族 등과 같이 정치·사회적 영향력을 가진 인물들도 상당수 포함되어 있었다. 관료출신은 卓然[67]·悟生이 있다. 그리고 曹溪山人 卓然이 고종 때 平章事 崔正份(苏)의 아들이라는 점, 山人 觀悟가 어린 시기에 종실 襄陽公의 胄子인 司空 王繽의 저택에서 교우한 사실[68]에서, 이들은 중앙의 고위관료집안의 출신이다. 아울러 이들 가운데 土姓吏族 출신은 演之·洪辯·燕(天因)·天頙 등이 있다. 演之가 全羅道 靈光郡의 속현인 森溪縣의 姓인 崔氏[69] 출신,[70] 그리고 洪辯이 全羅道 淳昌郡의 土姓인 趙氏[71]의 아들이라는 사실,[72] 또한 燕山人(天因)이 충청도 淸州牧 관내 燕山郡의 土姓인 朴氏[73]의 후손[74]이며, 白蓮山人 天頙이 경상도 尙州牧 관내인 山陽縣의 姓인 申氏[75]의 후예로 지방사회의 향리층·독서층 출신이라는 사실[76]에서 이들의 계층적 세속 출신 성분은 지방 토성이족도 있었다. 그런데 13세기 이들 지방의 향리층·독서층이 대거 불교계에 투신하는 것이 당시의 일반적인 현상[77]이었다고 한다면, 무인집권기에는 이같은 세속적 출신성분의 산인이 상당수 더 있었을 것이다.

---

67) 『東國李相國後集』 권9, 「古律詩」 '無可伴行卓然道者乞詩.'
68) 『破閑集』 권하, '今司空某.'
69) 『世宗實錄』 권151, 지리지, 전라도 靈光郡 森溪縣 姓氏.
70) 『고려사』 권129, 崔忠獻 부 崔怡傳.
71) 『世宗實錄』 권151, 지리지, 전라도 淳昌郡 姓氏.
72) 『海東法華傳弘錄』 「深敬辯山人之精書」.
73) 『世宗實錄』 권149, 지리지, 충청도 淸州牧 文義縣 姓氏.
74) 『東文選』 권83, 「靜明國師詩集序」.
75) 『世宗實錄』 권150, 지리지, 경상도 尙州牧 山陽縣 姓氏.
76) 燕 山人 天因과 天頙의 세속적 출신 성분은 문벌의 후예로 이해되기도(許興植, 「眞靜國師의 生涯와 時代認識」 『東方學志』 35, 1983, 57·82쪽) 하지만, 지방의 향리·독서층의 후손이다(蔡尙植, 「信仰結社의 유행과 주도세력」, 앞의 책, 28쪽).
77) 蔡尙植, 앞의 책, 28쪽.

무인집권기 산인의 이같은 세속적 출신배경은 그들이 출가한 이후에
도 당대 사회나 불교계 내부에서 일정한 위치와 영향력을 확보하는 요인
으로 작용하였을 것이다. 이는 卓然이 李奎報,[78] 益源이 林椿, 悟生이
林椿[79]과 李齊賢[80]으로부터 긍정적 평가를 받거나 상호 교류하고 있었
다는 사실을 통해서 짐작할 수 있다. 즉 이 시기 산인들이 당대나 후대
의 문인지식인이나 양심적인 지식인들로부터 상당한 신망을 받았다는
점은 그들이 당시 고려사회나 불교계에서 일정한 위치와 영향력을 확보
하고 있었음을 시사한다. 이러한 사실은 승려지식인 산인들이 그들과 교
류한 인물의 출신성분, 불교계 내부에서 자신의 위치 등을 분석해 봄으
로서 파악할 수 있다.

먼저, 悟生이 유교 독서층의 교육을 담당하였다는 점, 오생과 益源이
재야의 문인지식인 林椿과 서신·고율시를 교류한 점,[81] 一如가 耽津
(강진)의 토호인 居士 崔彪[82]으로부터 『法華經』의 필사를 직접 부탁받
은 점,[83] 宗赫이 韓鴻을 통해 李奎報에게 記文을 부탁한 점,[84] 卓然이
이규보에게 乞詩한 점,[85] 山人 某 역시 이규보에게 額文을 지어줄 것을
부탁한 사실,[86] 天頙이 백련사에 주법할 당시인 1262년(원종 3) 전후에
그와 시를 교류한 인물들의 성분이 중앙 최고·중간 관직자, 백련사 인
근의 지방수령, 入社 전부터 친분을 가지고 있었던 유학자들이었다는 사
실[87] 등에서, 이 시기 산인들이 교류한 세속인의 성분은 당대의 중앙정

---

78)『東國李相國後集』권9,「古律詩」'無可伴行卓然道者乞詩.'
79)『西河集』권4,「寄山人悟生書」.
80)『고려사』권110, 李齊賢傳 ;『櫟翁稗說』전집1,「德陵又問臣」.
81)『西河集』권1,「寄山人益源」및 같은 책 4,「寄山人悟生書」.
82) 蔡尙植, 앞의 책, 80쪽.
83)『海東法華傳弘錄』「琗禽顯瑞」.
84)『東國李相國集』권24,「記」'赫上人凌波亭記.'
85)『東國李相國後集』권9,「古聿詩」'無可伴行卓然道者乞詩.'
86)『東國李相國後集』권12,「雜著」'書達摩畵像巾登 額文.'
87) 蔡尙植, 앞의 책, 94~98쪽.

계와 지방사회 내부에서 상당한 영향력을 발휘하고 있던 관료·재야지
식인과 지방의 土豪層이었다.

다음으로 盒源이 불교의 진리를 배우는 佛之徒와 은거하고 있었다는
점, 一如가 白蓮 結社를 조직한 圓妙國師 了世로부터 金字蓮經을 書寫
하도록 부탁받았다는 점,[88] 歸一이 普濟寺 住老 規公으로부터 廳事의
벽에 老松을 그리도록 부탁받은 점,[89] 卓然이 曹溪宗의 高僧인 道者 無
可를 수반하였다는 점[90] 등에서 알 수 있듯이, 이들 산인이 접촉한 승려
층은 불교계 내부에서 일정한 학식과 영향력을 가진 학승 내지 고승이었
다. 특히 이 시기 산인들은 소속 종파를 달리하는 승려들이나 산인들과
상호 교류하고 있었는데, 이는 曹溪山人 卓然이 天台宗系列인 공덕산
백련사의 佛事에 관여한 점,[91] 역시 曹溪山人 貫該가 백련사 승려로 추
정되는 山人 文阮이 주도한『華嚴經』의 書寫에 관여한 점[92]에서 짐작된
다. 이러한 점은 이들이 敎學이나 佛事의 수행 및 불교계의 세력화 등에
서 분산되거나 고립되는 형태를 극복하고 상호 교류나 연대를 모색할 수
있는 위치에 있었음을 반증하는 것이다.

그 다음으로 무인집권기 산인들은 불교계 내부에서 下級僧 이상의 위
치에 있었다. 이는 山人 某가 達磨尊像을 그리는데 사람을 고용하였다는
점,[93] 洪辯이 승과로 추정되는 高科에 합격한 점,[94] 宗赫이 수춘군의 덕
흥현에서 사찰을 중수하여 주지승으로 주석한 것으로 추정되는 점,[95]
卓然이 왕명에 의해 국가적 불교 사업인 월남사 진각국사 음기의 書者

88)『海東法華傳弘錄』「天帝邀經而入藏　靜和宅主」.
89)『東國李相國集』권19,「雜著」'畵老松贊.'
90)『東國李相國後集』권9,「古律詩」'無可伴行卓然道者乞詩.'
91)『湖山錄』권4,「游四佛山記」.
92)『湖山錄』권4,「爲山人文阮倩人書華嚴經願文」.
93)『東國李相國後集』권12,「雜著」'書達摩畵像巾登 額文.'
94)『海東法華傳弘錄』「深敬辯山人之精書」.
95)『東國李相國集』권24,「記」'赫上人凌波亭記.'

로 참여한 점,96) 觀悟가 司空 王縝의 근체시를 수집・조판하려 한 점,
宗赫・益源・歸一이 다른 한편에서 고승의 범칭으로 추정되는 上人으
로 지칭되고 있다는 점97) 등에서 추정할 수 있다.

이같이 무인집권기에 산인들은 당시 사회나 불교계 내부에서 일정한
영향력 발휘나 중요한 역할을 담당할 수 있는 위치에 있음에도 불구하
고, 이들은 현실정치의 관여를 거부하면서 승려 본래의 임무인 佛事나
佛法 수행에 매우 충실하였다. 현실정치에 관여하지 않은 산인은 앞서
설명한 悟生 이외, 燕山人 天因과 萬德山人 天頤이 있으며,98) 또한 曹溪
山人 卓然도 있다. 특히 탁연은 출세가 보장되었던 內侍로 재임하다가
출가하여 산인이 되었으며, 출가 이후에도 조정에서 그를 불러 몽고 사
신의 임무를 수행하도록 하였으나, 이를 끝내 고사하고 修眞(진리의 수
행)에 충실하였다.99) 그리고 앞서 설명한 바와 같이 益源이 불교의 眞理
를 배우고자 하였다는 점에서, 그도 역시 佛法 수행에 충실하였던 산인
이었다. 다음의 山人 某・洪辯・文胐도 여기에 해당되는데, 山人 某가
주야로 達磨의 道를 사모하고 있다는 점,100) 洪辯이 佛法에 정진하고 또
한 『法華經』의 필사와 관리에 대단한 종교적 신념을 투영하고 있다는
사실,101) 文胐이 3本 『華嚴經』을 매우 소중하게 다루고 유포하고자 하
는 종교적 의지를 가지고 있었다는 점102)은 이들이 승려의 본분인 佛事

---

96) 閔賢九, 「月南寺址 眞覺國師碑의 陰記에 대한 一考察」 『震檀學報』 36, 1973.
97) 『西河集』 권1, 「寄益源上人」과 『東國李相國集』 권24, 「記」 '赫上人凌波亭記'
　　및 같은 책 권16, 「古律詩」 '次韻金承制仁鏡謝規禪師贈歸一上人所畵老檜屛風.'
98) 許興植, 「眞靜國師의 生涯와 時代認識」 『東方學志』 35, 1985 ; 蔡尙植, 앞의 책.
99) '(卓然) 暫赴朝廷徵 告訴意可惜(欲送蒙古 徵之 師固辭) 放歸還舊山 … 好去勗修
　　眞 餘澤及一國(『東國李相國後集』 권9, 「古律詩」 '無可伴行道者卓然乞詩').'
100) '有山人某者 高達磨之風 夙夜慕其道(『東國李相國後集』 12, 「雜著」 '書達摩畵像
　　巾登 額文').'
101) '山人洪辯 … 出家于曹溪 … 往入巨濟山菴 精進持戒 一字一拜 書法華經一部
　　極盡莊嚴 朝夕禮拜供養(『海東法華傳弘錄』 '深敬辯山人之精書').'
102) '某(山人 文胐)謹發弘心 請曹溪山人貫該 書寫三本 凡一百八十卷 用盡莊嚴 永爲

나 佛法의 수행에 전심전력을 다하고 있음을 의미한다.

한편 悟生이 무인정권에 비판적이었고, 天頙이 교류한 인물 중에는 왕정복고를 갈망하는 등 당시 정세에 대해 고민을 하고 있던 관료지식인들[103]도 포함되어 있었다. 이런 사실에서 이들 산인 가운데는 反武人政權 내지 왕정복고를 기원·실천하는 성향의 인물도 포함되어 있었음이 주목된다.

2) 승려지식인, 산인의 판각사업 참여와 그 의식

앞에서 살펴본 것처럼, 무인집권기 산인은 출가·은둔한 승려지식인의 한 부류이며, 그들의 세속적 출신성분은 대개 당대의 문인지식인, 중앙의 고위관료집안·土姓吏族, 관료 등이 주류를 이루고 있었다. 이러한 출신배경은 그들이 李奎報·崔滋·林椿과 같은 관인·재야 문인지식인, 崔彪와 같은 耽津의 토호층, 普濟寺의 주지 規禪師·修禪社의 道者 無可·白蓮社의 圓妙國師 了世 등과 같은 고승이나 학승 등과 교류할 수 있는 요소로 작용하였던 것이다. 이들과의 교류는 산인들이 당대 사회나 불교계 내부에서 일정한 영향력이나 위치를 확보하고 있었음을 의미한다. 특히 이들은 자신들이 소속한 종파나 사원을 달리하는 승려들과도 교류를 하고 있었으며, 불교계 내부에서의 위치도 下級僧 이상이었다.

그럼에도 불구하고 이들은 현실정치나 부정축재에 관여하지 않고, 佛法이나 佛事와 같은 승려 본분의 수행에 대단히 충실하였다. 특히 이 시기 승려지식인 산인들은 소속 사원·종파를 초월한 佛事, 또한 지방의 토호나 국가 주도의 불사에도 적극 관여하였다. 그리고 이들이 관여한

萬代法寶 以用廣流通 將此妙因 皇基鞏固 國界豊平 佛日增輝 法輪常轉 普及法界 迷倫同獲舍那果智『湖山錄』 권4, 「爲山人文阢倩人書華嚴經願文」).'

103) 許興植, 앞의 책, 869~874쪽 ; 蔡尙植, 앞의 책, 95~97쪽.

불사에는 경판의 조판, 寫經과 그 사업주도, 碑文·額文의 필사, 사원
건축물의 벽화 그리기 등과 같은 전문적 기능을 요하는 분야까지 포함되
어 있다.

이런 점을 고려한다면, 고려의 건국 이래 최대의 민족적 위기와 불교
문명의 파괴를 극복하기 위해 국가적인 불교사업으로 추진된 강화경판
의 판각사업에도 승려지식인 산인들이 참여하였을 개연성이 높다.[104]

우선, 산인들은 경전의 교열 담당자로 각성사업에 관여하였을 것이다.
앞서 설명한 것처럼, 산인들은 상당한 불교적 지식을 소유한 승려지식인
이었다. 이런 점에서 본다면, 해당 경전에 해박한 상당수의 학승이나 고
승이 담당한 경전의 교열에 승려지식인 산인이 참여하였을 가능성이 높
다. 다음으로, 많은 전문 필사자가 요구된 각성사업에서 승려지식인 산
인들은 경전의 필사를 담당하기도 하였을 것이다. 이는 앞에서 설명한
것처럼, 山人 悟生·了然·卓然 등이 뛰어난 서체를 구사하고 있었다는
점, 貫諏·洪辯·白蓮 山人·一如·天頙[105] 등이 경전을 직접 필사한
경험이나 그 같은 전문적 기능을 소유하고 있었다는 사실에서 짐작할 수
있다.

뿐만 아니라 산인은 경판의 각수나 판각 기진자의 형태로도 판각사업
에 적극 참여하고 있다. 이는 현존 강화경판의 변계선에 山人이 판각되
어 있다는 사실에서 확인된다. 현존하는 강화경판의 계선에 판각된 法名
가운데 자신을 산인으로 표기해 둔 경우는 두 곳에서 발견된다. 그 하나
는 '天台山人 了源手'이며, 다른 하나는 '祝□山人 信成手'이다.

---

104) 산인들은 고려후기나 조선시대에 寺刊된 經板 사업에도 적극 관여하고 있다. 이
　　는 이 시기에 刻板된 寺刊板에 '□□山人□□'라고 판각되어 있는 사실에서 알
　　수 있다.
105) 『湖山錄』4,「法華印成慶讚疏」과 『海東法華傳弘錄』「天帝邀經而入藏靜和宅主」
　　및 「珍禽顯瑞」; 許興植, 앞의 책, 843쪽.

먼저, '天台山人' 了源이 판각사업에 참여한 사실은 최근에 언급되었으나,[106] 이를 다시 정리하면 <표 4-1-3>과 같다.

<표 4-1-3> 天台山人 了源(元)의 판각사업 참여사례

順	經名	卷次	函名	시기	雕造場所	張次	板數	법명표기	참여유형
1	放光般若波羅蜜經	3	榮	1237년	大藏	제8장	1장	了元	
2	〃	7	〃	〃	〃	제5~18장 등	15장	了源	手
3	大寶積經	90	皇	1239년	〃	제3·5장 등	9장	了元	
4	佛說無量壽經	下	字	1238년	〃	제1~10장 등	24장	了源·了元 혼용	手
5	大方等大集經	3	推	1241년	〃	제4~5장 등	21장	〃	刀·誌
6	阿差末菩薩經	5	罪	1240년	〃	제15·17장	2장	了元	
7	普曜經	2	王	1243년	〃	제2·5장 등	6장	〃	
大藏	1237년 16장	1238년 24장		1239년 9장	1240년 2장	1241년 21장	1243년 6장	총수량 78장	

* 상기 표는 동국대 『高麗大藏經』(영인본)과 동아대 石堂傳統文化硏究院 소장의 인경본을 근거로 작성하였다. 이하의 표도 동일하다.

자신의 법명을 了元으로도 표기한 了源은 동음이자의 동일인임이 분명하다. 그것은 같은 卷次의 경전에 了源과 了元이 함께 판각되어 있다는 사실[107]에서 분명해진다. 山人 了源(了元)은 1237년(丁酉年)~1241년(辛丑年)·1243년(癸卯年)까지 사업초기부터 총 6년 동안 대장도감에서 판각사업에 관여하였다. 그는 이 기간 동안 6종·7권의 경전, 78장의

---

106) 金潤坤, 「高麗大藏經의 彫成機構와 刻手의 性分」 『民族史의 展開와 그 文化(上)』, 碧史李佑成敎授停年退職紀念論文, 1990 ; 『고려대장경의 새로운 이해』, 불교시대사, 2002 ; 金潤坤, 「『고려대장경』의 각판과 국자감시 출신」, 『國史館論叢』 46, 1993 ; 위의 책 ; 崔永好, 「武人政權期 崔氏家 家奴와 『高麗大藏經』 판각사업」 『釜山女大史學』 10·11합, 1993.

107) 『佛說無量壽經』 卷下, 제1장은 了源, 제2장 이하 나머지 장은 了元으로, 또한 『大方等大集經』 권3, 제34장은 了源, 제4장 이하 제33장은 了元으로 각각 그 法名이 판각되어 있는데, 이는 곧 동일인이 동음이자로 판각되었음을 반증하는 것이다.

경판을 판각하는데 참여하였다.

다음으로, '祝□山人' 信成의 판각사업 참여사실을 정리하면 다음의 <표 4-1-4>와 같다.

<표 4-1-4> 信成의 판각사업 참여사례

順	經名	卷次	函名	시기	雕造場所	張次	板數	법명표기	참여유형
1	金剛般若波羅蜜經	單	羽	1238년	大藏	제10~20장	11장	信成	
2	大寶積經	72	人	1240년	〃	제2·3장 등	8장	이하동일	
3	佛說胞胎經	單	乃	1238년	〃	제19·20장	2장		手
4	大乘顯識經	上	裳	〃	〃	제1~9장 등	13장		
5	虛空藏菩薩神呪經	單	弔	1239년	〃	제1·3장 등	14장		
6	大方廣如來不思議境界經	單	臣	1240년	〃	제1·2장 등	7장		
7	十住經	3	戎	1242년	〃	제2·3장 등	10장		
8	四分律	51	婦	1244년	〃	제22·23장	2장		
9	根本說一切有部百一羯磨	9	受	〃	〃	제7장	1장		
10	阿毗達磨集異門足論	3	弟	〃	〃	제9·10장	2장		
11	成實論	7	夏	〃	〃	제14장	1장		
12	法苑珠林	12	趙	〃	〃	제43·44장	2장		
13	〃	19	魏	〃	分司	제26·27장	2장		
14	〃	48	途	〃	〃	제20·21장	2장		
15	〃	71	土	〃	〃	제25·26장	2장		
16	〃	72	〃	〃	大藏	제15·16장	2장		

		1238년	1239년	1240년	1242년	1244년	소계	총수량
大藏		26장	14장	15장	10장	10장	75장	
分司						6장	6장	81장

祝□山人 信成은 1238년(戊戌年)~1240년(庚子年)·1242년(壬寅年)·1244년(甲辰年)까지 5년 동안 대장도감과 분사도감에서 12종·16권의 경전, 81장의 경판을 판각하는데 종사하였다. 그리고 그는 대장도감에서 5년 동안 총 75장을, 분사도감에서 1년 동안 총 6장을 판각한 사실을 통해, 그가 중심적으로 활동한 곳은 대장도감이다. 그런데 그가 일시적으로 활동한 분사도감은 거리상 대장도감과 인접한 지역에 위치한 곳

이었다. 이는 <표 4-1-4> - 12·13과 15·16을 통해 짐작할 수 있다. 山人 信成은 1244년(甲辰年)에 대장도감에서 『法苑珠林』의 권12와 권71을, 그리고 같은 연도에 분사도감에서 이들 경전과 卷次가 인접하거나 연이은 권19와 권72를 판각하였다. 이는 곧 산인 信成이 판각사업에 참여한 분사도감의 위치가 대장도감과 인접장소 내지 지근거리에 있었음을 의미한다.[108]

한편, 了源(元)이나 信成 이외, 각성사업에 참여하였으나 자신의 출신성분을 밝혀 두지 않은 인물 가운데는 산인출신이 상당수 더 있었을 것이다. <표 4-1-2> - 6의 江南山人 歸一이 그 한 인물이다. 山人 歸一은 앞서 설명한 것처럼, 뛰어난 그림 솜씨를 가지고 있었다. 그의 생몰 시기는 명확히 알 수 없으나, 판각사업이 추진·완성되던 고종 때 활동한 승려가 분명하다. 이는 그와 교류하였던 普濟寺의 規公(規禪師)이 1220년(고종 7 ; 庚辰年)에서 李奎報의 노년기 사이까지 활동한 사실에서 짐작된다.

이같은 江南山人 歸一과 동일한 法名을 가진 인물이 강화경판의 판각사업에도 직접 참여하였다. 이를 정리하면, 다음의 <표 4-1-5>와 같다.

〈표 4-1-5〉 歸一의 판각사업 참여사례

順	經名	卷次	函名	時期	雕造場所	張次	板數	法名표기	참여유형
1	大方廣佛華嚴經	55	道	1245년	大藏	제23~25장	3장	歸·歸一	
2	〃	4	垂	〃	〃	제2~21장 등	20장	歸一	
3	〃	79	首	〃	〃	제2~16장 등	15장	이하동일	
4	十誦律	45	存	1244년	〃	제11·12장	2장		
5	〃	57	以	〃	〃	제4·5장	2장		
6	四分律	53	婦	〃	〃	제27·28장	2장		
7	善見律毗婆沙	2	姑	〃	〃	제23장	1장		

---

108) 金潤坤, 앞의 논문, 1990 ; 朴相國, 「大藏都監의 板刻性格과 禪源寺 問題」 『韓國佛敎文化思想史(上)』, 伽山李智冠스님華甲紀念論叢, 1992.

8	阿毗達磨法蘊足論	12	兄	〃	〃	제18·19장	2장		
9	阿毗達磨順正理論	37	物	미상	불명	제15장	1장		
10	〃	67	堅	〃	〃	제8·9장	2장		
11	阿毗達磨藏顯宗論	16	操	1244년	大藏	제17·18장	2장		
12	出曜經	28	盤	〃	〃	제19·20장	2장		
13	一切經音義	19	弁	〃	〃	제28장	1장		
14	法苑珠林	14	趙	〃	分司	제39장	1장		
15	〃	40	假	〃	〃	제17·18장	2장		
16	〃	66	踐	〃	大藏	제13·14장	2장		
17	〃	80	會	〃	分司	제12장	1장		
18	〃	94	何	〃	〃	제26·27장	2장		

		1244년	1245년	미상	소계	총수량
	大藏	16장	38장		54장	
	分司	6장			6장	
	불명			3장	3장	63장

판각사업에 참여한 歸一은 변계선 소재의 여타 인물과 마찬가지로 법명을 歸의 한 글자로도 표기하고 있으나, 동일인임이 분명하다. 그리고 그는 경전 총 10종·18권을 판각하였는데, 그 시기와 장소를 알 수 없는 경우를 제외하면 1244년(甲辰年)·1245년(乙巳年)의 2년 동안 대장도감과 분사도감에서 총 60장을 판각하였다.[109] 그런데 판각사업 참여자 歸一은 江南山人 歸一과 생존·활동한 시기가 같은 고종 때라는 점, 법명이 일치한다는 점에서 공통점을 가지고 있다. 이런 공통점은 이들을 동

---

109) 歸一은 대장도감에서 54장, 분사도감에서 6장을 판각하였는데, 이 사실을 통해 그의 주된 판각장소는 대장도감이었음을 알 수 있다. 뿐만 아니라 그가 일시적인 판각장소로 활용한 분사도감이나 그 판각공간의 위치는 대장도감이나 그 판각공간과 근접한 장소에 있었다. 그것은 그가 『法苑珠林』의 권14·권40, 권80·권94를 분사도감에서 판각하였고, 同 經典 권66을 대장도감에서 완성하였다 (<표 4-1-5>의 14~18)는 사실에서 알 수 있다. 분사도감에서 판각된 권14와 권40, 그리고 권80과 권94의 卷次는 각각 26과 14이다. 이에 비해 대장도감에서 판각된 권66은 분사도감판 권80과 卷次을 대비해 보면 14에 불과하다. 이런 권차의 폭을 염두에 둔다면, 歸一이 『법원주림』을 판각한 분사도감이나 그 판각공간의 위치는 대장도감이나 그 판각공간과 근접한 거리에 있었음을 알 수 있다.

일인으로 짐작할 수 있는 근거가 된다.

다음으로 판각사업에 참여한 明覺 역시 산인출신이었을 것이다. <표 4-1-2> - 17의 山人 明覺은 1236년(丙申年) 12월에 완성된 것으로 짐작되는 해인사의 寺藏本『妙法蓮華經』을 판각하는데 관여한 인물이다. '(鄭奮)請山人明覺 鋟板印施'[110]라는 내용에서, 그는 鄭奮(晏)의 요청에 의해 본 경전의 각수로 관여하고 있음이 확인된다. 그런데 이러한 山人 明覺과 법명이 동일한 인물이 강화경판의 각성사업에 참여하였는데, 이를 정리하면, <표 4-1-6>과 같다.

<표 4-1-6> 明覺(名却·名各·名角)의 판각사업 참여사례

順	經名	卷次	函名	時期	雕造場所	張次	板數	法名表記	참여유형
1	放光般若經	1	菜	1237년	大藏	제1~4장 등	26장	明覺	刊
2	大明度經	1	潛	1239년	〃	제1~17장	17장	明覺·名却 혼용	刊
3	大寶積經	83	皇	〃	〃	제2~12장	11장	名却	
4	〃	110	制	1240년	〃	제2~20장	19장	明覺·名却 혼용	手, 刀
5	大方等大集經	17	位	1241년	〃	제2~35장	34장	〃	手,刀,心,心作,手段心,手段心工
6	方廣大莊嚴經	7	歸	1242년	〃	제2·3장 등	18장	明覺·名却·名角·名各 혼용	刀·手
7	寶雲經	7	草	1243년	〃	제1장	1장	明覺	
	1237년		1239년	1240년	1241년	1242년	1243년	총수량	
大藏	26장		28장	19장	34장	18장	1장	126장	

* 『放光般若經』卷1의 14張은 판수제 하단, 그리고 뒤 계선과 분문 사이의 두 곳에 '明覺刊'이 판각되어 있다. 이같은 사례는 강화경판 변계선의 인명 판각형식에 있어서 매우 특이한 유형에 해당된다.

판각사업에 직접 참여한 명각은 자신의 인명을 明覺·名却·名各·名角 등과 같이 4가지 형태의 동음이자로 표기하고 있으나 동일인이 분

---
110) 『妙法蓮華經』 권7, 優婆塞鄭奮誌(海印寺 寺藏本, 丙申年刊本).

명하다. 이는 동일 경전의 같은 卷次에서 동음이자의 법명이 판각되어 있다는 점에서 알 수 있다. <표 4-1-6> -6의 경전인 『方廣大莊嚴經』 권7의 각 경판에 다음과 같이 다양하게 그의 법명이 판각되어 있다.

〈표 4-1-7〉『方廣大莊嚴經』 권7, 표기의 법명형태

順	張次	板數	法名標記	비고
1	제2~3·5~11장	9장	名却	2·8장 名却刀, 9~11장 名却手
2	제12~13장	2장	名角	
3	제14~17장	4장	名各	14장 名各刀, 15장 名各手
4	제18~20장	3장	明覺	19장 明覺手

『方廣大莊嚴經』 권7의 전체를 판각한 명각은 名却·名角·名各·明覺과 같이 4가지의 동음이자를 사용하여 자신의 법명을 표기하고 있다. 이 가운데 名却으로 판각한 경우가 9장으로 가장 많다. 그러나 명각이 판각한 전체 수량에서 보면, 名各과 名角은 총 4장·2장뿐이며, 明覺이 名却보다 다수 수량을 점하고 있다. 여기서 먼저, 명각은 주로 明覺과 같은 형태로 자신의 인명을 표기하고 있음을 알 수 있다. 이런 점을 고려하여 鄭晏이 山人 明覺을 明覺으로 표기하였을 것이며, 그 주된 인명 표기형태는 山人 명각과 일치한다.

한편 <표 4-1-6>에 따르면, 명각은 1237년(丁酉年)·1239년(己亥年) ~1243년(癸卯年)의 6년 동안 6종·7권의 경전, 126장의 경판을 대장도감에서 판각하였다. 여기서 앞서 설명한 山人 明覺과 판각사업 참여자 明覺은 동시대에 생존·활동하였으며, 각기의 판각사업의 참여형태도 유사하다. 즉 山人 明覺과 판각사업 참여자인 明覺은 공히 경판의 전문 각수로 참여하였다. 따라서 판각사업 참여자인 명각의 출신성분을 산인으로 판단해도 무리가 없다.

또 다른 한 인물은 山人 志閑이 있다. 그는 '順安山城防護別監同縣

令興威衛攝散員' 李榮의 주도로 1250·1251～1253년 사이에 이루어진
『大方廣佛華嚴經世主妙嚴品』제1의 판각사업[111]에 초청되어 이를 조성
하는데 관여한 승려이다. 그런데 그와 동일한 법명을 가진 인물이 강화
경판 대장의 판각사업에 참여하였는데, 이를 정리하면 <표 4-1-8>과
같다.

〈표 4-1-8〉志閑의 판각사업 참여사례

順	經名	卷次	函名	時期	雕造場所	張次	板數	法名표기	참여유형
1	佛說優婆塞五戒相經	1	入	1244년	大藏	제17·21장	2장	志閑	
	大藏	1244년 2장	총수량 2장						

山人 志閑과 법명이 동일한 志閑은 1244년(甲辰年)의 단 한 해만 대
장도감에서 강화경판의 대장에 입장된 경판의 판각사업에 참여하여 2장
의 경판을 판각하였다. 그가 판각사업에 참여한 기간과 판각량은 다른
산인들에 비하여 짧으나, 그 이유는 명확히 알 수 없다. 그런데 그가 판
각사업에 참여한 시기는 山人 志閑이 李榮의 청원으로『大方廣佛華嚴經
世主妙嚴品』제1의 조판에 관여한 고종 30년대 후반과 비교해 보면, 채
10년을 넘지 않고 있다. 이런 점은 곧 두 인물이 동일시기에 활동하고
있었음을 의미하는 것이다. 따라서 1244년(甲辰年) 대장도감의 판각사업
에 참여한 志閑은 山人 志閑과 동일인으로 가정할 수 있다.

이상에서 3명 즉 歸一·明覺·志閑의 판각사업 참여사실과 출신성분
을 파악해 보았다. 이들은 자신의 출신성분을 경판의 변계선에 판각해
두지 않았으나, 승려지식인의 한 부류인 산인이 분명하다. 이로써 본다
면, 강화경판의 경판 각수나 판각 기진자의 유형으로 참여한 산인출신들

---

111) 藤田亮策,「海印寺雜板攷」『朝鮮學報』138, 1991, 61～62쪽.

은 5명이나 된다. 그런데 이들 5명이 현재까지 파악된 수에 불과하다고
한다면, 판각사업에 참여한 승려지식인인 산인출신은 상당수 더 있을 것
이다.

이들의 사업 참여형태는 刻手나 판각 기진자였는데, 그것은 이들이
법명과 함께 판각해 둔 다른 사실을 통해서 알 수 있다. 즉 歸一·志閑
을 제외한 3명의 산인은 법명과 아울러 手·刊·刀 등과 같은 사실을
판각해 두고 있다. 이러한 사실은 자신의 참여형태를 판각해 둔 것으로,
판각사업에서 자신이 경판의 각수로 관여하였음을 표현한 것이다. 그리
고 歸一·志閑은 자신이 참여한 판각사업의 참여 형태를 밝혀 두지는
않았지만, 이들 역시 동일한 유형으로 관여하였을 것이다.

특히 경판의 판각 기진자의 유형으로 참여한 天台山人 了源[112]은, 최
소한 사업의 조직 내부의 소단위 책임자 정도의 위치에 있었던 것 같다.
이는 우선, 그가 誌文을 지었다는 사실에서 알 수 있다. 외장에 입장된
『禪門拈頌集』의 跋文을 쓴 鄭晏(奮)[113]과 『南明泉和尙頌證道歌事實』의
誌文을 쓴 全光宰[114]는 잘 알려진 바와 같이, 각각 막대한 財布施나 해
당 경판사업을 주도한 인물들이었다. 이런 점에서 본다면, 경판의 각수
로 誌文을 쓴 天台山人 了源[115]도 역시 조직 내에서 이들에 준하는 위
치에 있었다. 다음으로는 그가 총 38장으로 구성된 『放光般若波羅蜜經』
권7의 各張에 了源 이외, 다른 인물의 인명이나 법명이 판각되어 있음에
도 불구하고 마지막인 제39장에 '天台山人 了源手 摠39幅'라는 내용을
표기해 둔 사실[116]에서도 짐작할 수 있다. 동일권의 各張을 다른 인물이

---

112) 金潤坤, 앞의 논문, 236~238쪽.
113) 『禪門拈頌集』 권30, 鄭奮跋文.
114) 『南明泉和尙頌證道歌事實』 권3, 全光宰誌文.
115) '賴玆功德力 永脫輪廻報 嚴父與慈堂 優遊極樂鄕 了源誌'(『大方等大集經』 권3
　　(推函), 제34장).
116) 『放光般若波羅蜜經』 권7(榮函)의 각장에 판각된 인명이나 법명은 了源(元)이외,
　　桂眞(제19장~20장)·楊白(제21장)·良白(제22장)·學心(제23장~24장)·得寶

판각하였음에도 불구하고 天台山人 了源은 자신이 "총 39幅을 手刻하였다"고 표기해 두고 있다. 이러한 사실은 곧 그가 이 卷을 판각·기진한 것 이외, 책임자의 역할도 하였음을 의미한다. 그 다음으로, 앞서 설명한 것처럼 불교계 내부에서 산인의 위치가 下級僧 이상에 있었다는 사실에서도, 그는 단위 책임자였을 가능성이 있다.

각수의 유형으로 판각사업에 관여한 대다수의 산인들은 외적 강제가 아닌 자발적인 의지로 참여하였다. 이는 了源과 歸一 및 明覺의 경우 그 법명의 판각형식이 일정하지 않다는 점과, 了源·信成·歸一·明覺이 시기별 판각수량의 차이를 보이고 있다는 사실에서 짐작할 수 있다. 그리고 이는 明覺이 스스로 경판에 표기해 둔 사실에서도 확인된다. 明覺은 『大方等大集經』권17에 자신이 판각사업에 참여한 태도를 '明覺心'·'明覺心作'·'明覺手段心'·'明覺手段心工'이라는 형식으로 표기해 두고 있다. 이러한 표현은 "전심전력을 다 바쳤다"라는 뜻으로 자신의 심층으로부터 솟은 자부심의 발로에 의한 자발적 참여를 의미하는 것이다.[117] 따라서 무인집권기 승려지식인의 한 부류인 산인들은 파행적인 무인정권의 정국운영과 몽고 침략에 따른 민족과 불교문명의 위기를 극복하기 위한 염원과 실천에서 강화경판의 판각사업에 자발적으로 참여하였던 것이다. 이러한 태도는 앞서 설명한 바와 같이 산인들이 佛事나 佛法에 충실하였던 사실과도 맥락을 같이하는 것이다.

한편 당대 사회나 불교계 내부에서 신망과 영향력을 가지고 있었고, 또한 현실의 모순을 양심적으로 직시하고 있던 출가 은둔의 승려지식인 산인들의 자발적인 판각사업의 참여는 최씨무인정권의 측면에서 본다면, 이들이 제도권이나 체제내부로 흡수되었음을 의미한다. 이로써 파행

(제25장~26장)·元大(제27장~28장)·守和(제29장~30장)·金同(제31장)·文寶(제33장~34장)·呂輝(제35장~36장)·元卿(제37장~38장) 등이 있다.

117) 金潤坤, 앞의 논문, 250~251쪽.

적인 정권의 운영, 정권의 정통성과 도덕성의 결여, 民의 사회·경제적 몰락에 대한 원인 제공, 무리한 불교계의 재편 추진 등에 의해 정권내부와 民, 그리고 儒·佛的 지식인으로부터 빈번한 반발과 저항을 받았던 최씨무인정권은 정권의 안정을 도모할 수 있었을 것이다. 아울러 최씨무인정권은 이들의 흡수를 통해 체계적이고 효과적으로 대몽항전을 수행할 수도 있었을 것이다.[118]

그러나 양심적인 승려지식인의 한 부류로서 당대의 지식인들로부터 신망을 받고 있었던 산인들의 모두가 최씨무인정권의 안녕을 기원하기 위해 판각사업에 자발적으로 참여한 것은 아니다. 이는 판각사업에 참여한 산인 明覺과 志閑을 통해서 짐작할 수 있다.

> 가) 우리 황제의 수명은 하늘 끝까지 뻗치고 태자의 나이는 땅의 뒤편까지 이르며, 隣兵(몽고 침략군)은 와해하고 朝野는 거울과 같이 맑고 깨끗한 축원이 작용하옵고. 다음으로 晉陽侯[119](崔怡)가 장수하여 국가의 柱石되고 영원히 佛法의 울타리를 만들길 기원합니다. 또한 나의 돌아가신 아버지 및 죽은 누이·형제와 6친 친족이 三途(地獄·餓鬼·畜生)에 이르러 輪廻를 받은 사람은 모두 이 因業에서 구제되어 함께 극락세계로 坐化(往生)하기를 바라옵니다. 丙申年(고종 23 ; 1236) 12월 15일 優婆塞 鄭奮誌.[120]

---

118) 최씨무인정권이 山人을 대몽항쟁에 활용하려는 노력은 대몽항쟁기인 최이집권기에 內侍 출신의 曹溪山人 卓然을 몽고의 사신으로 파견하려고 한 사실(『東國李相國後集』 권9, 「古律詩」 '無可伴行卓然道者乞詩')에서 알 수 있다. 그러나 탁연은 이를 고사하고 승려의 본분을 지키기 위해 불교계로 귀의했다.

119) 원문은 候이나 侯가 옳다.

120) 다음 지문은 藤田亮策, 앞의 논문, 43쪽에서 소개하였으나, 원본과 달리 판독한 경우가 있다. 이에 여기서는 海印寺의 寺·私刊本을 인경해 둔 동아대학교 소장본을 근거로 다시 판독하였으며, 藤田亮策의 사례도 참조하였다. '用祝/ 我聖算亘天 儲齡後地 隣兵瓦解 朝/野鏡淸 次願 晉陽候長 爲國家柱石/ 永作佛法藩墻 更願 我先考及亡/姉兄弟 與六親眷屬 泊三途受輪廻/者 同承此因 共坐極樂世界 丙申年/ 十二月十五日 優婆塞鄭奮誌(『妙法蓮華經』 권 제7, 15장, 優婆塞 鄭奮誌).'

나) 황제의 직위는 하늘처럼 길고, 淸河相國의 壽命과 행복은 연장되고 크
며, 전쟁은 일어나지 않고 곡식은 풍년이 있으며, 法界와 生亡에 두루 함
께하고 같이 즐거운 언덕에 오르기를 엎드려 비옵니다.[121]

가)와 나)의 내용을 기원한 주체는 승려지식인 山人 明覺과 志閑이 아
니라, 이들을 초청하여 경판의 판각을 주도한 鄭奮(晏)과 '順安山城防護
別監同縣令興威衛攝散員' 李榮이다.[122] 산인 明覺과 志閑이 이내용을
기원하는 경판의 판각사업에 초청, 종사하였다는 점에서, 이 기원 내용
은 이들과도 무관하지 않았을 것이다.

그 내용에는 晉陽公 崔怡와 淸河相國 崔沆의 안녕을 기원하는 것이
포함되어 있기 때문에, 이들이 개량적 의식을 소유자한 인물로 이해될
수 있다. 그러나 이들의 기원내용 가운데 국왕의 지혜나 직위 및 수명의
안녕을 가장 우선순위에 두고 있다. 이러한 사실은 곧 그들이 최씨무인
정권 보다 국왕의 안녕을 최우선에 두는 의식을 가지고 있었음을 반증하
는 것이다. 이는 앞서 설명한 바와 같이 산인들이 무인정권에 의해 운영
된 현실정치에 참여하기를 거부하고 있었다는 사실과도 일치되는 것이
다. 이로써 산인 明覺과 志閑은 왕실이나 왕권의 안녕을 회구하였던 인
물로 볼 수 있다. 특히 이같은 의식은 이들이 판각사업에 참여한 시기와
근접한 고종 23년(1236)과 동왕 37·38년경[123]에 가지고 있었다는 점에
서, 이 기원 내용을 이들의 판각사업 참여의식으로 추정해 볼 수 있다.
따라서 이들의 판각사업 참여는 최씨무인정권보다 국왕이나 왕실의 장
수와 안녕에 대한 염원, 그리고 전쟁종식과 풍년의 기원과 같은 진호국
가의 염원에 있었던 것이다.

---

121) '伏爲 聖祚天長 淸河相國 壽祿延弘, 干戈不作 禾穀有稔 普與法界生亡 共登樂岸
   (『大方廣華嚴經世主妙嚴品』 제1 ; 藤田亮策, 앞의 논문, 61쪽).'
122) 藤田亮策, 앞의 논문, 43·61쪽.
123) 藤田亮策, 앞의 논문, 43·62쪽.

그 다음으로 산인 明覺의 경우는 佛法의 보호를 기원하는 의식도 가지고 있었다. 이러한 의식은 명각뿐 아니라 당시 산인들의 대다수가 가지고 있었던 것이다. 이러한 사실은 앞서 설명한 것처럼, 이 시기 승려지식인 산인의 상당수가 佛法의 수행이나 승려의 본분에 충실하였다는 점에서도 짐작할 수 있다. 그리고 이는 다음과 같은 사실에도 확인될 수 있다.

> 다) 심하다 달단(蒙古)의 환난이여! 그 잔인하고 흉폭한 성격은 이미 가히 말할 수 없다. 어리석음과 혼매함에도 지극하고, 또한 금수보다 심하니 곧 무릇 어찌 천하의 공격하는 바를 알겠으며, 佛法이라고 일컫는 것이 있겠는가? 이로 말미암아 무릇 경유하는 곳은 佛像과 梵書가 없으니 모두 불태워 없었기 때문이다. 이에 부인사에 소장된 대장경의 판본 또한 싹 쓸어 남음이 없다. 오호라! 여러 해의 공덕이 하루아침에 재가 되어 나라의 큰 보물이 상실되다.[124]

> 라) 고종 16년(동왕 25년의 誤記) 戊戌 겨울에 서산(蒙古)의 병화로 (황룡사의) 塔·寺·丈6尊像·殿宇가 모두 불타버렸다.[125]

몽고의 침략은 고려의 佛像·梵書(佛書)·『符仁寺 大藏經』(소위 초조대장경), 皇龍寺 塔·丈六尊像·殿宇 등과 같이 진호국가의 성격을 가진 귀중한 불교 문화유산의 유실을 가져왔다. 그리고 이들 불교 조형물의 소실과 아울러 사원 건축물의 파괴, 사원의 인적·물적 자원의 피폐화를 초래하였다. 특히 고려 사람들에게 國之大寶인 대장경판은 문명의 구체적 재산이었다. 이로써 고려 사람들은 몽고를 조국의 침략자인

---

124) ‘甚矣 達旦(蒙古)之爲患也 其殘忍凶暴之性 已不可勝言矣 至於癡暗昏昧也 又甚於禽獸 則夫豈知天下之所敬 有所謂佛法者哉 由是 凡所經由 無佛像梵書 悉焚滅之 於是 符仁寺之所藏大藏經板本 亦掃之無遺矣 嗚呼 積年之功 一旦成灰 國之大寶喪矣(『東國李相國集』권25,「雜著」‘大藏刻板君臣祇告文’).’

125) ‘高宗十六年(25年의 誤記)戊戌冬月 西山(蒙古)兵火 塔寺丈六殿宇皆災(『三國遺事』권3, 塔像 4, 黃龍寺九層塔).’

동시에 문명의 파괴자로 인식하고, 조국을 방위하고 문명(佛法)을 수호한다는 의식에서 대몽항전에 참여하였던 것이다.126) 이런 점을 고려한다면, 앞 장에서 설명한 바와 같이 당대의 고려 사람들에 못지않게 佛事나 佛法을 소중히 여겼던 산인들도 불교문명과 사원 건축물·조형물의 파괴, 사원의 인적·물적 자원 약탈을 자행하면서 불교계에 큰 타격을 주었던 몽고 침략에 큰 위기의식을 느꼈을 것이다. 이에 佛法 수행과 승려 본분에 충실하였던 산인들은 불교계 문명의 위기를 극복하고, 불법을 수호하기 위하여 판각사업에 참여하였을 것이다.

불교계의 위기 극복이나 불법의 수호는 앞서 설명된 전쟁종식 즉 몽고 침략의 격퇴나 국가의 안녕, 최씨무인정권의 극복, 국왕의 장수 및 왕권복고와 동떨어진 사안이 아니라, 상호 연결고리를 가지고 있는 것이다. 이는 최씨무인정권과 몽고침략은 고려 불교계의 일부 사원이나 종파, 또는 그 전체에 막대한 타격을 초래하였으며, 국가의 존망을 위협하였다. 이러한 위기의 극복은 왕권복고와 전쟁종식으로 해결될 수 있는 문제이다. 이런 점은 산인 文胅이 '國界豊平'의 기원, 白蓮山人이 '聖祚遐長 皇基鞏固 宗室安寧而壽考'127)의 염원에서 불사에 참여하고 있는 점과 상통한다. 따라서 산인들의 판각사업 참여는 불법의 수호 이외, 전쟁종식과 고려 불교문명의 보호, 왕실의 안녕과 왕권복고의 염원과 실천에서 이루어졌던 것이다.

뿐만 아니라, 앞의 가)에서 알 수 있듯이 山人 明覺의 판각사업 참여 의식에는 亡父母와 가족 및 6親 親族, 그리고 모든 亡者의 극락향을 기원함도 있었다. 이는 그 범위에서 약간의 차이를 보이고 있으나, 天台山人 了源이 판각사업에 참여하여 부모의 극락향을 기원128)한 사실과도

---

126) 李佑成, 「高麗中期의 民族敍事詩」 『韓國中世社會研究』, 일조각, 1991, 208쪽.
127) 『湖山錄』 권4, 「法華印成慶讚疏」.
128) '賴玆功德力 永脫輪廻報 嚴父與慈堂 優遊極樂鄕 了源誌(『大方等大集經』 권3, 제34장).'

일치하고 있다. 이러한 기원은 고려시대 佛事에 참여한 인물들이 가지고 있었던 일반적인 의식이다. 이로써 본다면, 了源 이외 대다수 산인의 참여의식도 功德信仰에 근거한 부모의 극락왕생을 기원함에 있었을 것이다.

이상에서 승려지식인 산인들의 판각사업 참여의식은 공덕신앙에 기초한 亡父母나 家族 및 親族 등의 극락향의 기원 이외, 국왕·왕실의 안녕 및 왕정복고의 염원, 전쟁종식을 통한 국가와 불교계 및 불법의 수호를 기원하거나 실천함에 있었다. 즉 이들의 판각사업 참여는 지식인으로서의 당대의 민족과 불교계의 위기나 현실모순을 인식하고 이를 극복하기 위한 실천에서 이루어진 것이다. 이들의 자발적인 참여는 불교계의 승려나 세속인들의 판각사업 참여에 촉매제 구실을 하였을 것이며, 또한 당대의 민족과 불교계의 위기나 현실모순을 극복하기 위한 분위기 조성과 확산에 선구적인 역할을 하였을 것이다. 그 결과 13세기 중엽 고려 사람들은 몽고에 대한 장기적 항전의 지속, 세계적인 민족적 문화유산의 완성, 그리고 이후 무인정권의 극복을 통한 왕권복고를 가능케 하였던 것이다.

3. 향리층의 참여와 그 의식

강화경판 『고려대장경』의 판각사업에는 鄕吏層도 참여하였다. 외장에 편제된 『慈悲道場懺法』 권9에 '戶長金□'과 '戶長中尹金鍊' 및 '戶長裵公綽'이 판각되어 있다는 사실[129]에서 확인된다. 『자비도량참법』 권9의 판각사업에 참여한 金鍊과 裵公綽은 戶長출신으로 鄕吏層이다. 이들의 판각사업 참여사실은 최근에 파악되었다.[130] 이를 근거로 재구

---

129) 『慈悲道場懺法』 권9, 제11·15·16·20장.
130) 金潤坤, 「『江華京板 高麗大藏經』의 체제에 관한 一考」, 1993, 180~187쪽 ;

성하면 다음과 같다. 戶長 金鍊과 裵公綽은『자비도량참법』권9 이외,
대장에 편제된 경판을 직접 판각하는데 참여하였다. 먼저,『자비도량참
법』권9에만 '戶長□□', '戶長金□', '戶長中尹金鍊'으로 표기해 둔 金
鍊은 1243년(고종 30 ; 癸卯年)~1245년(乙巳年)의 3년 동안 대장도감과
분사도감에서 대장에 입장된 경전의 6종·6권(無刊記 1종·1권 포함),
총 68장을 판각하였다.[131] 다음으로 '戶長' 裵公綽은 1243년(癸卯年)~
1244년(甲辰年)의 2년 동안에 양도감에서 대장에 편제된 5종·5권의 경
전(무간기 1종·1권 포함), 총 124장을 판각하였다. 따라서 향리출신인
金鍊과 裵公綽은 대장의 판각사업에도 직접 참여하고 있다.

그런데 이들은 자신들의 모든 성명이나 인명에 출신성분을 표기해 둔
것이 아니라, 극히 일부인『慈悲道場懺法』권9의 경판에만 판각해 두었
다. 戶長 金鍊은『자비도량참법』권9의 3장에만, 戶長 裵公綽도 역시 같
은 경전의 동일 권, 1장에만 자신들의 출신 성분인 戶長을 판각해 두고
있다. 특히 이들은 대장에 편제된 경전의 변계선에 자신의 인명만 판각
해 두었을 뿐, 그 출신성분에 대해 전혀 표기하지 않고 있다. 이런 사실
은 곧 판각사업에 참여한 향리출신들도 앞서 언급한 進士나 山人과 마
찬가지로 자신의 출신성분을 함께 판각하지 않는 것이 일반적인 사례였
다는 것을 입증하는 것이다. 따라서 각 경판의 변계선에 자신의 인명이
나 성명만 표기해 놓은 인물 가운데는 더 많은 호장출신이 포함되어 있
었을 것이다. 이러한 사실은 고려시대 향리층이 국가적 佛事에 조직적으
로 관여하고 있다는 점에서도 짐작할 수 있다.

자신의 출신 성분을 밝혀 놓지는 않았으나, 향리출신으로 파악되는
인물 가운데 한 인물은 尹洪이나 允洪 등으로 자신의 인명을 표기한 尹

앞의 책, 2002 ; 金潤坤,「『大般若經』의 刻成과 反蒙抗戰」, 1995, 142~145쪽 ;
위의 책 ; 金潤坤·金皓東, 앞의 논문, 1996.

131) 이 판각수량은 이미 언급된 내용(金潤坤, 위의 논문, 1993, 185쪽)을 일부 수정
하여 계산한 것이다.

弘이 있다. 그는 戶長 金鍊 및 裵公綽과 함께 『자비도량참법』 권9의 판
각활동에 참여한 사실에서 향리출신으로 파악되고 있다. 그는 1241년
(辛丑年)~1244년(甲辰年)의 4년 동안 대장·분사도감에서 대장과 외
장의 판각사업에 참여하여 10종·10권의 경전, 총 186장을 조성하였
다.[132] 그리고 尹洪은 자신의 참여 유형을 刀나 刊로 표기하고 있다는
사실[133]에서, 각수나 판각 기진자로 참여하였음이 분명하다.

현재까지 그들의 출신성분이 향리층으로 밝혀진 金鍊과 裵公綽 및 尹
弘 등 3명은 개인의 시기별 판각수량이 일정하지 않다. 경판이 無刊記인
경우를 제외하면, 金鍊은 1243년에 10장, 1244년에 40장, 1245년에 13
장을, 裵公綽은 1243년에 41장, 1244년에 73장을, 그리고 尹弘은 1241
년에 25장, 1242년에 48장, 1243년에 47장, 1244년에 45장을 각각 판각
하였다. 이들 3명의 개인별 판각수량은 시기에 따라 상당한 편차를 보이
고 있는데, 이는 곧 이들이 자발적인 의지에 의하여 판각사업에 참여하
였음을 간접적으로 드러낸 것이다.

4. 하급관료층의 참여와 그 인식

제3장에서 살펴보았듯이, 강화경판의 판각사업에는 국왕·종실과 고
위관료들도 사업의 발원, 대장도감의 운영, 사재의 시납, 완공의례 참여
등과 같이 다양한 유형으로 참여하였다. 또한 분사도감이 각도의 계수관
체제로 운영되었으며,[134] 교·속 이원적체계로 운영되면서 행정실무를
지방 관료들이 담당하였다[135]는 최근의 연구 성과를 통해서도, 지방 관

---

132) 金潤坤, 앞의 논문, 1993, 186~187쪽.
133) 『寶雲經』 권2(草函), 제28장 ; 『禪門拈頌集』 권4, 제19장.
134) 金潤坤, 「高麗大藏經의 彫成機構와 刻手의 性分」, 1990, 224~235쪽.
135) 崔永好, 「『江華京板 高麗大藏經』 邊界線 소재 인명의 판각사업 참여형태」 『한
　　국중세사연구』 2, 한국중세사연구회, 1995 ; 崔永好, 「13세기 중엽 경주지역 分

료들이 분사도감의 운영에 관여한 것도 알 수 있다.

뿐만 아니라 관료들은 경판의 각수의 형태로도 13세기 중엽 강화경판의 판각사업에 참여하였다. 고위 관료를 지낸 趙文柱[136]와 함께 하급관료들도 직접 참여하였다. 우선, 隊正 許白儒가 대장에 입장된 경판에 자신의 성씨와 출신성분을 '隊正 許'[137]로 표기해 두고 있다. 隊正 許白儒는 중앙군 2군 6위에 소속된 최하위의 權務 武官職이었는지, 鄕吏가 임명되는 지방의 一品軍 소속이었는지 명확하지 않으나, 다만 후자로 추정되고 있다.[138] 그런데 그가 지방 일품군 소속의 대정이라 할지라도, 그의 출신성분은 하급무신관료라는 것이 분명하다. 이로써 隊正 許白儒의 사례에서, 13세기 중엽 하급무신관료들도 경판의 각수로 직접 참여하였다는 사실을 확인할 수 있다.

경판의 각수로 참여한 하급관료는 許白儒 이외, 상당수의 인물이 더 있었을 것이다. 이는 앞서 설명한 바와 같이, 경판의 변계선 소재의 인명은 자신의 출신성분을 함께 판각하지 않는 경우가 일반적인 경향이었다는 사실에서 짐작할 수 있다. 특히 대정 허백유의 경우는 극히 일부의 경판에만 자신의 출신성분을 밝혀 두었다는 점을 통해서도 짐작할 수 있다. 그는 자신의 인명이나 성명을 판각한 총 38장의 경판 가운데『大般若波羅蜜多經』권23(玄函), 제1장의 한 곳에만 자신의 출신성분인 隊正을 표기해 두고 있다. 이같은 사실에서, 자신의 출신성분을 밝히지 않은 변계선의 인명 가운데에는 하급관료출신도 포함되어 있었다고 볼 수 있다.

司東京大藏都監의 설치와 운영형태」『新羅文化』27, 동국대, 2006 ; 崔然柱,『高麗大藏經 硏究』, 경인문화사, 2006.

136) 崔永好,「13세기 중엽 趙文柱의 활동과 정치적 성향」『한국중세사연구』16, 2004.

137)『大般若波羅蜜多經』권23(玄函), 제1장 참조.

138) 金潤坤,「『大般若經』의 刻成과 反蒙抗戰」, 1995, 143~145쪽.

그 가운데는 中敍(또는 沖敍)와 仁幹 등이 포함된다. 우선, 仲敍는
1214년(고종 원년)[139]부터 이미 飯子 및 金鐘 등과 같은 우수한 문화유
산을 만들었던 전문장인이었다.[140]

<표 4-1-9> 韓仲叙의 조성 佛具類

順	佛具類 名	조성시기	한중서의 소속·지위	조성주체	관련사원의 소속종파
1	高嶺寺飯子	1214년	壽寧宮主房 侍衛軍	壽寧宮主房 侍衛軍 公節	楊州 峯城縣
2	靑林寺鐘	1222년	匠	禪侶 盍簪	선종 계열, 古阜郡 扶寧縣
3	神龍寺小鐘	1238년	大匠	미상	春州 橫川縣
4	福泉寺飯子	1238년	別將同正	天水相國 趙廉卿 등	春州 橫川縣
5	智異山安養社飯子	1252년	工人 別將同正	道人 宗一 등	화엄종, 晋州牧 河東郡

※ 출전 : 許興植 편저, 『韓國金石全文』 중세하, 亞細亞文化社, 1984 ; 崔應天, 앞의 논문,
　　1988 ; 朴敬源, 앞의 논문, 1981 ; 黃壽永, 「新羅·高麗의 在銘 禁口」『海圓 黃義
　　敦先生 喜壽紀念 史學論文集』, 1960.12.

仲敍·韓仲敍·韓沖敍 등으로 자신을 표기한 한중서는 고려 고종 때
인 1214년부터 1252년까지 약 40년 동안 활동하면서 현존하는 飯子 3
점과 梵鐘 2점을 조성하였다. 활동기간동안 그는 京工匠에 예속되어 있
으면서 개인이나 사원의 승려가 주도하였던 사적인 造成佛事에 관여하
여 양광도(지금의 경기도)의 楊州를 비롯한 강원도의 春州 및 경상도의

---

139) 그가 「高嶺寺飯子」를 조성한 '崇慶二年甲戌'을 1213년(강종 2)이라 파악(崔應
　　天, 「高麗時代 靑銅金鼓의 硏究」『佛敎美術』 9, 동국대, 1988)하기도 하였으나,
　　'崇慶 2년'에 주목하여 잘못 해석한 것이다. 甲戌年에 초점을 맞추어 보면, 그
　　다음해인 1214년(고종 원년)이 분명하다 할 것이다(許興植 편저, 『韓國金石全文』
　　중세하, 959쪽).
140) 朴敬源, 「高麗鑄金匠考 - 韓仲敍와 그의 作品 -」『考古美術』 149, 韓國美術史
　　學會, 1981 ; 崔應天, 앞의 논문, 1988 ; 崔永好, 「13세기 중엽 智異山의 安養結
　　社 - 경상남도 고성군 玉泉寺 소장의 智異山安養社飯子를 중심으로 -」『考古歷
　　史學志』 17·18합, 동아대박물관, 2002.

晉州 등과 같이 여러 지역에 위치하였던 사원, 그리고 선종이나 화엄종과 같은 다양한 종파에 소속하였던 사원의 佛具類를 직접 만들었다. 임노동적인 성격의 京工匠이었던[141] 그는 이러한 주문 생산에 관여하면서 자신의 사적 경제력을 상당히 축적하였을 것이다. 또한 그는 이 기간동안 壽寧宮主房의 侍衛軍→別將同正, 匠→大匠으로 승진하기도 하였다. 고려시대 工匠과 그 자손은 유품관의 진출이 법적으로 금지되어 있었는데도 불구하고 그는 別將同正職을 가지고 있었던 것이다. 이처럼 국가가 그에게 유품직을 내려준 배경은 京工匠의 이탈을 막아 통제하려는 국가적 대응책[142]과 관련이 있을 것이다.

한편 강화경판에는 仲叙·中叙·冲叙라는 인명이 1238년 각수로 참여하고 있었다.

<표 4-1-10> 冲(中)叙의 판각사업 참여사례

順	經名	卷次	函名	時期	雕造場所	張次	板數	人名표기	참여유형
1	放光般若波羅蜜經摩	20	重	1238년	大藏	제26~27장	2장	冲叙	
2	訶般若波羅蜜經	4	芥	〃	〃	제2~15장 등	16장	冲叙·中叙 혼용	
3	道行般若波羅蜜經	6	淡	〃	〃	제1~6장 등	8장	〃	
	大藏 1238년 26장			총수량 26장					

충서는 판각사업의 초기인 1238년 대장도감에서 대장에 입장된 3종의 경판을 직접 판각하였다. 그는 자신의 인명을 冲叙와 中叙로 혼용하여 판각하였으나, 동일인물이다. 이는 사업초기인 1238년의 동일한 시기에 같은 卷의 경판에 그 인명이 혼용되고 있다는 점에서 추정해 볼 수 있다. 판각사업 초기인 1238~1239년 동안에 판각된 경판은 특정 동일

---

141) 金東哲, 「수공업과 염업」『한국사』19, 국사편찬위원회, 1996, 349쪽.
142) 徐聖鎬, 「高麗 武人執權期 商工業의 전개」『國史館論叢』37, 1992, 106~107쪽.

인 한 명 내지 두 명이 한 권의 전체를 조성하는 경우가 일반적 현상이
었다. 또한 이러한 사실은 경판의 변계선에 판각된 인물이 자신의 인명
을 표기할 경우, '冲'자와 '中(仲)'자를 혼용한 사례가 흔히 있었다는 점
에서도 확인된다. 경판의 인명표기에 '中'과 '冲'자를 혼용한 인물은 冲
敍 이외, 中玄이 있다. 주로 仲玄으로 자신의 인명을 표기하였던 中玄은
일부의 경판에 冲玄으로 판각하기도 하였다. 『法苑珠林』권5(覇函) 제34
장에는 冲玄으로, 제35장에는 仲玄으로 각각 자신의 인명을 표기하였다.
따라서 冲敍나 中敍도 동일인물로 단정해도 무리가 없을 것이다.

판각사업에 참여한 충서는 고종 당시 불교조형물을 조성한 한중서와
인명표기나 생존·활동시기가 같은 점으로 보아 동일인물로 짐작해 볼
수 있을 것이다. 이로써 판각사업에 참여한 충서는 別將同正이라는 하급
무신관료출신의 한충서라고 할 수 있을 것이다.

冲(中)敍의 판각사업 참여의식은 그가 조성한 작품의 지·발문에서
알 수 있다. 그 가운데는 고려 국왕의 축수·寶位延長 및 나라의 태평·
백성의 안정, 그리고 정토왕생 등을 기원하는 내용이 담겨져 있는데,[143]
이러한 의식은 匠人이었던 그 자신에게도 영향을 끼쳤을 것이다. 그는
국왕의 장수와 보위연장을 당시 실권자인 晋陽公의 수복연장보다 우선
에 두고 염원하고 있다는 점이 주목된다. 이 같은 순위 형식은 고려나
전근대시기 일반적인 佛事祈願의 한 형태로 이해될 수도 있다. 그런데

---

143) '崇慶二年甲戌(고종 원년; 1214년) 三月五日 壽寧宮主房侍衛軍公節亦 聖壽天長
國泰民安 兩主各保千秋 兼及亡妻聰明女離苦 得樂聞聲悟道之願 … 永充功德者
同願(同時住持惠成 同房侍衛軍仲敍)'(『韓國金石全文』「高嶺寺飯子」, 959쪽) 및
'今上寶位天長 晋陽公福壽延長 … 鑄成者 別將同正韓仲敍'許興植,「福泉寺飯
子」『韓國金石全文』중세하, 1027쪽 및 崔應天, 앞의 논문). 물론 이 가운데는
崔怡의 福壽延長을 기원하는 내용도 담고 있기는 한데, 이는 자신의 의지라기보
다 조성주체였던 天水相國 趙廉卿의 의지일 것이다. 그러면서 최이의 복수연장
앞의 내용에는 당시 고려 국왕인 고종의 寶位가 오래도록 연장되길 염원하고 있
다는 것을 알 수 있다.

이는 佛事 참여 당시 그의 사회적 위치나 성향과 연관지어 이해할 필요
가 있다. 그는 이들 불사의 참여 당시인 고종 원년에 壽寧宮主房의 侍衛
軍으로 왕실과 일정한 관련성을 가지고 있었으며, 동왕 25년에 하급무
반직인 別將同正으로 공인의 위치에 있었다. 이같은 성향이나 사회적 위
치에서 그는 최씨무인집권자의 파행적 정치운영을 경험하였을 것이고,
이를 극복하기 위한 대안으로 국왕의 장수와 보위연장을 기원하였을 것
이다. 이같은 기원의식은 그가 판각사업 참여 당시인 1238년에도 가지
고 있었다. 따라서 1238년 당시 別將同正의 위치에 있던 冲敍는 왕정복
고의 의식을 소유하고 있었으며, 이를 염원하기 위해 판각사업에 참여하
였을 개연성이 많다. 아울러 그 당시 별장동정으로 공인의 위치에 있던
그는 당대 全高麗 사람들과 마찬가지로 판각사업의 참여를 통해 몽고침
략의 격퇴라는 민족적 위기의 극복을 염원·실천하였다고 볼 수 있다.

또한 仁幹도 하급관료 출신이다. 1218년(고종 5) 7월에 시납한 景禪
寺 金禁口의 조성에 棟梁의 역할을 담당한 인물 가운데 李仁幹[144]이 있
다. 그가 이 불사에 관여할 당시에는 高麗國龍領隊正의 직위에 있었다.
이인간은 京軍인 2군 6위의 龍虎軍에 소속한 隊正의 위치에 있으면서,
1218년 景禪寺 金禁口의 조성 불사에서 동량의 역할을 담당하였다. 대
개 사원에서 행해진 불사에서 동량은 승려들이 담당하였음[145]에도 불구
하고, 경군인 2군 6위의 용호군 소속의 하급 품외 무관직인 대정이 그
역할을 담당하였다는 점이 주목된다. 이러한 대정 이인간과 동일한 인명
이 강화경판의 변계선에 판각되어 있다.

---

144) 이 金禁口의 조성·시납한 시기가 '時貞祐二年戊寅七月 日'을 고종 원년(1214)
으로 파악하고(『韓國金石全文』「景禪寺金禁口」, 961쪽) 있으나, 戊寅年은 興定
2년으로 같은 왕 5년이 분명하다.
145) '所謂棟梁者 凡浮屠之勸人布施 營作佛事者之稱也(『東國李相國集』 권25, 「記」,
'王輪寺丈六尊像靈驗收拾記').'

〈표 4-1-11〉 仁幹의 판각사업 참여사례

順	經名	卷次	函名	時期	雕造場所	張次	板數	人名표기	참여유형
1	增壹阿含經	46	如	1243년	大藏	제5장	1장		
2	生經	2	安	〃	分司	제13장	1장		
3	佛本行集經	4	宜	〃	大藏	제13·15장	2장		
4	〃	30	榮	〃	〃	제6·8장	2장		
5	摩訶僧祇經	12	優	1244년	分司	제27~28장	2장		
6	十誦律	2	攝	〃	大藏	제29장	1장		
7	〃	61	以	〃	〃	제31~32장	2장		
8	〃	32	政	〃	〃	제37~38장	2장		
9	〃	14	職	〃	〃	제28~29장	2장		
10	〃	27	從	〃	〃	제14~17장	4장		
11	四分律	10	華	〃	〃	제29~30장	2장		
12	〃	47	唱	〃	〃	제25~26장	2장		
13	〃	30	睦	〃	〃	제30~31장	2장		
14	根本說一切有部百一羯磨	4	受	〃	〃	제16~17장	2장		
15	善見律毘婆沙	6	姑	〃	〃	제31~32장	1장	31장 仁	
16	毘尼母經	7	叔	〃	〃	제23~24장	2장		
17	薩婆多毘尼毘婆沙	9	猶	〃	分司	제25~26장	2장		
18	阿毘曇八犍度論	2	子	미상	불명	제17~18장	2장		
19	阿毘達磨集異門足論	1	弟	1244년	大藏	제8~9장	2장		
20	阿毘曇毘婆沙論	3	投	미상	불명	제35장	1장		
21	〃	31	磨	1244년	分司	제40장	1장		
22	〃	37	磨	〃	〃	제33장	1장		
23	阿毘達磨大毘婆沙論	86	節	〃	大藏	제24장	1장		
24	〃	63	弗	〃	〃	제24장	1장		
25	〃	36	惻	〃	〃	제9장	1장		
26	阿毘達磨俱舍釋論	20	神	〃	〃	제5~6장	2장		
27	阿毘達磨俱舍論	8	疲	〃	〃	제20~21장	2장		
28	阿毘達磨順正理論	3	志	〃	〃	제1장	1장		
29	〃	45	意	〃	〃	제6~7장	2장		
30	〃	30	逐	〃	〃	제24~25장	2장		
31	〃	12	滿	〃	〃	제28~29장	2장		
32	阿毘達磨藏顯宗論	39	爵	1243년	〃	제20~21장	2장	20장 仁	
33	雜阿毘曇心論	5	摩	1244년	分司	제38~39장	2장		
34	尊婆須密菩薩所集論	4	邑	〃	〃	제7~8장	2장		

35	成實論	12	東	〃	大藏	제25~26장	2장	
36	出曜經	17	殿	〃	〃	제2~5장	4장	2장 仁,
37	釋迦氏譜	單	彩	1245년	分司	제48·58장 등	3장	3장 幹
38	經律異相	15	靈	1243년	〃	제14장	1장	
39	諸經要集	13	帳	〃	〃	제9~10장	2장	
40	出三藏記集	7	楹	〃	〃	제2장	1장	
41	大唐西域記	4	疑	1244년	大藏	제2~3장	2장	
42	續高僧傳	9	達	1243년	分司	제18장	1장	
43	廣弘明集	5	典	〃	〃	제25장	1장	
44	〃	7	典	〃	〃	제27~28장	2장	
45	廣弘明集	15	亦	1243년	分司	제20장	1장	
46	〃	10	典	〃	〃	제27~28장	2장	
47	法苑珠林	31	橫	1244년	〃	제36~37장	2장	
48	〃	82	會	〃	〃	제17~18장	2장	
49	〃	49	途	〃	〃	제18장	1장	
50	佛說大方廣善巧方通經	1	刑	〃	大藏	제16장	1장	
51	佛說佛母般若波羅蜜多大明觀想義軌	單	煎	〃	〃	제8~9장	2장	
52	佛說一切如來眞實攝大乘現證三昧大敎王經	11	威	〃	〃	제11장	1장	

		1243년	1244년	1245년	미상	소계	총수량
	大藏	7장	50장			57장	
	分司	13장	15장	3장		31장	
	불명				2장	2장	90장

仁幹은 1243년(癸卯年)~1245년(乙巳年)까지 3년 동안 대장·분사도 감에서 판각사업에 참여하여 총 88장을 판각하였다. 그는 자신의 인명을 仁·幹·仁幹·仁干와 같이 다양한 형태로 판각해 두고 있으나, 모두 자신을 표기한 것이다.

이같은 점을 염두에 두고, 판각사업에 참여한 仁幹과 隊正 李仁幹을 살펴보자. 두 인물은 고려 고종 때 생존·활동하고 있었고, 人名을 동일 글자로 표기하고 있으며, 그리고 佛事에 적극 관여하고 있다는 점에서 공통점을 지닌다. 이로써 이들은 동일인으로 추정해 볼 수 있을 것이다. 이런 점이 인정된다면, 판각사업에 참여한 仁幹은 2군 6위의 龍虎軍에 소속한 隊正이나 그 이상의 품계에 있던 하급무신관료이다.

그의 판각사업 참여배경은 현재로서 명확히 알 수 없다. 그런데 그가 고종 5년 景禪寺의 金禁口를 조성하는 佛事에서 '今生則皆得長壽 位至 公卿 來生則共證菩薩 親見阿彌陀佛之願'이라는 내용을 기원하고 있었다. 이런 사실에서 그의 판각사업의 참여의식을 짐작할 수 있다. 이 불사에서 그는 현세[今生]에서 모두 長壽와 직위의 상승, 그리고 내세에서 공히 극락향을 염원하고 있다. 그 기원의 대상을 자신뿐 아니라 현세와 내세의 모두를 포함하고 있다는 점은 그가 隊正으로 공인의 위치에 있었기 때문일 것이다. 그런데 그가 기원한 내용 가운데 주목되는 사실은 公卿까지의 지위상승을 염원하는 구체적 현실성을 가지고 있었다는 점이다. 물론 이 내용의 기원은 상하의 모든 관료층이 깊이 바라는 것이지만, 이를 구체적으로 새겨서 염원하고 있다는 점이 특이하다. 그렇다면, 그의 이러한 기원의식은 판각사업의 참여 당시까지도 소유하고 있었을 것이다. 따라서 그는 이같은 내용을 염원·실천하기 위한 의도에서 사업에 적극 참여하였던 것이다.

아울러 판각사업 참여당시의 시대적 상황이 몽고침략기였다는 점, 당시 그가 隊正이나 그 이상의 품계에 해당하는 관료의 위치에 있었다는 점에서, 그는 민족적 위기를 극복하기 위한 염원과 실천에서도 참여하였을 것이다. 특히 그가 왕실과 밀접한 관련성을 가진 2군 6위의 龍虎軍 출신이었다는 점에서 그는 왕권복고의 성향을 가진 인물로 추론해 볼 수도 있다. 이런 점이 인정된다면, 그도 역시 공인으로 파행적인 최씨정권을 극복하기 위한 기원에서 판각사업에 참여하였을 개연성이 있다.

이상과 같이, 판각사업의 참여자 가운데는 지방의 일품군이나 중앙 2군 6위 소속의 하급 무신관료인 別將同正·隊正 등도 포함되어 있다. 현재로서 명확히 알 수 없으나, 이들은 국가적 공역체계에 의하여 동원된 부류도 있었겠으나, 자발적 의지로 참여한 인물도 있었다. 그 대표적

인물은 別將同正 沖敍와 龍虎軍의 隊正인 仁幹이다. 이들은 판각사업의
참여를 통하여, 국왕의 수명·보위연장, 국가와 백성의 안녕, 崔怡의 壽
福, 자신의 장수와 관직상승, 극락왕생 등과 같이 다양한 내용을 염원하
였다. 그런데 이들이 판각사업에 참여한 당시 고려사회는 몽고침략과 파
행적인 최씨정권의 운영에 의해 건국 이래 최대의 민족적 위기와 현실적
피폐상을 겪고 있었던 시기이다. 이런 현실을 고려한다면, 이들의 판각
사업 참여의식은 침략 몽고군의 격퇴와 전쟁종식을 통한 민족적 위기와
파행적 정권과 같은 현실모순의 극복 염원·실천에 있었던 것이다. 특
히 이들이 하급관료 신분층으로서 公人의 위치에 있었고, 왕실과 일정한
연관관계를 맺고 있었던 전력이 있다는 점을 감안한다면, 이들이 가졌던
민족적 위기나 현실모순의 극복의식은 일반 군현민 못지않게 보다 적극
적이었을 것이다.

이상과 달리, 판각사업에 참여한 하급관료들 가운데는 최씨무인집권
자의 사조직의 일원도 포함되어 있었다. 이들은 최씨가의 家奴출신으로
앞서 설명한 沖敍나 仁幹과 출신성분이나 성향에서 다른 성격을 보이고
있다. 그 대표적인 인물이 李公柱·崔良伯·金式材(碩材)·金柱(用材)
·金大材·聶長守 등이다.[146]

최씨무인집권자의 사조직체는 맹주의 신변보호나 호종, 政敵의 체포
와 反崔氏武人政變의 진압, 정권세습의 관여 등[147]과 같이 최씨무인정
권의 안정과 지탱에서 핵심적인 역할이나 기능을 맡고 있었다. 그리고
이들은 최씨무인집권자 주도의 국가적·개인적 토목사업이나 조형물의
조성사업에도 적극 관여하였다.[148] 뿐만 아니라 이들은 강화경판의 판

---

146) 崔永好,「武人政權期 崔氏家의 家奴와『高麗大藏經』판각사업」『釜山女大史學』
   10·11합, 230~231쪽.
147) 崔氏家의 사조직체인 門客·家兵·家奴 등이 이같은 역할을 한 사례는 더 많이
   찾아 볼 수 있다(『고려사』권129, 崔忠獻傳~崔誼傳).
148) 尹龍爀,「江都의 經營과 防備」『高麗對蒙抗爭史硏究』, 고려대 박사학위논문,

각사업에도 적극 참여하였다. 즉 이들은 목재의 벌목에서 경판용재의 연
판까지의 작업과정에 동원·투입되었으며,[149] 財布施, 경판의 筆寫·刻
手 등과 같은 유형으로도 판각사업에 참여하였다.[150]

최씨무인정권 사조직의 판각사업 참여는 다음 사실에서 짐작할 수
있다.

> 기해년(원종 5년 6월)에 宣旨에 이르기를 … "金俊이 과인의 親朝를 위
> 하여 仁王法會를 개설하고자 하여, 이 경전(인왕경)의 新舊譯本 각 102부를
> 印成하였다. (그리고) 사자좌 100구를 조성하고 그림을 채색하여 장식하였으
> 며, 공구의물에 이르기까지 정성들여 갖추지 않음이 없으니 충성이 대단하였
> 다. 그러므로 金俊의 丘史 10명으로 初入仕를 허용하고, 10명의 眞拜把領
> 과 親侍 20명에게 복두를 임시로 쓰게 하며, 造成監役人에게 모두 작을 내
> 려주며 諸色의 匠人에게 또한 물품을 차등있게 내려라"고 하였다.[151]

당시 무인집권자인 金俊이 주도한 국가적 불사나 공구의물의 제조-
『仁王經』의 印經, 師子座와 供具衣物의 제조-에 丘史·眞拜把領·親
侍 등으로 지칭되는 자신의 사조직체가 관여하고 있다. 이런 점을 고려
한다면, 최씨무인집권기에도 이들이 주도한 국가적 불사나 강화경판의
판각사업에 그들의 사조직체가 관여하였을 것이다. 최씨무인정권의 사
조직체로 판각사업에 참여한 인물을 정리하면, 다음의 <표 4-1-12>와
같다.

1987 ; 앞의 책 ; 崔永好,「崔氏武人政權의 國家的 土木事業 운영형재와 그 정
　치적 목적」『청강이형규박사고희기념논문집』, 마산전문대, 1994.
149) 文暻鉉,「高麗大藏經 雕造의 史的 考察」『佛敎와 歷史』李箕永博士古稀紀念論
　　叢, 1991, 502쪽.
150) 崔永好, 위의 논문, 1993.
151) '(元宗 5年 6月)己亥 宣旨曰 … 金俊爲寡人親朝 欲設仁王法會 印成是經新舊譯
　　各一百二部 造師子座一百 彩畵粧飾 至於供具衣物 無不精備 忠誠深重 以金俊丘
　　史十人 許初入仕 十人眞拜把領 親侍二十人 假著幞頭 造成監役人 皆賜爵 諸色
　　匠人 亦賜物有差(『高麗史』26, 元宗 5년 6월)'

〈표 4-1-12〉 최씨무인정권 사조직의 판각사업 참여사례

성명	A 군인명		B 군인명		참여시기	장소 및 수량				
	형태	출전	형태	출전		大藏	分司	未確認	小計	總計
李公柱	公柱	『高』129, 崔怡傳	公柱	K-1, 107권, 제1~3장	1237년	25			25	
					1238년	24			24	49
崔良伯	良伯	상 동	良白	K-2, 7권, 제21장	1237년	6			6	
	良白	상동서, 崔沆傳	楊白	K-2, 7권, 제21장						
	梁伯	『節』16, 고종 37년 3월	楊百	K-2, 15권, 제17~18장	1238년	6			6	12
畾長壽	長守	『高』129, 崔怡傳	長守	K-1406, 64권, 제25장	1243년	8	3		11	
	長壽	『節』16, 高宗 45년 2월			1244년	12	8		20	
			長受	K-1437, 1권, 제11장	미상			3	3	34
金式材 (碩材)	植材	『尙書』								
	植才	상 동	植材	K-934, 12권, 제6장	1244년	1			1	1
	式材	『高』129, 崔竩傳								
金柱 (用材)	用材	상동	金住	K-1501, 4권, 제31장	1243년	1			1	
	用才	『尙書』								
	柱	『高』130, 金俊傳	金主	K-1475, 8권, 제5장	1244년	1			1	2
金大材	大材	『高』129, 崔竩傳			1237년	2			2	
					1238년	2			2	
					1241년	4			4	
	大才	『尙書』	大才	K-2, 15권, 제9~10장	1242년	6			6	
					1243년	7			7	
					1244년	1			1	22
金祺			金己	K-801, 48권, 제10장	1243년	39	5		44	
			金奇	K-801, 58권, 제6~7장						
	祺	『高』130, 金俊傳	金寄	K-951, 43권, 제41~42장	1244년	19	16		35	
			金基	K-951, 15권, 제19장						
			金器	K-953, 10권, 제15~16장	미상			4	4	83
			金	K-801, 58권, 제5장						

* A)군 인물의 출전 중, 『高』는 『高麗史』(권129인 경우는 모두 崔忠獻傳에 附記된 것임)이고, 『節』은 『高麗史節要』이며, 『尙書』는 『1262년 尙書都官貼의 分析(上)』(許興植, 『韓國學報』 27, 1982)이다. 그리고 B군의 경우, K-숫자는 동국대 영인본의 고유 經名이다.
* B)인물군 출전과 판각 관계의 K-숫자는 『高麗大藏經』의 경명을 표시하는 것으로 동국대 영인본의 고유 경명이다.

〈표 4-1-12〉 - A)군의 성명은 최씨무인정권의 사조직체의 일원이며, B)군은 경판의 변계선에 판각된 인명의 일부이다. 이에 따르면, 崔怡·

崔沆의 사조직 가운데, 崔良伯·李公柱·聶長守·金柱(用材)·金植材(碩材)·金大材·金祺 등과 그 인명이 일치하거나 동음이자의 인물이 판각사업에 참여하고 있다. 이들은 각기 동일인으로 판단된다. 이는 먼저, <표 4-1-12> -A)군 인물과 B)군의 인명은 생존·활동 시기가 같다는 점이다. 전자의 인물이 생존·활동한 시기는 고종~원종 때이다. 그리고 후자의 인물인 公柱와 良白(楊白·楊百)이 1237~1238년에, 長守와 金住(主) 및 金己(奇·奇·寄·基·器)가 1243~1244년에, 植材가 1244년에, 大才가 1237~1238년과 1241~1244년에 각각 판각사업에 참여하고 있다. 이로써 본다면, 전자와 후자의 인물들은 동일하거나 근접한 시기에 생존·활동하고 있다.

다음으로는 A)군과 B)군의 성명이나 인명이 동일글자나 동음이자로 표기되어 있다는 사실이다. 앞서 설명한 바와 같이, 고려시대에 특정 동일인이 동음이자로 표기되는 경우는 상당수 있었다. 이런 점을 고려한다면, 동시대에 생존·활동하면서 동음자나 동음이자로 자신의 성명이나 인명을 표기한 <표 4-1-12>의 인물들은 상호 동일인으로 이해될 수 있을 것이다. 따라서 최씨무인정권의 사조직 일원인 崔良伯·李公柱·聶長守·金柱(用材)·金植材(碩材)·金大材·金祺 등도 판각사업에 직접 참여하였다고 볼 수 있다.

이들 가운데는 판각사업 참여 당시에 하급관료의 위치에 있던 인물도 포함되어 있다. 崔良伯과 李公柱는 최소한 南班 初入仕의 서리직이나 9품의 承旨職에, 金柱(用材)·金植材(碩材)·金大材 등은 초입사의 서리직이나 미입사직에, 그리고 聶長守는 무관의 하위직인 정9품의 校尉나 품외관인 隊正에 각각 위치하고 있었다[152]고 판단된다. 따라서 최씨무인정권의 사조직 가운데 하급관료에 있던 인물도 판각사업에 참여하였다. 여기서 하나 주목되는 사실은 이들 가운데는 판각사업 이후 최씨무

---

152) 崔永好, 앞의 논문, 230~231쪽.

인장권을 붕괴시키는데 결정적으로 기여한 인물들도 상당수 포함되어 있다는 점이다. 그 인물이 金俊의 아들인 金大材·金用材(柱)·金植材와 李公柱 등이다.153)

이들의 판각사업 참여배경은 자신의 현실적 입지를 확보하고 강화하고자 한데 있었다. 그리고 이들이 최씨정권의 안보에 첨병 역할을 하고 있었다는 점을 감안한다면, 이들은 최씨정권이 판각사업을 통하여 정권 내부의 모순을 해결하고 이를 통해 정권유지와 안정을 도모하려는 정치적 목적154)에 협조·부응하고자 한데도 있었을 것이다. 뿐만 아니라 그들 조직의 맹주인 최씨집권자의 長壽나 안녕을 염원·실천하고자 함에도 있었다.155)

그런데 이들 가운데는 판각사업에 참여한 이후 자신들이 가졌던 의식의 변화를 가져 온 인물도 있다. 그들은 김준의 아들인 金植材·金柱(用材)·金大材와 李公柱 등으로 장차 崔竩政權을 붕괴시키는데, 결정적인 역할을 한 인물들이다. 이들이 자신의 아버지인 김준과 더불어 판각사업에 참여한 이후 최의정권을 붕괴시킨 이유는 최의가 이들에 대해 신임이 약화되었고, 그에 따라 자신이 제거될 위기를 차단, 극복하고자 함156)이었다. 이로써 본다면, 이들의 反崔竩政權 항쟁은 정권운영에서의 소외에 대한 불만, 장차 자신들에게 닥칠 몰락 위기에 대한 대응에 있었다. 그런데 이들의 정변은 자신들이 최의정권을 붕괴시킨 이후 일시적으로 정권을 국왕 고종에게 바친 것157)에서 알 수 있듯이, 反崔竩政權과 왕정복고의 성격도 띠고 있었다. 이런 점에서 본다면, 이들이 반최의정권이나 왕

---

153) 『고려사』 권129, 崔忠獻 부 崔竩傳.
154) 閔賢九, 「高麗 對蒙抗爭과 大藏經」, 1978, 51쪽 ; 蔡尙植, 「信仰結社의 유행과 주도세력」, 앞의 책, 1991, 21쪽.
155) 崔永好, 앞의 논문, 226～233쪽.
156) 『고려사』 권129, 崔忠獻 부 崔竩傳 및 같은 책, 권130, 金俊傳.
157) 『고려사』 권129, 崔忠獻 부 崔竩傳 및 같은 책, 권130, 金俊傳.

정복고와 같은 의식을 가질 수 있었던 직접적인 계기는 최의와의 관계나 정권운영의 불만에서 나타난 것 이외, 강화경판 판각사업의 참여와도 일정한 연관을 가지고 있었다. 그것은 판각사업에는 국왕의 권위회복이나 안녕이 반영되어 있었고,[158] 반최씨정권이나 왕정복고의 염원이나 실천을 소유한 인물이 판각사업에 상당수 참여하고 있었다는 점에서도 짐작할 수 있다.

아울러 최씨무인정권의 사조직이 자발적으로 판각사업에 참여한 의도는 무엇보다 당시 몽고의 침략으로 인한 민족적 위기의 극복, 국가의 안녕에 있었다. 잘 알려진 바와 같이 판각사업이 추진되던 시기는 몽고의 침략에 의해 고려는 민족적 존립의 위기에 직면해 있었다. 그럼에도 불구하고, 당시 집권층들은 정권유지와 안정을 위하여 江華京으로 천도하였다.[159] 이에 따라 대몽항쟁은 농민과 천민이 주체가 되어 전개되었다.[160] 이 과정에서 노비층도 그 주체나 일원이 되어 민족적 위기를 극복하기 위해 대몽항쟁에 적극적으로 참여하였다. 그 대표적 사례는 忠州 奴軍이 대몽항쟁에 참여한 경우,[161] 충주산성 방호별감 金允侯와 함께 항전한 忠州 官奴의 경우[162]이다. 이로써 본다면, 당시 노비층과 일반 양인에 못지않는 현실적 입지를 향유하고 있던 최씨무인정권의 사조직도 몽고격퇴와 전쟁종식을 염원하였을 것이다. 이는 자신의 맹주인 최씨정권이 대몽고 항쟁을 주도한 점이나, 김준이 정권을 장악한 뒤에도 대몽항쟁 의식을 가지고 있었다는 점에서도 이해될 수 있다. 따라서 몽고

---

158)『東國李相國集』권25,「雜著」'大藏刻板君臣祈告文' 및 경판의 刊記.

159) 金潤坤,「江華遷都의 背景에 관하여」『大邱史學』15·16합, 1978, 91쪽.

160) 李佑成,「高麗中期의 民族的 敍事詩」『成均館大論文集』7, 1963 ; 앞의 책, 90
~91쪽 ; 姜晋哲,「蒙古의 侵入에 대한 抗爭」『한국사』7, 국사편찬위원회, 1973,
367~368쪽 ; 閔賢九,「高麗 對蒙抗爭과 大藏經」, 1978, 41쪽 ; 金潤坤,「抗蒙
戰에 참여한 草賊에 대하여」『東洋文化』19, 1978.

161)『고려사』권103, 李子晟傳 ;『고려사절요』권16, 고종 19년 정월.

162)『고려사』권103, 金允侯傳.

의 퇴각과 전쟁종식, 국가와 왕실의 안녕 및 국운의 연장,[163] 그리고 '福利邦國'과 '中外受福'[164]을 염원하기 위하여 조성된 판각사업에 이들도 참여하였던 것이다. 한편 이들은 망부모나 族人의 서방극락향의 기원이나 현실구복을 염원하기 위해서도 판각사업에 참여하였을 가능성도 있다.

이상과 같이 최씨무인정권의 사조직도 판각사업에 참여하고 있으며, 이들 가운데는 하급관료도 포함되어 있었다. 이들의 참여의도는 현실적 입지의 확보와 상승, 최씨정권의 안정과 유지를 위한 부응·협조, 최씨집권자의 수복에 대한 기원 등에 있었다. 그리고 이들의 판각사업의 참여를 통하여 자신과 가족의 극락향을 기원하기도 하였다. 그러나 이들이 판각사업에 참여한 가장 중요한 배경은 몽고침략에 따른 민족적 위기의 극복, 국가의 안녕과 국운의 연장 등을 염원하거나 실천함에 있었다. 한편 최씨정권의 안정과 유지를 위해 판각사업에 참여한 사조직의 일원 가운데는 사업의 참여 이후 그들의 의식이 변화된 인물도 있었다. 그들이 최씨정권을 무너뜨리고 일시적이기는 하지만 정권을 국왕에게 돌려주는데 주도적인 역할을 한 金大材·金植材·金用材 및 李公柱 등이다.

제2절 불교계의 참여

13세기 중엽 국가적인 불교사업으로 추진된 강화경판의 판각사업에는 당연히 많은 사원이나 승려층이 참여하였다. 제3장에서 살펴보았듯이, 開泰寺의 僧統인 守其(守眞), 內道場 殿主인 僧統 天其 등이 판각사업의 주도층으로 참여하였으며, 본 장의 제1절에서 승려지식인 山人들

---

163) 『東國李相國集』 권25, 「雜著」 '大藏刻板君臣祈告文.'
164) 『고려사』 권129, 崔忠獻 부 崔沆傳.

도 판각사업 등에 관여한 사실 등에서 확인된다. 또한 앞서 언급된 것처럼, 대장도감과 분사도감이 敎俗 이원적 체제로 운영되면서 승려들도 실무자 등으로 참여하였으며, 해인사·단속사·하거사·동천사 등 여러 사원도 판각공간으로 역할하고 있었다는 사실에서도 분명해진다.

특히 강화경판의 대장과 외장에 입장된 경판의 변계선 안팎에는 比丘·沙弥·和尙·道人 등과 같은 승려의 명칭이 판각되어 있으며, 지·발문에는 '符仁寺大師 淸守 孝如 刻'165)이나 '刻手 大師 釋比'166)와 같은 승계를 가진 승려들도 표기되어 있다. 여기서 승계를 가진 상층 승려들도 각수로 참여한 사실이 확인된다.

뿐만 아니라 당시에는 다양한 계열의 사원이나 승려들도 참여하였다. 당시 종세가 성장하고 있던 華嚴宗의 均如계열167)과 修禪社계통의 禪宗168) 및 天台宗의 白蓮社계열,169) 南海의 定林社170)와 迦智山門의 一

---

165) 『金剛般若波羅蜜經』(小字本, 貞祐 2년간), 제12장, 上祝文(동아대 석당전통문화
    연구원 소장, 海印寺寺藏經 印經本) ; 藤田亮策, 「海印寺雜板攷」 『朝鮮學報』
    138, 1991, 50쪽.
166) 『大方廣佛華嚴經淨行品』 2 板(藤田亮策, 위의 논문, 74쪽).
167) 崔炳憲, 「高麗時代 華嚴學의 變遷」 『韓國史研究』 30, 1980 ; 崔炳憲, 「高麗時代
    華嚴宗團의 展開過程과 그 歷史的 性格」 『韓國史論』 20, 국사편찬위원회, 1990 ;
    蔡尙植, 「信仰結社의 유행과 주도세력」 『高麗後期佛敎史研究』, 일조각, 1991.
168) 朴相國은 교종 승려가 중심이 되어 추진한 판각사업에 禪源寺 등과 같은 禪宗계
    열 소속 승려의 참여에 의문을 제기하고 있다(「大藏都監의 性格과 禪源寺 問題」
    『韓國佛敎文化思想史(上)』, 伽山李智冠스님華甲紀念論叢, 1005쪽). 그러나 대부
    분의 연구자들은 판각사업에 선종계열의 참여가 있었던 것으로 이해하고 있다.
    閔賢九, 「高麗의 對蒙抗爭과 大藏經」 『韓國學論叢』 1, 1978 ; 兪瑩淑, 「崔氏武
    人政權과 曹溪宗」 『白山學報』 33, 1986 ; 文暻鉉, 「高麗大藏經 雕造의 史的 考
    察」 『佛敎와 역사』, 李箕永博士古稀記念論叢, 1991.
169) 許興植, 「高麗高宗官版大藏經 造成經緯와 思想性」 『歷史敎育論集』 13·14합,
    경북대, 1990 ; 『韓國中世佛敎史研究』, 일조각, 1994 ; 許興植, 「高麗高宗官版
    大藏經 補板의 範圍와 思想性」 『美術史學論叢』, 蕉雨黃壽永博士古稀紀念, 1988 ;
    위의 책.
170) 文暻鉉, 위의 논문.

然계열,171) 이와 반대로 후퇴하고 있던 華嚴宗의 義天계열, 그리고 지방
의 群小 사원의 僧侶들까지 포괄되어 있었다. 이와 같이 판각사업에는
13세기 중엽 고려 불교계 내부의 상·하부 승려층과 여러 종파 및 전국
의 사원이 적극 참여하고 있다. 그리고 교감 책임자인 守其(守眞)는 참여
당시 불교계 내부에서의 위치나 역할이 沙門을 통솔하는 僧統172) 내지
그 상위인 五敎都僧統에 있었는데, 이는 곧 고려의 사원과 승려들이 조
직적이고 체계적으로 판각사업에 참여하였다는 것을 반증하는 것이다.
따라서 강화경판의 판각사업에는 당시 고려의 全佛敎界가 주도적으로
관여하고 있었다.

그럼에도 불구하고, 종래의 연구에서는 일부 한정된 자료를 활용하여,
일부 승려나 종파 및 사원의 참여 사례를 규명하고 있다. 특히 그 연구
에서는 대개 무인집권기 불교계의 동향이나 재편, 최씨무인정권의 불교
정책 등과 연관하여 설명하고 있다. 때문에 기존 연구에서는 13세기 중
엽 全佛敎界의 판각사업 참여사실을 충분히 설명하지 못하고 있는 실정
이다.

이에 최근에는 그 연구방향을 새롭게 하면서 불교 종파별·사원별로
구체적으로 검토해오고 있다.173) 그 결과 판각사업이 국가적인 불교사

---

171) 蔡尙植,「一然의 생애와 檀越의 성격」, 앞의 책 ; 金光植,『高麗武人政權과 佛敎
　　界』, 민족사, 1995 ; 閔泳珪,「一然重編 曹洞五位 重印序」『學林』6, 연세대,
　　1984.
172)『東國李相國集』권34,「敎書」, '華嚴業僧統都行 敎書官誥.'
173) 崔永好,「華嚴宗系列 僧侶의 江華京板『高麗大藏經』각성사업 참여」『釜山史
　　學』29, 1995 ; 崔永好,「海印寺 所藏本『大方廣佛華嚴經疏』·『大方廣佛華嚴經
　　隨疏演義鈔』의 판각 성격」『한국중세사연구』4, 1997 ; 崔永好,「南海地域의
　　江華京板『高麗大藏經』각성사업 참여」『石堂論叢』25, 1997 ; 崔永好,「瑜伽
　　宗의 江華京板『高麗大藏經』각성사업 참여」『釜山史學』33, 1997 ; 崔永好,
　　「天台宗系列의 江華京板『高麗大藏經』각성사업 참여」『지역과 역사』3, 1997 ;
　　崔永好,「江華京板『高麗大藏經』각성사업의 주도층」『韓國中世社會의 諸問題』,
　　金潤坤敎授停年紀念, 한국중세사학회, 2001 ; 崔永好,「13세기 중엽 江華京板

업으로 宗派間의 분파주의를 극복할 수 있는 통일정신이 반영되어 있었
다는 사실도 규명하고 있다. 아울러 판각사업에는 13세기 중엽 고려 불
교계의 민족적 위기와 현실 모순에 대한 극복 노력과 함께 불교문화의
창조적 발전 노력도 살펴보고 있다. 여기서는 종파별로 참여한 사례를
검토한다.

1. 화엄종의 참여와 그 의식

1) 참여 사례

12세기 후반 무인정권의 성립은 전통적으로 왕권 내지 왕실과 깊은
연관을 맺고 있었던 華嚴宗團 내부의 변화도 초래하였다. 화엄종계열 승
려들의 武人政權에 대한 항전의 전개,[174] 結社運動,[175] 그리고 宗團 내
부의 分派間에 주도세력의 변화 등이 그것이다. 이 시기 華嚴宗團 내부
의 분파간에는 義天계열의 후퇴와 均如직계의 부각이 있었다. 연구자들
은 均如계열의 성장을 재조대장경 판조사업의 참여와 관련지어 이해하

『高麗大藏經』의 刻成事業과 海印寺」『한국중세사연구』13, 2002 ; 崔永好, 「13
세기 중엽 경주지역 分司東京大藏都監의 설치와 운영형태」『新羅文化』27, 동
국대 신라문화연구소, 2006 ; 崔永好, 「13세기 중엽 강화경판 『고려대장경』의
조성공간과 경주 東泉社」『한국중세사연구』20, 2006 ; 崔永好, 『江華京板 高
麗大藏經 刻成事業의 研究』, 영남대 박사학위논문, 1996 ; 鄭東樂, 「『江華京板
高麗大藏經』造成의 參與僧侶層과 對蒙抗爭」『嶠南史學』7, 영남대, 1996 ; 崔
然柱, 앞의 책, 2006.
174) 金鍾國, 「高麗武人政權と僧徒の對立抗爭に關する一考察」『朝鮮學報』20·21
합, 1961 ; 閔賢九, 「月南寺址 眞覺國師碑의 陰記에 대한 一考察」『震檀學報』
36, 1973.
175) 秦星圭, 「高麗後期 修禪社의 結社運動」『韓國學報』36, 1984, 6~13쪽 ; 崔柄
憲, 앞의 논문, 1990, 210쪽 ; 崔永好, 「13세기 중엽 智異山의 安養結社 - 경상
남도 고성군 玉泉寺 소장의 智異山安養社飯子를 중심으로 -」『考古歷史學志』
17·18합, 동아대박물관, 2002.

고 있다. 즉 교정의 책임을 맡았던 守其와 均如의 저술을 재발굴하여 보
유판에 수록한 天其가 균여의 직계였다는 점이다. 이런 점을 고려하여,
대부분의 연구자는 강화경판의 판각사업을 주도한 종파를 최씨정권과
결탁된 修禪社계통의 禪源寺 이외, 화엄종의 균여직계로 파악하고 있다.

화엄종승려의 판각사업 참여사실은 제2장에서 언급한 것처럼, 화엄종
의 주요 경전이 대장과 외장에 포함되어 있다는 점에서 알 수 있다. 화
엄학의 바탕이 되는 3본『華嚴經』과『新華嚴經論』은 특이한 板式으로
대장에 입장되어 있다. 실무 담당자들이 國內 寺刹傳本의 판식을 계승하
여 입장한 것은 고려 화엄학의 발전을 반영하기 위함이었다. 이들 경판
을 수집·정리하고 대장에 입장하는데 적극 관여한 상층 실무 담당자
가운데는 화엄종계열의 승려들이 포함되어 있었다. 또한 외장에도 중국
이나 국내 화엄종의 고승이 저술한 경전이 상당수 포함되어 있다. 그것
은 唐 智儼의『大方廣佛華嚴經搜玄分齊通智方軌』10권, 唐 法藏의『華
嚴經探玄記』20권, 高麗 均如의『十句章圓通記』2권·『釋華嚴旨歸章
圓通鈔』2권·『華嚴經三寶章圓通記』2권·『釋華嚴敎分記圓通鈔』10권,
高麗 天其의『法界圖記叢髓錄』4권 등 7종이 있다. 특히 이들 경전 가
운데 고려의 고승이 편찬한 것은 5종이나 되며, 그 내용은 중국 뿐 아니
라 신라시대 이래 고려시대까지의 화엄학을 정리한 경전까지도 포함하
고 있다.[176) 이들 경전 가운데 均如 저술의『釋華嚴旨歸章圓通鈔』2권
은 天其나 그 제자들이 화엄종 사원인 開泰寺의 古藏에 보관되어 있던
것을 수정·유포한 간행본이다. 이런 점에서 본다면, 외장의 각성사업에
도 화엄종승려들의 협조와 참여가 있었던 것이다.

이러한 역할로 참여한 화엄종승려들 가운데는 僧統 守其(守眞) 및 僧
統 天其와 그 제자 등도 포함되어 있었다. 제3장에서 설명한 것처럼, 僧

---

176) 金相鉉,「『法界圖記叢髓錄』考」『千寬宇先生還曆紀念韓國學論叢』, 1989 ; 崔炳
憲, 앞의 논문, 1990.

統 守其와 內道場 殿主인 僧統 天其는 李奎報가 「大藏刻板君臣祈告文」
을 작성하여 판각사업의 이론적 토대를 입안하는 과정에서 적극 협조하
였다. 그리고 당시 재부상하고 있는 이들 均如계열은 義天에 의해 배제
된 4종의 균여저술이 외장에 수집·편입되었고,[177] 天其의 『法界圖記
叢髓錄』 4권이 義湘系의 신라 화엄학을 집대성한 것이며, 均如의 화엄
학 관계저서와 그 맥락이 같다는 점[178]에서도 판각사업의 실무자로 참
여하였다는 것을 알 수 있다.[179]

한편 판각사업에는 당시 부각하던 均如개열 이외, 후퇴하고 있던 義
天계열도 참여하였다.[180] 義天계열은 대장의 사본과 목록을 수집하거나
경전의 교감에 협조하기도 하였다. 이는 의천과 그의 법형제인 元景王師
樂眞이 작성하고 마무리한 정판의 사본과 목록의 골격이 大藏(正藏)에
유지되고 있다는 점[181]에서 짐작할 수 있다. 의천이나 그의 법형제인 원
경왕사 낙진에 의해 완성된 대장의 사본과 목록은 이들의 사후에 그들의
직계가 보관·관리하고 있었을 것이다. 이러한 사본과 목록을 판각사업
의 실무적 총책자인 守其가 대장에 반영·유지하기 위해서는 이를 보
관·관리하고 있던 의천계열의 협조와 참여가 요구되었을 것이다. 이런

---

177) 강화경판의 외장에는 開泰寺·法水寺·岬寺 등에 보관되어 있었던 고려 均如
   저술의 『釋華嚴旨歸章圓通鈔』 2권 등이 입장되어 있는데, 이는 균여 계열의 직
   계손인 天其나 그의 제자에 의해 이루어진 것이다. 이러한 사실을 근거로 균여
   계열이 강화경판의 판각사업에 주도적으로 참여한 것으로 이해되어 왔다. 閔賢
   九, 「高麗의 對蒙抗爭과 大藏經」 『韓國學論叢』 1, 1978, 45·48~50쪽 ; 崔炳
   憲, 앞의 논문 ; 蔡尙植, 앞의 책, 21쪽 ; 金光植, 앞의 책, 227~228쪽 ; 許興植,
   앞의 책, 162~169쪽.
178) 金相鉉, 앞의 논문, 179쪽 참조.
179) 韓基汶, 「江華京板 高麗大藏經 소재 均如의 著述과 思想」 『한국중세사연구』 4,
   1997 ; 崔永好, 「13세기 중엽 강화경판 『고려대장경』의 조성공간과 경주 東泉
   社」 『한국중세사연구』 20, 2006.
180) 崔永好, 「華嚴宗系列 僧侶의 江華京板 『高麗大藏經』 각성사업 참여」, 1995.
181) 許興植, 앞의 책, 172~173쪽.

점에서, 의천계열도 판각사업에 협조 내지 참여하였음을 알 수 있다.

아울러 이는 대장에 입장된 3본『화엄경』과『新華嚴經論』가운데 의천계열이 중시한 경전이 포함되어 있다는 사실에서도 짐작할 수 있다. 고려의 화엄종단[182]은 신라 北岳派인 義湘과 唐 智儼·法藏 등의 화엄학을 계승한 均如계열, 신라 元曉와 唐 李通玄의 화엄사상에서 영향을 받은 淸凉澄觀으로부터 화엄학을 전승·발전시킨 義天계열로 양분하고 있었다. 이러한 현상은 최씨무인집권기까지도 지속되고 있었다. 화엄종단 내부의 분화 요인의 하나는 화엄교학의 차이에 있으며, 이는 3본『화엄경』과 밀접한 관련성을 가지고 있다.

3본『화엄경』은 東晉의 佛馱跋陀羅와 唐나라의 實叉難陀 및 般若가 각각 번역한『大方廣佛華嚴經』60권(일명 60華嚴·舊華嚴·晋經),『大方廣佛華嚴經』80권(일명 周經·80華嚴·新華嚴),『大方廣佛華嚴經』40권(일명 貞元本)이 있다. 이들 경전 가운데「入不思議解脫境界普賢行願品」한 品으로 된 貞元本은 舊華嚴과 新華嚴의 兩經에 있는「입법계품」의 내용을 따로 확대한 것이므로 이를 통해 화엄종단 내부의 학파의 독립성을 구별하기는 어렵다.[183] 그러나 구역과 신역의 두『화엄경』에 나타나는 교학상의 차이는 신라 화엄종 내부의 양분-즉 北岳派과 南岳派-요인으로 작용하였다.[184] 즉 북악파 義湘의 화엄사상은 구역인 60화엄에, 남악파의 緣起는 신역인 80화엄에 각각 근거를 두고 있다.[185] 그

---

182) 崔炳憲, 앞의 2논문 ; 蔡尙植, 앞의 책, 18~19쪽 ; 高翊晋,「高麗佛教思想의 護國的 展開(Ⅱ)」『佛教學報』14, 1977 ; 許興植,「華嚴宗의 繼承과 所屬寺院」『高麗佛教史硏究』, 일조각, 1993 ; 許興植,「佛敎界의 새로운 傾向」, 위의 책.
183) 高峰了洲,『華嚴思想史』, 興教書院, 1942 ; 鎌田茂雄,『中國華嚴思想史の硏究』, 東京大出版會, 1965.
184) 崔炳憲,「高麗時代 華嚴學의 變遷」, 1980.
185) 이에 대해 화엄학파의 기원을 元曉에 두고,『화엄경』의 교학에 의한 원효학파와 의상학파의 사상적 근원을 달리 이해하기도 한다. 원효학파는 60화엄학, 의상학파는 80화엄에 각각 중심을 두고 있는 것으로 파악하였다. 그리고 여기에 기초

리고 義天이『화엄경』을 강론할 때 오직 80화엄의 주해서인 唐나라 清
凉澄觀의「淸凉疏(華嚴經隨疏演義鈔)」만을 기준으로 삼았다[186]는 사실
에서, 고려 중기까지『화엄경』이 특정 계열의 화엄학에 중요한 영향을
미치고 있다고 짐작할 수 있다. 따라서 60화엄과 80화엄은 신라시대 이
래 고려 중기까지 화엄종단 내부에 있어서 교학상의 기준으로 작용하고
있었다.

  이러한 3본『화엄경』은 均如계열이나 義天계열에서 중심으로 삼는
기준에도 공통적인 것과 더불어 차이도 있다. 그 가운데 의천계열이 중
시하여 기준으로 삼고 있던『화엄경』은 신역인 80화엄이다. 이는 의천
이 80화엄을 화엄학의 근거로 삼은 緣起의 저술에 관심이 많았다는
점,[187]『淸凉疏』를 주된 기준으로 삼아『화엄경』을 강론하였다는 점에
서 알 수 있다.[188] 그리고 의천계열은 화엄학의 연구에 있어서 80화엄의
經文을 해석한 李通玄의『신화엄경론』도 그들의 교학연구에 중요하게
활용하였을 것이다. 唐나라 開元 17년(729) 이통현이 찬술한『신화엄경
론』40권은 實叉難陀가 번역한『신화엄경』에 대하여 그 玄旨를 밝히고
經文을 해석한 것이다. 그런데 이『신화엄경론』의 經論은 文義 해석에
있어서 法藏 등의 설과 다른 부분이 많이 나오고 있다. 여기서 주목되는

  로 한 분화와 갈등은 종파형성기를 거쳐 고려의 몽고 침략기 당시까지 지속되고
  있다(許興植,「華嚴宗의 繼承과 所屬寺院」, 앞의 책, 182~183쪽)고 하였다. 그
  이해 방식은 일정한 타당성도 있으나, 한 두가지 사실이 해명되어야 할 것이다.
  그 일례로 원효가 60화엄학 중시하였다면, 그의 교학을 계승한 의천도 마찬가지
  로 舊譯本을 중시해야 할 것이다. 그러나 의천은 新譯本인 80華嚴의 주해서인
  澄觀의 淸凉疏를 중시하고 있다.
186) 崔炳憲, 앞의 논문, 200쪽.
187) 崔炳憲, 위의 논문.
188) 이는 의천 계열이 80화엄을 중시한 사실은 같은 계열의 승려로 추정되는 正覺僧
  統 靈炤가 명종 초기에 80화엄의 주해서로 파악되는『華嚴經淸凉宙演□』을 찬
  술하여 頒布한 사실에서도 알 수 있다(金龍善 편저,「金靈炤 墓誌銘」『高麗墓
  誌銘集成』, 한림대 출판부, 1993).

점은 다음의 두 가지 사실이다. 하나는『신화엄경론』을 저술한 李通玄은 의천이 상당한 영향을 받은 澄觀의 화엄학과 밀접한 관련성이 있다는 점이며, 다른 하나는 이 經論이 균여 계열에서 중요시한 法藏의 설과 다른 점이 많다는 것이다. 이런 점을 고려한다면, 의천이나 그 계열은 이통현 저술의『신화엄경론』을 자신들의 화엄학 연구에 중요한 기준으로 삼았을 개연성이 높다. 이런 점에서, 의천이나 그 계열은 80화엄과 이통현 저술의『신화엄경론』을 자신들의 화엄학 연구에 중요한 기준으로 삼았다고 볼 수 있다. 따라서 80화엄과 이통현 저술의『신화엄경론』은 의천 계열이 중시한 화엄학 경전이라고 볼 수 있다. 그런데 앞서 언급한 바와 같이, 대장에 입장된 80화엄과 이통현의『신화엄경론』은 특이한 판식을 가진 국내의 寺刹傳本이다. 이러한 경전이 대장에 입장되었음은 곧 의천계열의 협조와 참여가 있었음을 의미한다. 따라서 대장의 판각사업에는 균여계열 이외, 의천계열도 실무자나 교감자 등의 형태로 적극 참여 내지 협조가 있었다.[189]

〈표 4-2-1〉 孝如의 판각사업 참여사례

順	經名	卷次	函名	時期	雕造場所	張次	板數	法名표기	참여유형
1	放光般若波羅蜜經	19	重	1237년	大藏	제25·28장	2장	孝如	
2	法鏡經	1	乃	1238년	〃	제9~10장	2장	〃	
大藏	1237년 2장	1238년 2장	총수량 4장						

뿐만 아니라 均如직계와 義天계열은 공히 경판의 刻手로도 판각사업

---

189) 한편 현존의『원종문류집해』중권에는 의천이 중요시한 智儼의『探玄記』와 法藏의『搜玄記』의 해설을 중점적으로 수집·수록하고 있는데(許興植,「義天의 圓宗文類와 廓心의 集解」『韓國中世佛敎史硏究』, 일조각, 1994, 161~162쪽), 이 두 저술이 외장에 편입되어 있다. 이런 점에서 의천계열이 외장의 각성사업에도 협조·참여하였을 가능성을 배제할 수 없다.

에 참여하였다. 우선, 화엄종의 승려 가운데 孝如가 경판의 각수로 참여
하였다.

孝如는 1237년(고종 24 ; 丁酉年)·1238년(戊戌年)의 2년 동안 대장
도감의 판각사업에 참여하여, 4장의 경판을 판각하였다. 그러나 경판의
변계선에는 그의 법명만 새겨져 있어, 그의 출신성분을 알 수 없다. 그런
데 그와 같은 시기에 생존·활동한 승려들 가운데 동일한 법명을 가진
승려가 현재 해인사에 소장하는 외장으로 1214년(고종 원년)에 판각된
小字本『金剛般若波羅密經』의 제12장, 上祝文이 판각되어 있다. '符仁
寺大師 淸守 孝如 刻'이라는 내용이 새겨져있다. 따라서 이 경판의 판각
에 참여한 孝如는 符仁寺의 大師출신이며, 각수의 능력을 소유한 승려이
다. 그리고 그의 생존·활동 시기도 고려 고종 때이다.

이런 점에서, 符仁寺 대사출신의 각수 孝如는 강화경판의 판각사업에
참여한 孝如와 유사성을 많이 가지고 있다. 동시대 생존·활동한 승려
로 법명이 동일하며, 각수의 재능이 있다는 점에서 동일 승려로 짐작할
수 있다. 이러한 추정이 합당하다면, 판각사업에 참여한 孝如는 符仁寺
출신의 승려이며, 사업참여 당시 그의 僧階가 大師나 그 이상의 위치에
있었던 것이다. 특히 그가 소속한 符仁寺는 대구 팔공산에 위치한 사원
으로『符仁寺藏 大藏經板』이 보관되어 있던 화엄종계열의 소속 사원이
다.[190] 따라서 판각사업에 참여한 효여는 화엄종계열의 大師나 그 이상
의 승계를 소유한 승려라고 볼 수 있다.

다음으로, 龍壽寺와 같은 화엄종계열로 짐작되는 伽耶山 下鉅(鋸)寺
소속 승려들도 판각사업에 참여하였다. 현재 해인사에 보관된 외장 가운
데는 伽耶山 下鉅寺에서 판각된『大方廣佛華嚴經疏』4권과『大方廣佛
華嚴經隨疏演義鈔』2권[191]이 있다. 이들 경판의 판각시기에 대해서는

---

190) 許興植,『高麗佛敎史硏究』, 일조각, 1986, 156~157·251쪽.
191) 이들 경판 이외, 현존 海印寺 소장본 중에는 板尾題를 '花嚴經一下 五(六)'과

다양한 견해가 있으나, 1241년(辛丑年) 대장도감의 인적·물적 자원을
활용하여 판각되었다.[192] 그리고 소속 사원은『대방광불화엄경소』제3
권, 32장의 다음 장에 판각된 誌文의 내용에서 짐작할 수 있다.

> 龍壽寺社堂比丘玄揆 主張
> 下鋸寺道人 天章 戒湛 勸緣
> 道人 聞契 校勘
> 辛丑五月 日伽耶山下鉅寺 彫造

본 지문의 내용은 연구자들이 각기 달리 판독하고 있으나,[193] 최근
에는 동아대 石堂傳統文化研究院의 인경본을 근거로 정리·소개하였
다.[194] 본 판본의 조성과정에서 책임자인 主張의 역할을 담당한 玄揆는
龍壽寺 社堂의 比丘 출신이다. 그런데 義天의 嫡嗣인 無㝵智國師 戒膺
의 法孫들이 개창·주지한 安東 禮安面의 용수사는 고려 의종 때 賜額
되고 명종 때 창건불사가 마무리되었다.[195] 이런 점을 고려한다면, 용수
사의 지원을 받은 하거사는 같은 화엄종계열로 짐작해 볼 수 있다.

뿐만 아니라, 이들 경판을 직접 판각한 각수들도 그와 연관된 승려들

'抄四上 二十一(二)'로 표기한 잔편의『大方廣佛華嚴經疏』와『大方廣佛華嚴經
隨疏演義鈔』도 각각 1판 2장씩 남아있다. 이 경판의 조성 시기를 壽昌本 즉,『속
장경』의 일부로 파악(崔凡述,「海印寺寺刊鏤板目錄」『東方學志』11, 1970, 24
～25쪽 ; 金斗鍾,「中世印刷史(高麗印刷史)」『韓國古印刷技術史』, 탐구당, 1974,
102쪽)하였으나 이는 재검토할 필요가 있다.

192) 崔永好,「海印寺 所藏本『大方廣佛華嚴經疏』·『大方廣佛華嚴經隨疏演義鈔』의
　　 판각성격」, 1997, 134～140쪽.
193) 본 지문의 내용은 崔凡述(앞의 논문, 1970, 31쪽)과 藤田亮策(앞의 논문, 1991,
　　 56쪽)이 소개하고 있는데, 판독 과정에서 차이를 보이고 있다. 藤田亮策은 본 지
　　 문의 1행 '揆'字를 '機'字로, 4행의 '鉅'字를 '鋸'字로 각각 오독하였으며, 崔凡
　　 述은 소개 과정에서 원문의 자구와 행의 배열 형태를 임의로 하였다. 따라서 본
　　 논문에서는 오독 내용을 바로잡아 원문의 배열 형태로 소개하였다.
194) 崔永好, 위의 논문, 137쪽.
195) 許興植,「龍壽寺 開刱記」『高麗佛敎史硏究』, 일조각, 1986, 662～663쪽.

이었을 것이다. 먼저, 『大方廣佛華嚴經疏』 4권의 경판 각 변계선에 새겨
진 인물을 정리하면 <표 4-2-2>와 같다.

〈표 4-2-2〉소위 海印寺 寺藏本 『大方廣佛華嚴經疏』의 刻手名

刻手名	出典	비고	刻手名	出典	비고
光林	2권 22장 등		道宣	4권 14·15장 등	14장 道, 15장 宣
三旅	4권 29장 등		石光	1권 4·5장, 3권 26장 등	
王柱	1권 26·27장 등		義堅	4권 26~28장 등	
智一	4권 17장 등		惠耳	2권 20장, 4권 12·13장 등	12장 耳
弘正	3권 27·28장 등				

* 위의 刻手 이름 가운데 藤田亮策(앞의 논문, 1991, 55쪽)은 '石光'과 '三弥'의 두
  인물을 소개하였으나, 동아대 인경본에는 '三弥'가 아닌 '三旅'로 판각되어 있다.

본 개별 경판의 변계선에는 한 명씩의 法名이 판각되어 있는데, 확인
가능한 인물은 光林·道宣·三旅·石光·王柱·義堅·智一·惠耳·
弘正 등 9명이다. 그런데 이들은 1236~1251년까지 조성된 강화경판의
대장과 외장에 편입된 판각사업에도 직접 관여하였다.

〈표 4-2-3〉소위 海印寺 寺藏本 『大方廣佛華嚴經疏』 刻手의
'大藏' 刻成 참여 사례

順	刻手名	板刻時期	彫造處 및 板刻量				出典			
			大藏	分司	不明	총계	經名	卷次	函	張次
1	光林	1238년	17			73	放光般若經	2	榮	29장 등
		1239년	46				大方等大集經賢護分	4	伐	2장 등
		1241년	6				大般涅槃經	29	壹	2장 등
		1243년	4				佛昇忉利天爲母說法經	下	化	2장 등
2	道宣	1238년	8			228	摩訶般若波羅蜜經	6	芥	8장 등
		1239년	29				大方等大集菩薩念佛三昧分	3	民	2장 등
		1240년	45				大乘大集地藏十輪經	1	陶	11장 등
		1241년	30				大方等大集經	47	有	2장 등
		1242년	16				方廣大莊嚴經	10	歸	2장 등
		1243년	37	5			過去現在因果經	4	言	15장 등

							本事經	4	籍	13장 등
		1244년	9	1			摩訶僧祇律	8	學	16장 등
							阿毘曇毘婆沙論	40	磨	27장 등
		1245년	47				大方廣佛華嚴經(晋本)	40	問	2장 등
		1246년		1			新華嚴經論	27	刻	21장 등
3	三旅	1238년	4			365	摩訶般若波羅蜜經	10	薑	25장 등
		1239년	42				摩訶般若波羅蜜大明呪經	1	翔	1장 등
		1240년	44				寶星陀羅尼經	6	殷	1장 등
		1241년	41				大方等大集經	13	位	1장 등
		1242년	66				佛說方等般泥洹經	上	賓	1장 등
		1243년	32	11			佛說諸法本無經	下	五	2장 등
							正法念處經	64	終	2장 등
		1244년	65	10			大方廣佛華嚴經(晋本)	41	問	1장 등
							出三藏記	14	肆	27장 등
		1245년	32	6			大方廣佛華嚴經(周本)	26	平	1장 등
							釋迦氏譜	1	彩	44장 등
		1246년		8			新華嚴經論	18	碑	2장 등
		1247년		6			廣釋菩提心論	2	用	2장 등
4	石光	1238년	21			127	摩訶般若波羅蜜經	9	芥	17장 등
		1239년	24				道行般若經	2	淡	15장 등
		1240년	21				大寶積經	49	帝	8장 등
		1242년	13				四童子三昧經	中	賓	2장 등
		1243년	25	4			寶雲經	1	草	2장 등
							生經	4	安	13장 등
		1244년	18				阿毘達磨大毘婆沙論	4	仁	3장 등
		1245년	1				大方廣佛華嚴經(貞元本)	31	實	1장 등
5	王柱	1238년	4			114	聖善住意天子所問經	上	衣	23장 등
		1239년	39				道行般若經	3	淡	8장 등
		1240년	22				大寶積經	51	鳥	2장 등
		1241년	25				寶星陀羅尼經	5	殷	1장 등
		1242년	9				大般涅槃經	21	壹	2장 등
		1243년	36	5			入楞伽經	2	身	1장 등
							正法念處經	70	終	13장 등
		1244년	43	1			大方廣佛華嚴經(晋本)	36	朝	2장 등
							佛說入無分別法門經	1	顚	2장 등
		1245년	20				大方廣佛華嚴經(貞元本)	6	榮	1장 등
6	智一	1241년	5			59	寶星陀羅尼經	3	殷	16장 등
		1243년	32	11	1		大悲經	1	賓	4장 등

							經名			
							十住毘婆沙論	8	競	21장 등
							經律異相	28	丙	15장
		1244년	2	8			佛母出生三法藏般若波羅蜜多經	6	韓	15장 등
							法苑珠林	5	覇	39장 등
7	惠耳	1237년	9			176	放光般若波羅蜜經	17	重	29장 등
		1238년	2				佛說如幻三昧經	下	衣	1장 등
		1239년	23				小品般若波羅蜜經	9	鱗	1장 등
		1241년	38				大方等大集經	37	國	5장 등
		1242년	21				佛說普曜經	4	王	2장 등
		1243년	53	4	1		解深蜜經	2	盖	2장 등
							諸經要集	2	甲	34장 등
							續高僧傳	12	達	16장
		1244년	20				大方光佛華嚴經(晋本)	14	坐	2장 등
		1245년	5				大方光佛華嚴經(貞元本)	1	榮	2장 등

* 본 자료는 동아대 石堂傳統文化硏究院 소장의 인경본을 근거로 작성하였다.

『大方廣佛華嚴經疏』4권의 경판판각에 직접 관여한 9명의 가수들 가운데 光林·道宣·三旀·石光·王柱·智(知)一·惠耳 등 7명은 강화경판의 大藏 판각사업에도 관여하였다. 이들의 판각사업 참여기간은 최소 3년에서 최대 10년이나, 光林과 知(智)一 두 명을 제외한 나머지 7명은 7년 이상의 장기간이다. 그리고 이들의 개별 판각수량은 최하 59장에서 최대 367장으로 다른 참여자들의 평균치를 훨씬 넘기도 한다. 특히 道宣·三旀 4명은 229~367장의 경판을 조성하였는데, 이 수량은 일반 여타의 刻手나 경판 기진자들의 평균량을 훨씬 능가한다. 따라서 『대방광불화엄경소』4권의 경판을 판각한 9명 각수들 가운데 光林·道宣·三旀·石光·王柱·智(知)一·惠耳 등 7명은 1237~1247년에 대장의 각성사업에도 적극 활동하였다.

뿐만 아니라 이들은 『대방광불화엄경소』4권 이외, 외장에 편입된 다른 경판도 판각하였다. 특히 道宣·三旀·石光·王柱·惠耳(二) 등 5명의 전문 각수는 外藏에 입장된 『金剛三昧經論』·『禪門拈頌集』·『法界

圖記叢髓錄』・『釋華嚴經教分記圓通鈔』・『宗鏡錄』・『大藏一覽集』의 조성사업에도 직접 참여하였다. 그리고 道宣・石光・義堅・智一・惠耳 등 5명은『大方廣佛華嚴經隨疏演義鈔』2권의 경판도 판각하였다.[196]

이들은 伽耶山 下鉅寺나 龍壽寺 계통의 승려일 가능성이 높다. 우선, 본 경판의 조조 장소가 伽耶山의 下鉅寺이며, 판각사업의 전체를 총괄한 主張이 龍壽寺 社堂 소속의 比丘라는 점이다. 다음으로, 본 경판의 조판과정에서 핵심 역할을 맡은 主張과 勸緣 및 校勘은 출신성분이 比丘와 道人과 같은 승려층이라는 점이다. 셋째로, 이들은 主張 등과 달리 자신의 출신성분이나 소속을 전혀 표기해 두지 않았다는 사실이다. 넷째로,『大方廣佛華嚴經疏』4권은 화엄종계열에서 전통적으로 중시해온 경전류라는 점이다. 마지막으로, 石光・弘正・道宣・智一 등 대부분의 인명이 法名으로 짐작된다는 점이다. 이로써 1241년『大方廣佛華嚴經疏』4권을 조판하는데 관여한 이들은 伽耶山 下鉅寺나 龍壽寺의 소속, 또는 그 계통과 밀접하게 관련된 화엄종계열의 승려들로 짐작할 수 있다.

따라서 伽耶山 下鉅寺와 安東 禮安의 龍壽寺는 화엄종, 특히 義天계열의 사원이며,『大方廣佛華嚴經疏』4권을 판각한 각수들도 그 계통의 승려로 확정할 수 있다.

그 다음으로, 大升을 통해서도 화엄종 승려들의 판각사업 참여사실이 확인된다. 해인사에 소장된 외장인『佛說梵釋四天王陀羅尼經』1매 2장이 있다. 이 경판의 제2장에는 다음과 같은 지문이 있다.

伏爲
聖壽無疆隣兵永息時和
歲稔國泰民安之願

---

196) 崔永好, 앞의 논문.

丙申 六月日誌
刻手大升
海印寺彫造

본 경판은 1236년(丙申年) 6월 각수 大升이 海印寺에서 판각하였다.[197]
대승은 해인사에서 조판한 이 경판의 사업에 자신이 관여하고 있다는
점, 출신성분과 성씨도 없이 판각된 大升의 글자가 법명으로 이해된다는
점, 그리고 해인사 이외 자신의 소속 사원을 명확히 판각해 두지 않았던
점[198]을 통해서, 해인사 내지 그와 밀접한 관련성을 가진 사원이나 종파
출신의 승려였을 개연성이 있다.

한편 강화경판의 대장에 입장된 경판을 판각한 각수 가운데도 그와
동일한 법명을 가진 사례도 있다.

<표 4-2-4> 大升의 판각사업 참여사례

順	經名	卷次	函名	時期	雕造場所	張次	板數	法名表記	참여유형
1	摩訶般若波羅蜜經	11	薑	1238년	大藏	제11~18장	8장	18장 大	
2	摩訶般若鈔經	5	河	1239년	〃	제2~10장	9장	10장 大	
	大藏	1238년 8장	1239년 9장	총수량 17장					

大升은 경판에 자신의 법명을 앞 외자인 '大'자만으로도 표기해 두고

---

197) 藤田亮策, 앞의 논문, 63쪽 ; 崔永好, 「13세기 중엽 江華京板 『高麗大藏經』의
刻成事業과 海印寺」 『한국중세사연구』 13, 2002.
198) 大升이 소속사원을 판각해 두지 않았던 것은 자신이 소속한 사원에서 경전판각
사업을 하였기 때문이었을 것이다. 이러한 사례는 사원에서 간행한 藏經類에서
볼 수 있다. 그 일례로서, 해인사의 외장 가운데 至元 27년 乙亥(1275) 2월 仁興
寺에서 간행한 『法華經普門品』의 판각을 통해서 알 수 있다. 이 사업을 주관한
仁興社의 禪麟(蔡尙植, 「仁興社刊 『歷代年表』와 『三國遺事』의 찬술기반」, 앞의
책)은 자신의 참여 사실을 '山人 禪麟寫'로 판각하여, 자신의 소속사원인 仁興社
를 판각하지 않고 있다.

있으나, 동일인으로 이해해도 무방하다. 그는 1238년(戊戌年)·1239년 (己亥年)의 2년 동안 대장도감에서 2종의 경전, 총 17장을 직접 판각하였다.

이러한 대승과 『佛說梵釋四天王陀羅尼經』을 판각한 대승은 많은 공통점을 가진다. 같은 시기에 생존·활동하면서 법명이 동일하며, 각수의 기능을 소유하고 있었다는 사실에서, 두 인물을 동일 승려로 볼 수 있다. 이로써 그의 출신성분은 해인사와 일정한 연관이 있는 화엄종계열의 승려로도 볼 수 있다.

뿐만 아니라 판각사업에는 13세기 중엽 智異山 安養結社도 참여하였다. 이 사원은 화엄종계열로 파악된다.[199] 13세기 중엽 안양사의 飯子를 鑄成하여 시주한 인물 가운데는 華嚴業의 三重 勝壽·大選 景興·知識 正之가 포함되어 있다는 사실에서 짐작할 수 있다. 반자의 鑄成 과정에서 화엄종계열로부터 협조를 받고 있다는 사실은 지리산의 안양사가 그 계열에 소속된 사찰임을 의미한다.[200]

13세기 중엽 지리산 安養社의 飯子를 鑄成하는 과정에서 道人 宗一은 棟梁을, 長存은 사람을 부리는 使用의 역할을 하였다.[201] 이들은 자신들이 담당한 역할 이외, 道人이라는 출신 성분만 표기해 두었기 때문에 그들의 소속사원이나 종파를 명확히 알 수 없다. 그러나 이들은 지리

---

199) 崔永好, 「13세기 중엽 智異山의 安養結社 – 경상남도 고성군 玉泉寺 소장의 智異山安養社飯子를 중심으로 – 」, 2002.

200) 물론 이 시기에는 소속 종파를 초월하여 佛事를 협조한 사례가 보이기도 한다. 그런데 이 경우는 자신이 소속한 사원이나 종파에 포함된 승려의 참여가 있는 상태에서 타종파 소속 승려의 협조도 있었다. 그러나 지리산 安養社의 飯子에 협조한 소속종파의 승려는 그 실체를 명확히 알 수 없는 比丘尼 淸惠를 제외하면, 화엄종 승려뿐이다. 이런 점에서 본다면, 華嚴宗 僧의 협조를 받고 있었던 智異山 安養社는 그 종파와 관련있던 사원으로 판단해도 무리가 없을 것이다.

201) 許興植 編, 「安養社飯子」 『韓國金石全文』 中世下, 아세아문화사, 1984, 1040~1041쪽.

산 安養社의 조형물을 조성하는 佛事에 관여한 점에서, 그 사원이나 관련 종파의 승려로 이해될 수 있다. 또한 이들은 이 반자의 鑄成事業에서 각각 棟梁과 使用의 역할을 담당하고 있었다는 사실에서, 불교계 내부에서 중위급 이상의 위치를 확보하고 있는 승려였다고 짐작할 수 있다.

한편 이들과 동일한 법명을 가진 두 인물이 판각사업에도 참여하고 있다. 宗一과 長存은 1243～1245년까지 3년 동안 대장·분사도감에서 각기 총 43장과 총 63장(미상인 경우 제외)의 경판을 판각하였다.

<표 4-2-5> 宗一의 판각사업 참여사례

順	經名	卷次	函名	時期	雕造場所	張次	板數	法名表記	參與類型
1	中阿含經	1	履	1243년	分司	제4장	1장	宗一이하동일	
2	增壹阿含經	34	馨	〃	大藏	제7장	1장		
3	摩登伽經	上	思	〃	〃	제24장	1장		
4	佛說太子瑞應本起經	下	言	미상	불명	제15장	1장		
5	禪秘要法經	下	詞	1243년	大藏	제22장	1장		
6	生經	4	安	〃	불명	제28장	1장		
7	佛本行集經	7	宜	〃	大藏	제5·8장	2장		
8	摩訶僧祇律	7	學	1244년	〃	제21장	1장		
9	十誦律	28	從	〃	〃	제6～7장	2장		
10	〃	34	政	〃	〃	제9～10장	2장		
11	〃	53	以	〃	〃	제4～5장	2장		
12	四分律	6	和	〃	〃	제9～10장	2장		
13	〃	25	睦	〃	〃	제2장	1장		
14	〃	52	婦	〃	〃	제6～7장	2장		
15	毘尼母經	5	叔	미상	불명	제2장	1장		
16	阿毘曇毘婆沙論	11	分	1244년	分司	제30장	1장		
17	〃	40	磨	〃	〃	제39～40장	2장		
18	阿毘達磨大毘婆沙論	52	次	〃	大藏	제16장	1장		
19	阿毘達磨俱舍釋論	7	心	〃	〃	제3～4장	2장		
20	阿毘達磨順正理論	15	滿	〃	〃	제19～20장	2장		
21	佛說立世阿毘曇論	5	西	〃	〃	제11～12장	2장		
22	經律異相	46	傍	1243년	分司	제12장	1장		
23	陀羅尼雜集經	10	啓	〃	大藏	제12장	1장		

24	歷代三寶記	15	設	1244년	分司	제7～8장	2장	
25	續高僧傳	25	明	1243년	〃	제16장	1장	
26	法苑珠林	30	橫	1244년	〃	제16～17장	2장	
27	佛說未曾有正法經	6	遵	1243년	大藏	제6장	1장	
28	佛說一切如來金剛三業最上秘密大敎王經	7	法	1244년	〃	제1장	1장	
29	佛說一切如來眞實攝大乘現證三昧大敎王經	8	宣	〃	〃	제12장	1장	
30	佛說頂生王因緣經	3	馳	〃	〃	제4장	1장	
31	佛說大乘菩薩藏正法經	33	禪	〃	〃	제8장	1장	
32	華嚴經探玄記	10	무	1245년	分司	제3～4장	2장	

	1243년	1244년	1245년	미상	소계	총수량
大藏	7장	23장			30장	
分司	3장	7장	2장		12장	
불명	1장			3장	4장	46장

〈표 4-2-6〉 長存의 참여사례

順	經名	卷次	函名	時期	雕造場所	張次	板數	法名표기	참여유형
1	增壹阿含經	30	斯	1243년	大藏	제8장	1장	長存이하동일	
2	佛本行集經	5	宜	〃	〃	제18·20장	2장		
3	〃	44	所	〃	〃	제10·12장	2장		
4	摩訶僧祇律	17	優	1244년	〃	제25～26장	2장		
5	〃	37	仕	〃	〃	제7장	1장		
6	十誦律	5	攝	미상	불명	제50～51장	2장		
7	〃	24	從	1244년	大藏	제11～12장	2장		
8	四分律	23	睦	〃	〃	제22～23장	2장		
9	〃	49	唱	〃	〃	제12～13장	2장		
10	薩婆多毘尼毗婆沙	7	猶	〃	分司	제20장	1장		
11	阿毘曇八犍度論	4	子	〃	大藏	제4～5장	2장		
12	阿毘曇毘婆沙論	9	投	〃	分司	제26장	1장		
13	〃	34	磨	〃	〃	제18장	1장		
14	阿毘達磨大毘婆沙論	40	惻	〃	大藏	제1장	1장		
15	〃	58	次	〃	〃	제5장	1장		
16	〃	89	節	〃	〃	제14장	1장		
17	阿毘達磨俱舍釋論	16	神	〃	〃	제27～28장	2장		
18	阿毘達磨俱舍論	6	疲	〃	〃	제11～12장	2장		
19	阿毘達磨順正理論	4	志	〃	〃	제11～12장	2장		

20	〃	29	逐	〃	〃	제3~4장	2장	
21	〃	57	移	〃	〃	제15~16장	2장	
22	阿毘達磨藏顯宗論	5	雅	〃	〃	제17~18장	2장	
23	〃	21	好	〃	〃	제3~4장	2장	
24	尊婆須密菩薩所集論	5	邑	〃	分司	제3장	1장	
25	成實論	13	東	〃	大藏	제3~4장	2장	
26	出曜經	22	盤	〃	〃	제12~13장	2장	
27	經律異相	5	仙	1243년	〃	제12장	1장	
28	〃	10	仙	〃	〃	제14장	1장	
29	〃	19	靈	〃	分司	제15장	1장	
30	出三藏記集	14	肆	1244년	〃	제3~4장	2장	
31	續高僧傳	15	達	1243년	〃	제26장	1장	
32	〃	27	明	〃	불명	제29장	1장	
33	法苑珠林	3	覇	1244년	分司	제7~8장	2장	
34	〃	19	魏			제15장	1장	
35		43	途		〃	제14~15장	2장	
36	〃	70	踐	〃	〃	제21~22장	2장	
37	〃	88	盟	〃	〃	제29~30장	2장	
38	佛說海意菩薩所問淨印法門經	15	禹	〃	大藏	제11장	1장	
39	父子合集經	2	紫	〃	〃	제6장	1장	
40	大方廣佛華嚴經搜玄分齊通智方軌	2上	무	1245년	分司	제4~5장	2장	
41	華嚴經探玄記	5	무	〃	〃	제30~31장	2장	

	1243년	1244년	1245년	미상	소계	총수량
大藏		7장	34장		41장	
分司		2장	15장		4장	21장
불명		1장		2장	3장	65장

　이들이 판각사업에 참여한 시기는 안양사의 반자가 鑄成되기 7~9년 전이다. 이처럼 안양사반자의 주성과 각성사업에 참여한 宗一이나 長存은 각기 동일한 법명을 가졌고, 같은 시대에 생존·활동하고 있다. 따라서 두 宗一과 長存은 각기 화엄종계열의 동일 승려로 이해할 수 있을 것이다.

　이상과 같이 화엄종계열의 승려들은 僧統 守其나 天其와 같이 교감책임자나 중요 실무 역할 이외, 경판의 각수로도 판각사업에 참여하였

다. 이들의 소속 사원은 大邱 符仁寺, 伽耶山의 下鉅(鋸)寺나 安東 龍壽
寺, 海印寺, 智異山 安養社, 경주 동천사 등이 있으며, 관련된 승려는 大
師 孝如, 王柱·光林·石光·道宣·智一·三旀, 大升, 道人 宗一·長
存 등이 있다. 그런데 이들 10명은 지금까지 파악된 인원수에 불과하다.
그리고 이들 가운데는 각성사업 이전이나 이후에 사원 내부의 승계 조직
에서 최소한 중하위에 위치한 大師, 使用과 같이 해당 佛事에서 현장의
중요 실무를 담당한 승려들도 포함되어 있다. 이런 점은 종단의 하부에
위치하던 상당수의 화엄종 소속 승려들도 각성사업의 각수로 참여하였
음을 반증한다.

특히 이들 가운데는 均如계열과 義天계열이 모두 포함되어 있다. 우
선, 균여계열과 관련된 사원은 海印寺가 있다. 창건 이래 전통적으로 화
엄종 소속 사원이었던 해인사는 고려중기에 義天이 安居한 점[202]에서
이후 의천계열에 속하였다. 그러나 13세기 초반~14세기 전반기까지
均如의 직계손인 天其와 그 계열의 體元이 활동한 중요 사원이었다는
점[203]을 통해서 강화경판의 각성사업이 추진된 최씨무인집권기에는 均
如계열 소속의 화엄종 사원이었음이 확인된다. 따라서 해인사와 밀접한
관계가 있던 大升은 화엄종단 내부의 균여계열 승려이다.

다음으로 화엄종단 내부에서 義天계열에 소속한 사원은 앞서 언급한
안동 예안의 龍壽寺, 그리고 伽耶山의 下鋸寺가 있다. 그리고 대구 符仁
寺도 의천계열의 화엄종 사원이었을 것이다. 이는 大覺國師 義天의 嫡
嗣인 無㝵智國師 戒膺과 밀접한 관련을 가졌던 사원이었다는 사실[204]에
서 확인된다. 따라서 龍壽寺와 下鋸寺 및 符仁寺에 소속한 승려로서 경
판의 각수로 참여한 大師 孝如, 王柱·光林·石光·道宣·智一·三旀

---

202) 許興植,「華嚴宗의 繼承과 所屬寺院」, 앞의 책, 1986, 202쪽.
203) 蔡尙植, 앞의 책, 18·202쪽.
204) 許興植, 위의 책, 156~157쪽.

등은 의천계열로 분류할 수 있다.

이상에서 13세기 중엽 판각사업의 실무자나 각수와 같은 유형으로 참여한 화엄종계열의 승려들 가운데는 최씨무인집권기 종단내부에서 그 종세가 재부상하고 있던 균여계열 이외, 후퇴하고 있었던 의천계열도 포함되어 있다. 그리고 이들 가운데는 화엄종단의 조직내부에서 대덕고승을 비롯하여 중급 이상에 위치한 승려들도 망라되어 있었다. 이와 같이 화엄종단 내부의 각 분파와 모든 계층이 각성사업에 적극 참여하고 있다는 사실은 이 사업이 종단내부의 대립·분열과 같은 내부 문제를 극복할 수 있는 범종파적 국가 불교사업이었음을 의미한다. 따라서 판각사업은 당시 화엄종단 내부의 분파간·계층간의 분열주의를 극복하고 통일정신을 확보할 수 있는 매개체로 작용하였던 것이다. 특히 판각사업은 종파 내부만 아니라, 다른 종파와도 협력체계를 구축하는 사업이기도 하였다. 이는 앞서 설명한 것처럼, 수기나 천기 등이 판각사업의 진행과정에서 선종 등 다른 종파의 고승돌과도 교류를 하고 있었다는 사실에서 알 수 있다.

2) 참여 의식

13세기 중엽 화엄종승려들은 위에서 설명한 것처럼, 종단내부의 분파와 계층을 초월하면서 판각사업에 참여하였다. 이와 함께 이들 역시 잔혹한 몽고의 침략과 파행적인 최씨무인정권의 극복, 그리고 국태안민과 佛法의 常轉을 염원·실천함에 있었다. 특히 앞서 살펴 본 것처럼 僧統守其(守眞) 및 天其와 그의 제자들의 경우는 13세기 중엽까지 발전시켜온 화엄교학의 보급과 왕권복고의 기원에도 의미를 두었다. 여기서는 대구 符仁寺 大師 출신의 각수 孝如, 그리고 각수 大升 등의 참여의식을 살펴본다.

먼저, 고종 원년까지 대구 팔공산의 符仁寺에 소속되어 있던 大師 孝

如는 같은 왕 19년 몽고의 별동대가 부인사를 침략·소실한 이후, 어느 곳에 거주하고 있었는지 명확히 알 수 없다. 그럼에도 불구하고 그는 『符仁寺藏 大藏經板』과 부인사의 건축물 및 조형물과 같은 민족 문화유산의 소실, 그리고 그 사원에 부속된 물적·인적 자원의 약탈·살상 등을 목격하거나 소문으로 접하였을 것이다. 이에 孝如는 불법을 소중히 여기는 고려 사람들과 마찬가지로 몽고를 조국의 침략자인 동시에 불교문명의 파괴자로 인식하고,[205] 또한 그들을 사회·경제적 수탈자로 규정하였을 것이다. 이같은 인식은 자신에게 몽고 격퇴의 염원을 강력하게 가지도록 하였을 것이다. 이러한 현실인식에서 그는 강화경판의 판각사업에 참여하였을 것이다.

특히 그는 판각사업 참여이전부터 외적침략의 격퇴와 國泰安民을 염원하는 실천의식을 가지고 있었다.

> 황제의 수령은 萬歲하시고 국가와 백성은 태평·평안하며, 병란은 그치고 해는 풍년들며, 法輪은 常轉하고, 죽은 부모·자매·자녀와 아울러 법계의 산자와 죽은 자는 함께 서방정토에 태어나길 기원하면서, 특별히 『金剛般若經』을 조조합니다.[206]

1214년 10월 대사 孝如가 판각한 『金剛般若波羅蜜經』의 上祝文 내용에는 전쟁종식[207]과 국태안민의 염원이 포함되어 있다. 이로써 부인사 소속의 대사 효여는 자신이 판각사업에 참여한 1237·1238년보다 20여 년 가량 이전부터 외적격퇴와 국태안민을 염원하고 실천하고 있었다.

---

205) 李佑成,「高麗中期의 民族敍事詩」『成均館大學校論文集』7, 1962 ;『韓國中世社會研究』, 일조각, 1991.
206) '皇齡万歲 國泰安民 兵戢年豊 法輪常轉 先亡父母妹子女子 兼及法界生亡同生淨土之願 特彫金剛般若(藤田亮策, 앞의 논문, 50쪽).'
207) 다만 이 문장에서 孝如가 기원하는 전쟁종식의 대상은 몽고군이 아니라 契丹의 遺種 등이다. 그러나 몽고 침략기에는 몽고군을 대상으로 삼았을 것이다.

또한 그는 국왕의 만수무강과 풍년 및 佛法의 尙轉, 그리고 가족 등의
정토행을 염원하기도 하였다. 따라서 그는 이러한 내용을 염원·실천하
기 위해 강화경판의 판각사업에 참여하였다고 볼 수 있다.

　그런데 여기서 하나 주목되는 사실은 당시에 조성된 대부분의 대장경
판이나 불교조형물에 나타나 있는 기원문의 내용과 달리, 실권자인 최씨
무인정권의 안녕을 기원하는 내용이 전혀 없으며, 단지 고려 국왕의 안
녕을 염원하고 있다는 점이다. 이같은 사실에서 그는 왕정복고의 의식을
가졌다고 볼 수도 있다. 화엄종이 이전부터 왕실과 밀접한 관련을 맺고
있었다는 점에서도 짐작되는 부분이다.

　특히 효여가 소속한 부인사는 반최씨무인정권의 항쟁을 전개한 사원
이기도 하다. 대구 부인사는 신종 5년(1202) 10월 崔忠獻政權에 저항하
여 일어난 慶州別抄軍에 동조한[208] 義天계열의 사원이다. 부인사의 승
려들은 최씨정권이 화엄종단 내의 義天계열을 배제한 불교재편정책 등
에 반발하여 저항을 하였을 것이다. 그런데 효여가 부인사의 대사로 소
속되어 있던 시기는 이 항쟁이 전개된 시기와 12년 정도의 차이가 난다.
이런 사실을 고려한다면, 효여는 신종 5년 부인사의 승려 항쟁군에 가담
하였거나 최소한 그러한 전통을 이어 받았다고 볼 수 있다. 이로써 효여
는 당시 부인사의 현실인식을 계승한 반최씨정권의 의식을 소유한 승려
로, 왕정복고의 염원과 실천을 위해 판각사업에 참여하였다고 짐작할 수
있다.

　뿐만 아니라 均如계열의 화엄종 승려인 각수 大升도 효여와 같은 의
식을 가지고 판각사업에 참여하였다. 앞서 언급한 것처럼, 대승은 자신
이 판각사업에 참여하기 2~3년 전인 1236년(丙申年) 6월 海印寺에서
판각한『佛說梵譯四天王陀羅尼經』의 誌文에서 짐작할 수 있다. 위에 소
개된 원문을 해석하면 다음과 같다.

---

208)『고려사』권21, 신종 5년 10월 ;『고려사절요』권14, 신종 5년 10월.

황제의 수명은 무강하고 隣兵(몽고 침략군)은 영원히 종식하고, 시절은 조화롭고 해는 풍년들며, 국가는 태평하고 백성들은 안녕하길 엎드려 기원합니다. 병신년(1236) 6월 日 誌. 각수 大升. 해인사에서 조판하다.[209]

이 지문은 각수 대승이 직접 짓지 않았으나, 그 내용에 대해서는 공감하였을 것이다. 이 내용은 앞서 설명한 孝如의 祝文과 거의 유사하다. 황제의 만수무강, 몽고침략의 종식, 시절의 풍년, 국태안민 등을 염원하고 있다. 이 내용에서도 고려 국왕의 만수무강만을 기원하고 있으며, 당시 최고 실권자인 최이의 안녕 등에 대해서는 전혀 언급하지 않고 있다. 이런 점에서, 그도 역시 효여와 마찬가지로 왕정복고의 의식을 소유한 인물로 분류할 수 있다. 이로써 화엄종 승려인 대승도 판각사업의 참여 이전부터 풍년과 국태안민, 그리고 몽고침략의 격퇴와 왕정복고 의식을 가지고 있었으며, 이러한 의식과 염원을 실천하기 위해 강화경판의 판각사업에 참여하였을 것이다. 이런 점에서, 均如계열의 화엄종 승려인 각수 大升도 민족적 위기와 현실모순을 극복하기 위한 염원과 실천에서 판각사업에 참여하였다고 볼 수 있다.

위에 언급된 僧統 守其(守眞)와 內道場 殿主인 僧統 天其, 그리고 각수 孝如·大升 이외, 13세기 중엽 상당수의 화엄종 승려들도 국태안민과 몽고침략의 격퇴, 그리고 최씨무인정권의 극복 내지 왕권복고를 염원·실천하기 위해 판각사업에 참여하였다고 생각된다. 이는 화엄종 승려들이 판각사업의 전후시기에 이러한 의식을 가지고 실천하고 있었다는 사실에서 짐작할 수 있다.

우선, 화엄종단은 고종 때 외적격퇴와 국태안민을 기원하는 불교의례를 빈번히 개설하거나 실천하였다는 사실이다. 華嚴神衆道場은 고려 고종 때 처음 등장한 불교의례로,[210] 고려시대 총 38건 가운데 원종 9년

---

209) 伏爲\ 聖壽無疆隣兵永息時和\ 歲稔國泰民安之願\ 丙申 六月日誌\ 刻手大升\ 海印寺彫造(『佛說梵譯四天王陀羅尼經』 제2장, 해인사 소장본).

(1268)과 공민왕 18년(1369)의 각각 1건을 제외하면, 그 대부분인 36건
이 고종 때 집중되어 있다.[211] 그리고 고종 4년(1217)과 5년의 2건은 거
란의 침략, 같은 왕 36～43년의 34회는 몽고침략의 격퇴 기원과 관련된
불교의례이다.[212] 따라서 화엄신중도량은 護法神인 神衆 즉 佛力을 기
반으로 외적격퇴와 국태안민을 기원하는 불교의례이다.[213] 이 의례는
고종 때 海東宗의 王輪寺에서 행하기도 하였으나,[214]『화엄경』에 의거
하고 있다는 점을 고려한다면 화엄종 승려도 적극 참여하였을 개연성이
높다. 뿐만 아니라, 고종 4년 거란의 침략 때 화엄종계열의 소속 사원인
興王寺・弘圓寺의 승도가 從軍한 사실[215]은 화엄종계열 승려들이 판각
사업 이전부터 외적격퇴나 이를 통한 국태안민을 실천하고 있었음을 입
증한다. 따라서 13세기 중엽까지도 상당수의 화엄종 승려들은 외적격퇴
나 국태안민의 의식을 가지고 있거나 실천하고 있었다. 이런 점을 고려
한다면, 몽고침략의 격퇴를 기원・실천하기 위해 추진된 판각사업에 화
엄종 승려들이 상당수 참여하였을 것이다.

　다음으로, 13세기 중엽 전후에 화엄종 승려들은 反崔氏武人政權이나
왕권복고 의식을 소유하고 있었으며, 이를 실천하고 있었다. 이는 고려
의 화엄종이 전통적으로 왕실과 밀접한 관련을 맺고 있었다는 점, 그리
고 무인집권기 화엄종 승려들이 전개한 반최씨무인정권 항전 중에는 국
왕이나 왕실과 결탁되어[216] 정치적으로 왕정복고의 성향을 띠는 경우도

---

210) 洪潤植,「高麗 佛教信仰儀禮」『韓國佛教文化思想史』, 1975, 670쪽.
211) 呂東贊,『高麗時代 護國法會에 대한 연구』, 1970, 60～62쪽.
212) 尹龍爀,「고려 대몽항쟁기의 불교의례」『歷史教育論集』13・14합, 1990, 457～
　　459쪽.
213)『東國李相國集』권41,「釋道疏」‘爲相府禳丹兵大集神衆道場疏.'
214)『東國李相國集』권41,「釋道疏」‘王輪寺神衆法席日齋疏.'
215)『고려사』권129, 崔忠獻傳 ;『고려사절요』권15, 고종 4년 정월.
216) 閔賢九,「月南寺址 眞覺國師碑의 陰記에 대한 一考察」『震檀學報』36, 1973,
　　29쪽.

있었다는 점에서 알 수 있다.

화엄종승려들이 국왕과 연결되어 반최씨무인정권의 항쟁을 전개한 대표적 사례는, 이인로의 大叔으로 명종과 긴밀한 관계를 유지하였고[217] 화엄종 사원인 興王寺에 있던 僧統 廖一이 杜景升과 함께 명종 27년(1197) 9월에 최충헌을 살해하려고 한 사건[218]이다. 이 사건에는 명종과 밀착된 홍왕사의 승통 료일이 깊이 관련되어 있다는 사실, 사건 직후부터 최충헌이 명종의 폐위를 논의하고 실행에 옮겼다는 사실은, 이 사건이 국왕과 깊이 관련되어 있었으며, 반최씨무인정권·왕권복고의 성격을 띠고 있었다[219]고 볼 수 있다. 물론 이 사건은 명종의 폐위와 두 경승 등의 유배로 일단락되었지만, 고종 초기까지도 이 사건에 관련되어 있던 홍왕사의 승려들이 反崔忠獻항전을 지속하였다. 이는 위에서 언급한 바와 같이 고종 4년(1217) 거란군의 침략 때 종군한 興王寺·弘圓寺와 같은 화엄종계열에 소속한 사원의 승도들이 최충헌을 공격한 사실에서도 알 수 있다. 이 항쟁은 反崔氏武人政權의 경향을 가지고 있었다. 이런 점에서, 최충헌 집권기까지 화엄종 승려들 가운데는 상당수가 반최씨무인정권 내지 왕정복고의 의식을 소유하거나 실천하고 있었다는 것을 알 수 있다.

이후 최충헌정권을 승계한 최이는 고종 13년(1226) 8월 황금 2백 근으로 조성한 13층탑과 花瓶을 화엄종 소속사원인 興王寺에 기증하였다. 최이가 이 조치를 취한 이유는 최충헌집권기 화엄종계열 승려의 의식이나 움직임을 무마하기 위한데 있을 것이다.[220] 이로써 고종 4년 이후 화

---

217) 『破閑集』 중권, '明皇時 大叔僧統廖一 出入禁字間 不問左右二十餘年.'

218) 『고려사』 권129, 崔忠獻傳.

219) 이 사건은 명종폐위에 대한 반발의 성격과 反崔忠獻勢力의 결집(金光植, 앞의 책, 101쪽)으로 이해되고 있다.

220) 崔怡가 화엄종계열의 사원인 興王寺에 황금 13층탑과 화병을 기증한 것은 교종세력에 대한 그의 호의로 이해한 경우(金塘澤, 「高麗崔氏武人政權과 修禪寺」『歷史學研究』 10, 1981 ; 『高麗武人政權研究』, 1987, 238쪽), 均如계열의 직계손과

엄종계열의 사원이나 승려들이 반최씨무인정권 항쟁을 전개하지 않고
있다. 그러나 화엄종 승려들은 이후에도 이러한 의식을 지속적으로 간직
하고 있었을 것이다. 그것은 앞서 설명한 바와 같이, 고종 23년 6월 화엄
종의 중요 사원인 海印寺에서 조성된 『佛說梵譯四天王陀羅尼經』의
誌文에서, 실권자인 최이를 누락하고 고려 국왕의 만수무강만 기원하고
있다는 사실에서 짐작할 수 있다. 또한 이는 최이의 화엄종정책이 기존
의 화엄종 내부에서 소외되고 있던 均如계열의 직계손들로 하여금 화엄
종단을 장악하게 하였다는 점[221]에서도 추정될 수 있다. 최이가 균여계
열과 결탁하여 의천계열을 배제하였다면, 의천계열의 직계들이 반최씨
무인정권 내지 왕정복고의 의식을 계속 가지고 있었을 것이다. 이로써
13세기 중엽 의천계열을 비롯한 상당수의 화엄종 사원이나 승려들은 판
각사업의 참여 이전까지 反崔氏武人政權 내지 왕권복고나 안정에 대한
의식을 가지고 있었으며, 이를 염원·실천하기 위해 판각사업에 적극
참여하였다.

　이상에서, 화엄종 승려로 교감의 책임과 같이 중요 역할을 담당한 僧
統 守其(守眞), 內道場 殿主인 天其 및 그의 제자, 그리고 현장 작업장에
서 직접 활동한 符仁寺의 大師 孝如, 大升 등은 13세기 중엽 몽고침략의
극복, 국태안민, 파행적인 최씨무인정권의 극복 내지 왕정복고, 풍년, 불
법의 보급, 가족의 정토행과 같은 공덕신앙에 대한 염원이나 실천에서
판각사업에 적극 참여하였다. 이러한 기원 내용은 각각 개별적이지 않고
상호 연관성을 가지며, 대부분이 몽고침략과 최씨무인정권에서 파생된
다. 일례로 잔혹한 몽고침략이나 파행적인 최씨무인정권이 극복되면, 국
태안민이나 불법의 보급은 보다 쉽게 이루어진다. 따라서 13세기 중엽
상당수의 화엄종 승려들도 몽고침략과 관련된 민족적 위기의 극복, 반최

　　결탁으로 파악한 경우(蔡尙植, 앞의 책, 19쪽)가 있다.
221) 蔡尙植, 앞의 책, 18쪽.

씨무인정권 내지 왕권복고와 안정이라는 현실모순의 해결을 염원·실천
하는데 무게 중심을 두고 판각사업에 참여하였다. 특히 판각사업에서 핵
심적인 역할을 담당한 僧統 守其는 특정 종파 중심이나 분파주의의 배
타적 성향이 아닌 범종파적 의식을 가지고 판각사업에 참여하였다. 또한
이 시기 화엄종 승려들은 신라시대 이래 13세기 중엽까지 화엄종단 내
부에서 발전시켜 온 교학이나 불교문명을 판각사업에 반영·계승하고자
하는 의식에서도 참여하였다.

2. 유가종의 참여와 그 의식

1) 참여 사례

유가종 소속의 玄化寺가 「玄化寺碑陰記」와 『東國李相國集』 권25, 「大
藏刻板君臣祈告文」의 내용을 근거로 『符仁寺藏 大藏經板』(소위 『초조
대장경』)을 주도적으로 조성한 사실은 분석되었으나,[222] 강화경판 『고
려대장경』의 판각사업에 참여한 사례는 최근까지도 연구되지 못하고 있
다. 그 연유는 각성사업의 주체를 최씨무인정권이나 鄭晏으로 설정하여,
13세기 유가종 사원이나 승려가 실권자의 지원을 받지 않았으므로 그
종세가 침체하였다고 이해하고 있기 때문일 것이다. 이는 다음 사실을
통해서 간접 확인할 수 있다.

> 그(무인집권기) 때의 불교종파는 조계종, 천태종, 화엄종의 순서로 번영을
> 누렸고 유가종은 가장 침체해 있었다. … 정관에 비하여 보관에서는 유가종
> 과 관련된 저술이 제외된 까닭도, 유가종승의 참여가 실제로 없었음을 의미한
> 다고 생각한다.[223]

---

222) 岡本敬二, 「高麗大藏經版の刻成－玄化寺創建と開雕への途」『歷史學研究』特
　　　輯號, 朝鮮史の諸問題, 1953.

유가종 사원이나 승려들의 판각사업 참여가 적극 관심을 불러일으키지 못하는 연유는 무인집권기 이후 그 종단의 종세가 침체하였다는 점과 그 관련 경전이 외장에 포함되는 보판에 누락되어 있다는 점을 제시하고 있다. 이 근거와 함께 최씨무인정권 중심의 이해는 연구자들에게 유가종 승려들의 판각사업 참여사실을 규명하는데 장애물로 작용하고 있다.

그런데 이러한 근거나 이해방식은 유가종 사원이나 승려들의 사업참여를 저하시킬 수 있는 필요충분조건으로 한계가 있다.[224) 이는 최씨무인집권기에도 유가종의 종세가 어느 정도 유지되었고, 유가종과 관련된 주요 경전이 대장이나 외장에 포함되어 있으며, 이들의 참여사례도 직·간접적으로 확인된다는 사실, 그리고 최씨 부자나 정안이 판각사업을 주도한 것으로만 이해할 수 없다는 사실에서 짐작할 수 있다.

기존 연구에 따르면, 고려 국초에 성립된 유가종은 11세기 초기 현종의 玄化寺 창건부터 종세가 융성하여 12세기 초기인 인종 초기까지 지속되었으나, 인종 중기 이후부터 명종 때까지 침체기를 겪고 무인집권기에는 크게 침체하여, 그 소속 승려들의 활동이 거의 없었던 것으로 파악한다. 그 근거로는 무신집권초기 李義旼과 崔忠獻정권에 대항한 僧徒가 화엄종과 함께 유가종사원이 많았으며, 당시의 문집이나 금석문에 이들의 활동이 거의 적혀 있지 않다는 점 등을 제시한다.[225)

그러나 13세기 당시에도 유가종의 종세는 크게 침체하지 않고 어느 정도 존속하였다. 먼저, 이 시기에는 왕실이 유가종사원에 관심을 보이고 있다는 점이다. 고종이 유가종 사원인 玄化寺에 봉안한 안종·현종·

223) 許興植, 『韓國中世佛敎史硏究』, 일조각, 1994, 167·173쪽.
224) 이런 점들을 고려하여 최근에는 유가종의 강화경관 판각사업 참여사실을 확인하고 있다. 崔永好, 「瑜伽宗의 江華京板 『高麗大藏經』 각성사업 참여」 『釜山史學』 33, 1997 ; 崔永好, 『江華京板 高麗大藏經 刻成事業의 硏究』, 영남대 박사학위논문, 1996.
225) 許興植, 「瑜伽宗의 繼承과 所屬寺院」 『高麗佛敎史硏究』, 일조각, 1986, 212·218쪽.

강종의 神御를 같은 종단인 崇教寺로 옮겼고,[226] 또한 강종의 眞殿이 봉
안된 현화사에 행차하여 제례하였다는 사실[227]이 이를 입증한다. 둘째
로는 무인집권기 僧階를 가진 승려 가운데는 이들 종단출신도 포함되어
있었다는 점이다. 현화사의 大公이 1207년(희종 3) 大師의 승계에 있었
으며,[228] 충렬왕 때의 弘眞國尊 惠永이 1238년 首座 冲淵에게 입문하여
1244년 왕륜사의 選佛場에 선발되어 興德寺의 주지가 되고 1259년
三重大師의 승계를 받았다는 사실,[229] 충렬왕 때 승통이 된 彌授가
1258년에 選佛場 上品科에 뽑히고 國寧寺의 주지가 되었다는 사실,[230]
그리고 山陽縣 申厭達의 10세손인 瑜伽僧統 融玥가 무인집권기에 승통
이었다는 점[231] 등에서 이를 확인할 수 있다. 셋째로는 최씨무인이 유가
종에 대해 호의를 보였다는 점에서도 확인된다. 1221년 2월 당시 집권
자인 崔瑀(崔怡)가 유가종사원인 海安寺에 銀絲 香垸을 시납한 사실[232]
이 바로 그것이다.

이와 같이 13세기 유가종이 그 종세를 유지하고 있었다면, 이들 역시
당시 국가적인 불교사업으로 추진된 판각사업을 도외시하지 않았을 것
이다. 특히 후술하겠지만, 유가종의 현화사나 韶顯 등이 13세기 중엽 판
각사업 이전부터 경전을 印板 · 開板하여 유통한 경험과 능력을 축적하
고 있었다는 사실을 고려한다면, 이들 승려의 참여를 충분히 짐작할 수
있다. 아울러 유가종의 사원이나 승려들이 중시한 경전이 대장과 그 당
시 都監의 인력을 활용하여 조성된 외장에 입장되어 있다는 점에서도

---

226) 『고려사』 권22, 고종 4년 3월 기축.
227) 『고려사』 권22, 고종 12년 8월 정유.
228) 許興植 편, 「資福寺鉡子」『韓國金石全文』 中世下, 아세아문화사, 1984.
229) 許興植 편, 「大邱桐華寺弘眞國尊眞應塔碑」, 위의 책.
230) 許興植 편, 「法住寺慈淨國尊普明塔碑」, 위의 책.
231) 『湖山錄』 권4, 「遊四佛山記」. 『호산록』은 許興植이 소개한 자료(「眞靜國師의
生涯와 時代認識」『東方學志』 35, 연세대, 1983)를 인용하였다.
232) 許興植 편, 「貞祐九年銘銀絲香垸」, 앞의 책, 1984.

이를 확인할 수 있다.

유가종의 사상적 기반이 되는 소의경전은 唐나라의 玄裝이 漢譯한 『解深密經』과 『瑜伽師地論』[233] 및 『顯揚聖敎論』이며, 직접 관련된 경전은 『金光明經』이다. 유가종에서 『금광명경』을 중시한 사실은 현화사의 창건 당시 『금광명경』을 印板하고 가르쳤으며,[234] 慧德王師 韶顯이 海麟에게 출가하여 『금광명경』과 『唯識論』을 배웠고,[235] 현화사의 僧統 德謙(1083~1150)이 왕명에 따라 그 章疏인 『金光明經疏』 3권을 찬술한 사실[236] 등에서 입증된다. 또한 현화사의 창건 때 『大般若經』 600권, 3本 『華嚴經』, 『妙法蓮華經(일명 法華經)』 등이 印板되었다는 점[237]이나 韶顯이 窺基 찬술의 『法華玄讚』과 『唯識述記』 등의 章疏 32부·352권을 수집·開板·유통하고,[238] 弘眞國尊 惠永이 『金字法華經』 등을 寫經하였으며,[239] 居玄이 『大般若經難信解品記』 등을 저술한 점[240]에서, 『大般若經』, 『法華經』, 『華嚴經』 등도 유가종과 관련된 경전류임이 확인된다. 특히 유가종에서 중시한 경전은 소의경전인 『解深密經』과 『瑜伽師地論』 및 『顯揚聖敎論』, 그리고 『金光明經』과 『唯識論』 등이 포함된다.

이들 經典類의 전체는 대장에, 일부는 외장에 입장되어 있다. 특히 『大般若波羅蜜多經』 600권은 대장의 맨 앞부분인 天函~奈函에 배열되어 있다. 그리고 신라시대 이래 우리나라에 전래·유통된 曇無讖의 『금광

---

233) 徐閏吉, 「高麗 瑜伽·律·神印 等 諸宗의 性格과 그 展開」 『韓國史論』 20, 국사편찬위원회, 1990, 118쪽.
234) 許興植 편, 「玄化寺碑陰記」, 앞의 책, 1984.
235) 許興植 편, 「金山寺慧德王師眞應塔碑」, 위의 책.
236) 許興植 편, 「圓證僧統德謙墓誌」, 위의 책.
237) 許興植 편, 「玄化寺碑陰記」, 위의 책.
238) 許興植 편, 「金山寺慧德王師眞應塔碑」, 위의 책.
239) 許興植 편, 「大邱桐華寺弘眞國尊眞應搭碑」, 위의 책.
240) 許興植 편, 「法住寺慈淨國尊普明塔碑」, 위의 책.

명경』4권은『부인사장 대장경판』의 목록에 누락되었으나, 판각사업 당시 都監의 인력을 활용하여 2종의 경판을 새로 판각하였다. 1244년 분사도감에서 조성된 한 종류는 대장의 精函에 새로 추가·입장되었으며,[241] 都監의 각수 인력을 활용하여 1241년이나 1244년 이전에 판각한 다른 한 종류의 경판은 외장에 포함되어 해인사에 보관되어 있다.[242]

유가종의 판각사업 참여는 이들 승려들이 13세기 중엽 이전까지 관련 경전에 대한 교학 능력을 충분히 갖추고 있다는 점에서도 확인할 수 있다. 현존 기록에 따르면, 유가종의 소의경전인『解深密經』5권(盖函)과『瑜伽師地論』100권(堂~善函) 및『顯揚聖敎論』20권(慶~尺函)은 다른 종파의 승려들이 깊이 연구를 하거나 탐독한 기록을 찾을 수 없는데, 이는 그 경전에 대한 가장 해박한 교학능력을 유가종 승려들이 가지고 있었음을 의미한다. 또한 간혹 다른 종파의 학승도 탐독한『唯識論』1권(力函)과 曇無讖의『금광명경』4권(精函)에 대해 유가종에서도 역시 교학능력을 가지고 있었다. 이는 앞서 설명한 것처럼, 유가종승려들이 이들 경전을 가르쳤고, 왕명으로 章疏인『金光明經疏』를 찬술한 사실 등에서 짐작된다. 유가종 승려들이 판각사업의 참여 당시 관련경전에 관한 교학능력을 가졌다면, 이들은 경전의 校勘을 담당하였을 것이다. 이들이 경전의 교감을 맡은 점은 1244년 분사도감판의『금광명경』4권(대장 입장본)이 그 직전에 판각된『금광명경』4권(외장 입장본)을 수정 보완하

---

241) 鄭駜謨,「高麗再雕大藏目錄考」,『圖書館學』17, 1989, 41쪽.
242) 외장으로 海印寺에 소장된『金光明經』4권의 판각시기를 '壽昌(1905~1101년) 以前板'으로 이해한 연구자(崔凡述,「海印寺寺刊鏤板目錄」,『東方學志』11, 1970, 24쪽 및 金斗鍾,『韓國古印刷技術史』, 탐구당, 1974, 102쪽)도 있다. 그러나 그 서체나 板式 및 각수의 활동시기, 그리고 대장의 입장본과 외장의 수정 보완관계를 비교해 보면, 본 경판의 조성시기는 대장에 입장된 경판이 판각된 1244년 이전이 분명하다. 이와 관련한 연구는 다음이 참고된다. 藤田亮策,「海印寺雜板攷」,『朝鮮學報』138, 1991, 58쪽 ; 金潤坤,「高麗大藏經의 東亞大本과 彫成主體에 대한 考察」,『石堂論叢』24, 동아대 석당전통문화연구원, 1996, 61쪽.

여 판각한 경판이라는[243) 데서 확인된다.

아울러 『부인사장 대장경판』의 목록에 빠진 『금광명경』 4권이 대장의 精函에 새로 추가·삽입되었다는 사실은 곧 유가종 승려들이 판각사업에서 관련 경전의 수집이나 대장 입장의 경전목록 선정과 같은 형태로도 적극 참여하였음을 반증한다. 또한 弘眞國尊 惠永이 『金字法華經』 등을 사경하고, 원나라에서 활동한 寫經僧 가운데는 고려의 法相宗(瑜伽宗) 출신 승려가 많았다는 점[244)에서, 유가종 승려들은 판각사업 당시 경전의 필사 역할도 맡았을 것이다.

뿐만 아니라 유가종 승려들은 경판의 각수도 담당하였다. 먼저, 현화사의 大師 大公에서 확인된다. 대사 대공은 1207년 資福寺의 鉾子를 조성하는 공덕자로 관여하였다.[245) 현화사는 현종 때 창건한 이래로 왕실의 진전사원이었으며, 유가종에 소속하였다. 따라서 현화사의 대사 출신인 대공은 13세기 초기에 생존·활동한 유가종승려이다.

이와 동일한 법명을 가진 大公이 판각사업에도 참여하였다.

<표 4-2-7> 大公의 판각사업 참여사례

順	經名	卷次	函名	時期	雕造處	張次	板數	法名표기	참여유형
1	摩訶僧祇律	卷18	優	1244년	分司	제33~34장	2장	大公이하동일	
2	十誦律	卷35	政	〃	大藏	제23~24장	2장		
3	四分律	卷52	婦	〃	〃	제16~17장	2장		
4	善見律毘婆沙	卷6	姑	〃	〃	제11~12장	2장		
5	薩婆多毘尼毘婆沙	卷7	猶	〃	分司	제9~10장	2장		
6	阿毘曇八犍度論	卷9	子	〃	大藏	제22~23장	2장		
7	阿毘曇毘婆沙論	卷8	投	〃	〃	제16장	1장		
8	〃	卷42	箴	〃	分司	제36장	1장		
9	阿毘達磨俱舍釋論	卷17	神	〃	大藏	제10~11장	2장		

243) 金潤坤, 앞의 논문, 69~76쪽.
244) 토니노 푸지오니, 『高麗時代 法相宗敎團의 推移』, 서울대 박사학위논문, 1996.
245) 許興植 편, 「資福寺鉾子」, 앞의 책, 1984.

10	阿毘達磨順正理論	卷36	物	〃	〃	제4～5장	2장	
11	〃	卷63	堅	〃	〃	제10～11장	2장	
12	阿毘達磨藏顯宗論	卷22	好	미상	불명	제10～11장	2장	
13	成實論	卷2	夏	1244년	大藏	제15장	2장	
14	佛說立世阿毘曇論	卷3	西	〃	〃	제3～4장	2장	
15	大乘修行菩薩行門諸經要集	卷上	觀	〃	〃	제10～11장	2장	
16	出三藏記集	卷12	肆	〃	分司	제30～31장	2장	
17	法苑珠林	卷6	霸	〃	〃	제43장	1장	
18	〃	卷59	號	〃	〃	제17～18장	2장	
19	佛母般若波羅蜜多圓集要義論	單卷	最	〃	大藏	제1장	1장	
20	佛說開覺自性般若波羅蜜多經	卷4	秦	〃	〃	제7장	1장	
21	福蓋正行所集經	卷12	門	〃	〃	제8장	1장	
22	祖堂集	卷16	없음	미상	불명	제11～12장	2장	
23	華嚴經探玄記	卷4	〃	1245년	分司	제25장	1장	
24	〃	卷13	〃	〃	〃	제15～16장	2장	

		1244년	1245년	미상	소계	총수량
	大藏	24장			24장	
	分司	10장	3장		13장	
	불명			4장	4장	41장

대공은 1244년(甲辰年)～1245년(乙巳年) 2년 동안 대장・분사도감에서 판각사업에 참여하여 총 37장(미확인 4장 제외)의 경판을 판각하였다. 이러한 대공은 현화사 소속의 대공과 법명이 동일하나, 활동시기는 1207년과 1244～1245년으로 거의 37년의 차이가 있다. 大師는 최하위 승계인 大德의 바로 위이며, 승과의 합격 이후 大德이 되는 시기는 대략 20세 전후이다.[246] 이로써 현화사의 대공이 대사로 활동한 1207년을 20세 정도의 청년기, 판각사업에 참여한 1244～1245년의 시기를 대략 50대 후반에서 60대 초반의 노년기로 가정해 볼 수 있다. 이런 점을 인정

---

246) 僧科의 합격 나이는 개인의 능력에 따라 차이가 있기는 하지만, 대체로 20세 전후로 짐작된다. 이는 李奎報가 자신의 道友인 大禪師 惠文이 30세를 넘어 空門(僧科)에 합격한 것을 애석하게 생각한 점(『東國李相國集』 권37, 「哀詞」 '文禪師哀詞')이나, 弘眞國尊 惠永이 11세에 출가하여 17세에 왕륜사의 選佛場, 彌授가 19세에 選佛場 上品科에 뽑힌 사실에서 확인된다.

한다면, 이들은 동일 승려로 짐작할 수 있다. 따라서 판각사업에 참여한 대공은 玄化寺의 大師출신으로, 유가종 승려라고 판단할 수 있다.

다음으로, 충렬왕 때 弘眞國尊으로 추존된 惠永도 판각사업에 참여하였다. 그는 首座 冲淵에게 투신한 시기가 1238년(11세)이며, 왕륜사의 선불장에 선발되어 興德寺에서 처음 주지한 때가 1244년(17세)이고, 1259년(乙未年) 三重大師에 批授되었다.[247] 따라서 유가종의 고승인 혜영은 각성사업이 진행된 1236~1251년에 생존·활동하였다.

이 시기 그와 같은 법명을 가진 승려가 판각사업에 참여하였다.

<표 4-2-8> 惠永의 판각사업 참여사례

順	經名	卷次	函名	時期	雕造處	張 次	板數	法名 표기	참여 유형
1	法苑珠林	卷57	號	1244년	分司	제22~23장	2장	惠永	
	分司	1244년 2장	총수량 2장						

惠永은 1244년(甲辰年)의 한 해 동안 총 2장의 분사도감판을 판각하였다. 이러한 혜영은 유가종의 惠永과 법명이 동일하고 생존·활동시기도 같다. 이로써 판각사업에 참여한 혜영을 유가종 승려로 단정할 수 있다.

그 다음으로, 德周寺의 道人 戒安 역시 판각사업에 관여하였다. 道人 戒安은 1206년 8월 21일 덕주사의 禁口 1坐를 造上하는 불사에서 棟梁의 역할을 담당하였다.[248] 이로써 그를 덕주사 내지 그 종단에 소속한 승려로 짐작해 봄직하다. 덕주사는 충주목의 월악산에 위치하며,[249] 일제시대에는 고려시대의 유가인 俗離山 法住寺의 '山外末寺'에 등재되었다.[250] 이 같이 등재는 충주목 관내의 덕주사가 법주사와 이전부터 밀

247) 許興植 편, 「大邱桐華寺弘眞國尊眞應塔碑」, 앞의 책, 1984.
248) 許興植 편, 「德周寺禁口」, 위의 책.
249) 『新增東國輿地勝覽』 권14, 忠州牧, 佛宇.

접한 관련이 있었기 때문일 것이다. 따라서 덕주사와 관련된 도인 계안
은 유가종승려로 파악할 수 있다.

또한 도인 계안과 같은 법명의 승려가 대장의 판각사업에 참여하
였다.

<표 4-2-9> 戒安의 판각사업 참여사례

順	經名	卷次	函名	時期	雕造處	張次	板數	法名 표기	참여 유형
1	大般若波羅蜜多經	卷282	律	1238년	大藏	제23장	1장	戒安 이하 동일	雕刻 刻者
2	〃	卷454	出	〃	〃	제25장	1장		
3	〃	卷570	果	1240년	〃	제24장	1장		
4	大智道論	卷58	立	1241년	〃	제2·6장 등	7장		
5	增壹阿含經	卷37	馨	1243년	〃	제17장	1장		
6	生經	卷3	安	1243년	分司	제12장	1장		
7	佛本行集經	卷4	宜	〃	大藏	제6장	1장		
8	摩訶僧祇律	卷29	登	미상	불명	제17~18장	2장		
9	十誦律	卷16	職	1244년	大藏	제5~6장	2장		
10	〃	卷25	從	〃	〃	제18~19장	2장		
11	〃	卷42	存	〃	〃	제9장	1장		
12	四分律	卷8	和	〃	〃	제6~7장	2장		
13	〃	卷31	夫	〃	〃	제6~7장	2장		
14	曇無德部四分律刪補隨機 羯磨	卷下	訓	〃	〃	제35장	1장		
15	阿毘達磨法蘊足經	卷4	兄	〃	〃	제21장	1장		
16	〃	卷9	兄	〃	〃	제2장	1장		
17	阿毘曇毘婆沙論	卷21	切	〃	分司	제21장	1장		
18	〃	卷60	規	〃	〃	제4~5장	2장		
19	阿毘達磨大毘婆沙論	卷108	廉	〃	大藏	제6장	1장		
20	阿毘達磨俱舍論	卷16	守	〃	〃	제16장	1장		
21	阿毘達磨順正理論	卷13	滿	〃	〃	제13~14장	2장		
22	〃	卷67	堅	미상	불명	제12~13장	2장		
23	〃	卷37	物	미상	불명	제11~12장	2장		
24	阿毘達磨藏顯宗論	卷16	操	1244년	大藏	제9~10장	2장		

250) 李能和,『朝鮮佛教通史』上,「寺刹令三十本寺」,'忠淸北道報恩郡俗離山法住寺';
    『朝鮮金石總覽』상,「法住寺慈淨國尊碑」.

25	隨相論	單卷	都	1243년	分司	제19~20장	2장
26	解脫道論	卷4	二	미상	불명	제19~20장	2장
27	出曜經	卷21	盤	1244년	大藏	제25장	1장
28	雜寶藏經	卷8	驚	〃	〃	제14~15장	2장
29	大唐西域記	卷12	星	〃	分司	제32~33장	2장
30	廣弘明集	卷1	典	1243년	〃	제3장	1장
31	〃	卷2	典	〃	〃	제10장	1장
32	〃	卷23	聚	〃	〃	제33장	1장
33	法苑珠林	卷22	困	1244년	〃	제23~24장	2장
34	〃	卷43	途	〃	〃	제12~13장	2장
35	〃	卷68	踐	〃	〃	제3~4장	2장
36	〃	卷92	盟	미상	불명	제11~12장	2장
37	佛說未曾有正法經	卷1	遵	1243년	大藏	제12장	1장

	1238년	1240년	1241년	1243년	1244년	미상	소계	총수량
大藏	2장	2장	7장	3장	21장		35장	
分司				6장	11장	17장		
불명						10장	10장	52장

계안은 1238년(戊戌年)·1240년(庚子年)·1241년(辛丑年)·1243년(癸卯年)·1244년(甲辰年) 5년 동안 대장도감판과 분사도감판을 총 42장(미상의 경우 제외)이나 판각하였다. 그는 자신이 판각한 경판에 법명과 함께 자신의 참여 유형을 『大般若波羅蜜多經』권570, 제24장과 『大智度論』권58, 제32에 각각 '雕刻'과 '刻者'라고 표기하여, 자신이 각수로 참여한 사실을 새겨두었다.

이러한 판각사업 참여자 계안과 덕주사의 도인 계안도 법명이 동일하나, 활동 시기가 30여 년 차이를 보이고 있다. 그런데 도인 계안이 청년기에 禁口를 조성하고, 각수 계안이 장노년기에 판각사업에 참여하였다고 가정한다면, 이들의 생존시기도 같다고 볼 수 있다. 따라서 판각사업에 관여한 계안은 덕주사와 관련된 유가종 승려이며, 지역적으로는 충주목 관내의 출신이다.[251]

---

251) 판각사업 참여자 가운데는 지역적으로 忠州출신도 포함되어 있다. 이는 경판의 변계선에 '忠州 天均'(『大般若波羅蜜多經』권176, 來函, 제24장) 및 '忠州 永壽

2) 참여승려의 현실인식

13세기 중엽 유가종계열에 소속한 승려들이 판각사업에 참여한 의식은 그 기록이 전하지 않고 있기 때문에 현재로서 이 문제를 밝히는데 어려움이 있다. 그런데 판각사업의 성격과 함께 유가종의 전통적 성향이나 그들의 기원내용, 관련경전에 반영된 사상적 경향, 무인집권자에 대한 대응양상 등에서, 일정하게 파악할 수 있을 것이다.

먼저, 현화사의 대사 출신인 大公이 판각사업에 참여하기 이전인 1207년 資福寺의 반자를 조성하는 불사에서 기원한 내용을 살펴보자.

> 황제의 수명은 하늘과 같이 영원하고, 隣兵은 영원히 종식되며, 스승의 尊體는 질병 없이 오래 생존하시고 돌아가신 부모님과 法界의 중생은 西方淨界에 왕생하시길 기원합니다. … 조성한 공덕자는 泰和 7년 丁卯 2월 일에 玄化寺의 大師 大公이다.[252]

資福寺의 반자를 조성하는 불사에서 공덕자로 관여한 현화사의 대사 大公은 고려 국왕과 스승의 장수, 전쟁의 종식, 先亡父母와 法界衆生의 극락행을 기원하고 있다. 이 내용에서 주목되는 사실은 고려 국왕과 스승의 장수를 기원하나, 당시 최고의 권력실권자인 최충헌의 안녕에 대해서는 전혀 언급하지 않고 있다는 점이다. 이로써 그 자신이나 그가 소속한 현화사 및 관련 사원인 자복사는 친왕적인 성향을 나타내고 있음을 알 수 있다. 대공이 이 같은 의식경향을 소유하게 된 연유는 그가 소속한 현화사가 현종 9년 창건 이래 왕실의 원당되고 그 후원을 받아 유가

刻'(앞과 같은 경전, 권185, 暑函, 제23장)이라 판각된 사실에서 확인된다. 충주 사람들의 각성사업 참여사례는 대몽항쟁과 연관하여 최근 검토되었다(金潤坤, 「「大般若經」의 刻成과 反蒙抗戰」『한국중세사연구』 2, 1995).

252) '聖壽天長 隣兵永息 師尊無疾長存 先亡父母 及法界衆生生往淨界之願 … 造成 功德者 時泰和七年丁卯(熙宗 3년 ; 1207년)二月日 玄化寺大師大公(許興植 편, 「資 福寺鉾子」, 앞의 책, 1984).'

종의 종세가 크게 부상하였던 사실과 무관하지 않을 것이다. 아울러 이
는 그의 소속인 현화사가 이전부터 유지해 온 전통적 성향과도 밀접한
연관이 있을 것이다. 1022년(현종 13) 관료지식인 蔡忠順은 현화사의 창
건 직후「玄化寺碑陰記」를 지어, 국왕의 위상을 다음과 같이 언급하고
있다.

> 또한『金光明經』에 이르되, '業을 모았기 때문에 사람 속에서 王으로 태
> 어났고, 나라를 영도하였기 때문에 人王이라 한다. 胎 속에 있을 때에도 모든
> 하늘이 수호하며, 혹은 먼저 수호를 받은 연후에 胎 안에 들기도 한다. 비록
> 인간 속에 있어도 사람의 王으로 태어난다'고 했으니, 이는 지금 聖上께서도
> 모든 하늘이 수호하여 왕으로 태어나서, 東方을 다스리어, 이어 깊은 덕을 순
> 박하게 하십니다. 높이 萬乘의 자리에 있고 성품은 두루 총명하심을 받으셨
> 습니다. 三敎를 지극히 높이시고 한 마음이 밝으셨습니다. 인자로 베푸시고
> 도리로 드날렸습니다. 효도로 다스리고 교화가 이루어졌으니, 백성은 즐거워
> 추대하고 곳곳마다 모두 기뻐 드높입니다. 이미 안으로는 부처의 가르침을 따
> 르시고 밖으로 유교의 풍모로 교화하시어, 안팎을 포용하고 古今을 洞曉하
> 셨습니다. 이른바 聖人스러운 감식이 先王과 모든 부처의 도리에 합당하다
> 함이 바로 지금을 두고 한 말입니다.[253]

채충순은『金光明經』의 설법내용을 인용하여 국왕의 탄생이 諸佛多
天의 보호 속에 이루어진다는 불교의 인연설로 왕권의 위상이나 권위가
신성하다고 정당화하였다. 이처럼 채충순이 국왕권의 신성을 강조한 것
은 단순한 의례적 성격이 아니라, 그 개인의 성향이나 현종 때의 정국상

---

253) '又金光明經云 因集業 故生於人中王 領國土 故稱人王 處在胎中 諸天守護 或先
　　守護 然後入胎 雖在人中 生爲人王 是知我當今聖上 諸天守護 生爲人王 出統靑
　　方 乃惇玄德 尊居萬乘 性稟四聰 三敎至宗 一心明炤 仁施道著 孝理化成 百姓樂
　　推 八方忻載 旣內遵以佛敎 又外化以儒風 內外含融 古今洞曉 所云聖鑒合先王諸
　　佛之道者 卽我當今之謂也(본 번역과 원문은 韓基汶,『高麗時代 寺院의 運營基
　　盤과 願堂의 存在樣相』, 경북대 박사학위논문, 1994, 124～125쪽의 내용을 재
　　인용하였다).'

황에 따른 왕권강화와 관계된 현실에서 비롯된다. 大良院君(현종)은 왕
위의 선위 과정에서 수차례나 시해 음모를 받았음에도 불구하고, 康兆로
대표되는 서경지방의 군사력 장악세력과 유교적 관료층 및 三角山 神穴
寺 등과 같은 유가종 승려들의 도움으로 즉위하였다. 그리고 현종 원년
에는 契丹의 침략으로 남쪽으로 피신하는 과정에서 국왕의 존재와 위상
에 위협이나 타격을 받았다.[254] 이후 현종 6년 3월 王可道가 金訓과 崔
質 등을 제거한 이후, 강력한 왕권의 확립을 지향하였던 유교적 관료층
이 정치세력으로 존재하고, 현종이 정국을 주도하였다.[255] 이로써 현종
은 즉위와 집권 초기에 불안한 왕권을 극복, 6년 이후에는 그 위상이나
권력을 확립·강화하였다. 이러한 정국에서, 유교적 관료지식인 채충
순은 현종의 선위에 결정적으로 기여하고 南行에서도 끝까지 扈從하면
서,[256] 친국왕의 성향을 띠었다. 이로써 채충순이 현종 13년에 『金光明
經』의 내용을 통해 왕권의 신성함을 강조한 연유는 자신의 친왕적 성향
을 드러내고, 확립된 현종의 위상이나 직위를 보다 확고히 함이었다.

　이런 점에서, 현화사는 현종 9년 창건 당시부터 왕권의 신성함을 인
정하였으며, 그 전통이 대사 대공에게 친국왕적 의식경향을 가지게 하는
요인으로 작용하였을 것이다. 친왕적 의식은 현화사의 대공과 더불어 유
가종 승려들도 공히 소유하였을 것이다. 이는 유가종에서 중시한 경전인
『金光明經』에서 설법한 내용이라는 점이 반증한다. 이러한 친국왕적 의
식은 반무인정권 성향으로 확대되었는데, 이는 앞서 언급한 바와 같이
유가종 승려들이 反李義旼·崔忠獻政權 항쟁을 전개하였다는 점에서

---

254) 『고려사』 권94, 智蔡文傳.
255) 현종 때 정치세력이나 정국주도 추이에 관련한 연구는 다음이 참고된다. 南仁國,
　　「高麗前期 政治勢力의 性分과 그 存在樣相」『國史館論叢』61, 1995 ; 南仁國,
　　『高麗中期 政治勢力 研究』, 경북대 박사학위논문, 1993, 37~41쪽 ; 金鎔坤, 「高
　　麗 顯宗代의 文廟從祀에 대하여」『高麗史의 諸問題』, 삼영사, 1986 ; 李泰鎭,
　　「金致陽亂의 性格」『韓國史研究』17, 1975.
256) 『고려사』 권93, 蔡忠順傳.

확인된다.

이런 성향을 고려한다면, 현화사 소속의 대사 大公이나『金光明經』을 주요경전으로 삼은 유가종 승려들은 崔氏武人政權의 극복, 그리고 국왕의 직위와 위상을 회복하기 위한 염원과 실천에서 각성사업에 참여하였다고 볼 수 있다. 이는 왕권의 신성함을 강조하는『金光明經』을 강화경판의 판각사업 때 대장에 추가·삽입하고, 또한 한 종류를 더 조성하여 그 경전의 중요성을 부각한 사실에서 입증된다.

아울러 대공은 전쟁종식도 염원하였다. 이로써 그는 외적격퇴의 염원·실천에서도 각성사업에 참여하였음을 알 수 있다. 그가 소유한 외적격퇴의 염원은 현화사나 유가종 승려들이 공히 가지고 있던 의식이다. 이는 현화사 창건 때 印板되고 유가종 승려들이 중시한『大般若經』,『金光明經』,『妙法蓮華經』이 외적격퇴와 관련된 진호국가의 내용을 담고 있다는 사실에서 확인된다.『대반야경』600권은 '鎭國의 典·人天의 大寶'로 여겨 天災·兵亂·疾病·饑饉 등 어려운 일이 있을 때는 이 경을 고승들에게 독송시키거나 강설하게 하고, 또는 書寫流布시키고 받들어 공양함으로써 그러한 어려움을 없앨 수 있는 除災招福·鎭護國家의 경전이라 한다.[257] 그리고『금광명경』과『妙法蓮華經(法華經)』은『仁王經』과 더불어 호국 三部經이라 불린다.[258] 이런 점에서, 대공을 비롯한 유가종 승려들은 당시 불교계와 함께 공히 외적격퇴 의식을 가졌으며, 이를 염원·실천하기 위해 각성사업에 참여하였던 것이다.

또한 大公이 가진 의식을 염두에 둔다면, 스승의 장수나 亡父母 및

---

257) 李載昌,『佛敎經典槪說』현대불교신서 46, 동국대불교간행위원회, 1993(4판), 143~144쪽.

258) 李載昌, 위의 책, 222쪽 ; 金煐泰,「高麗歷代王의 信佛과 國難打開의 佛事」『佛敎學報』14, 1977, 81~82쪽 ; 徐閏吉,「高麗의 護國法會와 道場」『佛敎學報』14, 1977, 106쪽 ; 尹龍爀,「고려 대몽항쟁기의 불교의례」『歷史敎育論集』13·14합, 1990, 459쪽.

법계중생의 극락향을 염원·실천하기 위해서도 판각사업에 참여하였을 것이다. 특히 스승의 장수와 관련된 그의 불사기원 내용은 무인집권기 당시 그 사례를 찾아보기 드문 경우이다. 이런 점에서, 이 시기 유가종 승려들은 돈독한 사제관계를 유지하였다고 볼 수 있다.

뿐만 아니라 유가종 승려들은 유가종과 관련한 경전의 교학적 발전수준이나 출판 능력을 각성사업에 반영, 널리 보급하려는 실천에서도 적극 참여하였다. 이는 앞서 설명한 것처럼, 유가종 관련 경전이 대장에 입장되어 있고, 강화경판의 판각 때『금광명경』을 대장에 추가·삽입하였으며, 또한 대장 입장의『금광명경』이 그 직전에 판각된 외장의 경판을 수정·보완한 판본이라는 데서 알 수 있다.

3. 천태종의 참여와 그 의식

1) 참여사례

삼국과 통일신라시대부터 法華信仰의 전통과 天台敎學 연구의 축적을 기반으로 하여, 고려중기 義天에 의해 종파로 성립된 천태종은 최씨 무인집권기 了世의 白蓮結社 활동으로 새로운 변화와 발전의 계기를 마련하였다.[259] 합천지역 토호 출신이던 요세는 출가 이후 당시 무신난에 따른 사회상의 혼란과 개경의 타락된 불교계에 크게 실망, 1216년 耽津 (지금의 전라남도 강진군)의 토호인 崔彪·崔弘·李仁闡 등의 지원에

---

259) 李奉春,「高麗 天台宗의 成立과 그 展開」『韓國史論』20, 국사편찬위원회, 1990 ; 許興植,「天台宗의 形成過程과 所屬寺院」『高麗佛敎史硏究』, 일조각, 1986 ; 蔡尙植,「白蓮結社 성립과 사상적 경향」『高麗後期佛敎史硏究』, 일조각, 1991 ; 蔡尙植,「高麗後期 天台宗의 白蓮社 結社」, 위의 책 ; 高翊晋,「圓妙了世의 白蓮結社와 그 思想的 動機」『佛敎學報』15, 1978 ; 高翊晋,「圓妙國師 了世의 白蓮結社」『韓國天台思想硏究』, 동국대 출판부, 1983 ; 韓基斗,「高麗佛敎의 結社運動」『韓國佛敎思想史』, 원광대 출판관, 1975.

힘입어 만덕산에서 白蓮結社를 조직하였다. 그러다가 1221년 봄에 당시 帶方(남원시)太守 卜章漢의 요청에 의하여 남원 관내에 제2의 백련사를 개창하였으며, 1232년 4월 8일에 공식적으로 普賢道場을 개설, 그 체제를 정비하였다. 이어서 그는 1236년 제자인 天頙으로 하여금 「白蓮結社文」을 찬술하여, 공포하게 함으로써 명실상부한 백련결사가 표방되었다.260)

了世의 신앙과 수행은 天台正觀, 淨土求生, 法華三昧懺으로261) 이는 13세기 전후 혼란상에 처해 있던 불교계에 대해 내부적 자각을 촉구할 뿐 아니라, 피지배층 즉 농민·천민까지도 그 대상으로 하였다. 보현도량의 설치 이후 백련사는 당시 집권자인 최이 및 그와 밀착된 중앙관직자, 그리고 많은 문신 관료층으로부터 지원과 관심을 불러 일으켰다.262) 이로써 최씨무인집권기 이후 천태종계열의 백련사는 요세에 이어서 靜明國師 天因과 眞靜國師 天頙 등을 배출하면서 크게 번성하였다.

한편 13세기 중엽 천태종이나 그 계열의 백련사 승려들은 강화경판의 판각사업도 적극 참여하였다. 이들의 참여사실이 근자의 연구에서 언급되었는데,263) 다음 내용을 근거로 삼고 있다. 고려 천태종의 주요 저술로 백련결사를 일으킨 圓妙國師 了世도 이를 節要하여 단순화시킨, 從義 저술의 『天台三大部補註』14권 가운데 일부가 1245년(乙巳年) 분사도감에서 개판·조조되었다는 사실을 제시하고 있다. 이같은 이해방식은 일면 타당성을 가지나, 천태종계열의 참여사실을 보다 적극적으로 설명하지 못하고 있다. 천태종승려가 대장에 입장된 경판을 조성한 사실, 참여자의 구체적 성분과 그 의식 등을 충분히 해명하지 못하고 있다. 이

---

260) 蔡尙植, 앞의 책, 70~72쪽 ; 高翊晋, 「圓妙了世의 白蓮結社와 그 思想的 動機」 『佛敎學報』 15, 1978, 109~110·119쪽 ; 李奉春, 위의 논문, 74~75쪽.
261) 李奉春, 위의 논문, 75쪽.
262) 蔡尙植, 앞의 책, 82쪽.
263) 許興植, 『韓國中世佛敎史硏究』, 일조각, 1994, 184~185쪽.

에 최근에는 이같은 한계를 인식하고 이들의 참여사실을 구체적으로 규명하기도 하였다.[264]

13세기 중엽 천태종계열이 대장에 입장된 강화경판의 판각사업에 참여한 사실은 우선, 대장에는 천태종이나 백련사계열에서 중시한 소의경전이 포함되어 있다는 점에 주목된다. 그 경전은『法華經』의 현존 3本 번역본인 鳩摩羅什 譯의『妙法蓮華經』7권(鳴函), 竺法護 譯의『正法華經』10권(鳳函), 闍那崛多와 笈多 共譯의『添品妙法蓮華經』7권(在函), 그리고 이를 해석한 論인 婆藪般豆 저술의『妙法蓮華經論優波提舍』1권(聲函)과『妙法蓮華經優波提舍』2권(虛函) 등 5종이다. 둘째로는 천태종이나 백련사계열이 판각사업의 전후 시기에 자신들이 중시한 경전의 筆寫・雕板・印成을 빈번히 행하였고, 또한 그러한 경험을 충분히 갖추고 있었다는 사실이다. 현재 잔편으로 전하는『湖山錄』과『海東法華傳弘錄』[265]에 따르면, 최씨무인집권기 백련사는 다양한 사회계층과 승려층의 요구에 부응하여『法華經』의 사경・조판・인성작업을 빈번히 행하였다. 그리고 이 시기 전후에 생존・활동하면서 이같은 작업경험이나 전문기능을 소유한 천태종승려는『법화경』을 인성한 '白蓮山人' 某,『금자법화경』과『법화경』을 寫書한 '山人' 一如, 또한 출가 직전부터『金字蓮經』을 필사한 경험이 있는 '萬德山人' 天頙 등이 있었다. 이처럼 13세기 중엽 당시 천태종이나 백련사계열이『법화경』을 중시하고 그 경전의 필사나 조판능력을 충분히 축적하고 있었다면, 이들은 소의경전의 판각작업을 포괄하고 있는 각성사업을 도외시하지 않았을 것이다.

특히 자신들의 계열에서 중시한 경전인『묘법연화경』제28품,「普賢

---

264) 崔永好,「天台宗系列의『江華京板 高麗大藏經』각성사업 참여」『지역과 역사』3, 부산경남역사연구소, 1997 ; 崔永好,『江華京板 高麗大藏經 刻成事業의 硏究』, 영남대 박사학위논문, 1996.
265) 許興植,「眞靜國師의 生涯와 時代認識」『東方學志』35, 1983 ;『高麗佛敎史硏究』, 일조각, 1986, 880~906쪽.

菩薩勸發品」의 내용 가운데는『법화경』의 受持・讀誦・正憶念・修習
・書寫를 장려하도록 설법하고 있다. 이같은「보현보살권발품」의 설법
내용이『법화경』을 중시한 백련사에서 사경을 장려하는 배경이 되었을
것이다. 그런데 강화경판의 판각사업은『법화경』의 필사뿐 아니라, 印經
을 통해 폭넓게 유통할 수 있는 사업이다. 이런 점을 고려한다면, 13세
기『법화경』의 필사만으로도 극락왕생한다는 설법내용을 실천한 백련사
계열의 승려들은 당연히 각성사업에 적극 참여하였을 것이다.

아울러 백련사계열의 각성사업 참여사실은 그들이 가졌던 대몽의식
에서도 짐작할 수 있다. 강화경판 조판의 시작 연도인 1236년 요세가 天
頙에게 저작・반포하게 하였던「白蓮結社文」의 내용은 몽고의 침입에
대해 백련사가 강력한 항전 의지를 표방한 것이며, 李奎報의「大藏刻板
君臣祈告文」과 일치된 성격을 띠고 있다.266)「白蓮結社文」의 내용은 각
성사업의 성격 가운데 하나인 대몽항전 의식의 확산과 일치하고 있다.
이같은 사실을 고려한다면, 천태종의 백련사계열의 승려들은 같은 염원
이나 실천에서 추진된 각성사업을 외면하지 않고, 적극 참여하였을 개연
성이 있다.

요컨대 천태종이나 백련사계열의 사원이나 승려들은 외장 이외, 대장
의 판각사업에도 참여하였다고 볼 수 있다. 이들은 경전의 교감과 필사
및 경판의 조판 실무 등의 유형으로 적극 관여하였을 것이다.

뿐만 아니라 이들 천태종계열의 승려들은 경판의 각수로도 판각사업
에 적극 참여하였다. 제1절에서 설명된, '天台山人' 了源(元)이다. 그가
13세기 후반에 활동하면서『法華靈驗傳』을 저술한 백련사계열의 了
圓267)과 동음이자의 동일인인지 명확하지 않으나, 그의 소속종파 내지
사원은 천태종과 밀접한 관련성이 있다.

---

266) 蔡尙植, 앞의 책, 82쪽.
267) 蔡尙植, 앞의 책, 90쪽.

또한 천태종 승려로 짐작되는 元瑩도 경판의 刻手로 판각사업에 참여하였다.

〈표 4-2-10〉元瑩의 판각사업 참여사례

順	經名	卷次	函名	時期	雕造處	張次	板數	法名 표기형태	참여 유형
1	摩訶般若波羅蜜經	18	薑	1238년	大藏	제7～14장	8장	元瑩 이하 동일	
2	佛說仁王般若波羅蜜經	上	羽	1239년	〃	제2～14장	13장		
3	大寶積經	116	文	1240년	〃	제1～6장 등	19장		
4	大般涅槃	1	遐	1242년	〃	제2·4장 등	16장		
5	添品妙法蓮華經	6	在	1243년	〃	제2·4장 등	32장		
6	文殊師利普超三昧經	中	恭	〃	〃	제28～30장	3장		
7	中阿含經	34	興	〃	〃	제2·4장 등	12장		
8	正法念處經	41	美	1244년	〃	제2·4장 등	11장		
9	摩訶僧祇經	20	優	〃	分司	제2·5장 등	27장		
10	四分律	47	昌	〃	大藏	제15·17장	2장		
11	阿毘曇毘婆沙論	4	投	〃	分司	제4장	1장		
12	〃	20	分	〃	불명	제9～10장 등	3장		
13	〃	36	箴	〃	分司	제5·6～7장	3장		
14	〃	45	磨	〃	〃	제25장 등	3장		
15	阿毘達磨大毘婆沙論	76	離	〃	大藏	제13장 등	3장		
16	阿毘達磨俱舍釋論	10	心	〃	〃	제7장	1장		
17	阿毘達磨藏顯宗論	39	爵	1243년	〃	제7～11장	5장		
18	阿毘曇心論經	1	自	1244년	〃	제2～3장	2장		
19	雜阿毘曇心論	10	都	〃	分司	제30장	1장		
20	阿毘曇甘露味論	下	〃	1243년	〃	제5장	1장		
21	尊婆須密菩薩所集論	8	華	1244년	大藏	제19장	1장		
22	成實論	5	夏	〃	〃	제3장	1장		
23	佛說立世阿毘曇論	5	西	〃	〃	제2장	1장		
24	〃	6	〃	〃	〃	제6장	1장		
25	雜寶藏經	5	驚	〃	〃	제2장	1장		
26	金色童子因緣經	7	郡	미상	불명	제7장	1장		
27	諸法集要經	10	雁	1244년	大藏	제2～3장 등	8장		

		1238년	1239년	1240년	1242년	1243년	1244년	미상	소계	총수량
	大藏	8장	13장	19장	16장	52장	32장		140장	
	分司					1장	35장		36장	
	불명						3장	1장	4장	180장

원영은 1238(戊戌年)~1240년(庚子年)과 1242(癸卯年)~1244년(甲辰年)까지 6년 동안 대장도감과 분사대장도감 등지에서 총180장을 판각하였다. 그는 자신이 새긴 경판에 소속사원이나 종파를 단 한 곳에도 판각해 두지 않았다.

그런데 그와 동일한 시기에 생존·활동한 승려로, 같은 법명을 가진 승려가 다른 자료에서 확인된다. 그 승려는 圓妙國師 了世의 문인인 元瑩이다. 요세의 문인인 원영은 생몰 연대가 분명하지 않으나, 백련사계열의 승려로 판각사업이 진행되던 13세기 중반에도 생존·활동하였다. 이는 원영이 1211~1216년 耽津縣(지금의 전라남도 강진군)의 萬德寺를 80여 칸으로 개수할 때, 그의 師僧인 요세의 지시를 받아 불사를 감독하였다는 사실,[268] 그리고 그의 스승인 요세의 생존시기가 1163~1245년이며, 또한 그와 같은 문인으로 백련사의 2세 주법을 맡은 天因(靜明國師, 燕山人)이 1228년 만덕산의 요세에게 삭발하고 1248년에 입적하였다는 사실[269]에서 짐작된다. 이처럼 원영의 행적이나 교류 인물의 생존시기를 통해서, 그는 판각사업이 진행된 13세기 초·중반기에 생존·활동하고 있었음이 분명하다.

이같은 사실을 고려하면, 각성사업의 참여자인 원영과 백련결사 요세의 문인인 원영은 법명이 동일하고, 생존·활동시기도 동시대로, 동일 인물로 판단할 수 있을 것이다. 따라서 원영의 사례를 통해서도, 백련사 계열의 승려가 강화경판의 각수로 각성사업에 참여한 사실을 확인할 수 있다. 그런데 그가 판각사업 참여 이전에 추진된 백련사의 중건 불사에서 감독을 맡았던 사실에서, 그는 각성사업의 참여과정에서 단위 조직의 책임까지도 담당하였을 개연성이 있다.

---

268) 崔滋, 「白蓮社圓妙國師中眞塔碑」, 『東文選』 권117.
269) 백련사의 개창자인 了世와 2대 주법인 天因의 생애는 근자에 정리되었다(蔡尙植, 앞의 책, 69~73·84~86쪽).

2) 참여승려의 현실인식

이상에 따르면, 13세기 중엽 각성사업에 참여한 천태종이나 백련사 계열의 승려들은 白蓮山人 某, 山人 一如, 요세의 문인인 萬德山人 天頙 및 元瑩, 그리고 天台山人 了源(元) 등이 현재까지 직·간접적으로 확인된다. 이들은 13세기 중엽 생존·활동한 천태종이나 백련사계열 승려의 일부에 불과하며, 그들은 종단이나 사원 내부뿐 아니라 세속에서도 상당한 위치에 있으면서 종교적·사회적 측면에서 영향력을 일정하게 유지하고 있었다.

먼저, 요세의 문인인 원영은 판각사업 참여 이전에부터 백련사 중건 불사의 감독을 담당하였으며, 또한 백련결사를 개창하고 입적한 이후 圓妙國師에 책봉된 요세의 직계 문인였다. 이런 사실에서 그는 판각사업 참여 이전부터 백련사 내부의 조직 관리자, 그리고 학승 내지 승려지식인의 위치에 있었으며, 일정한 영향력을 가지고 있었음을 반증하는 것이다. 다음으로, 天頙의 경우도 마찬가지이다. 그의 세속적 출신성분은 尙州의 속현인 山陽縣 지방의 토호출신이며, 국자감시와 春官(禮部試)에 합격한 유학자이다.270) 그 역시 요세의 직계 문인이며, 1236년에는 스승 요세의 지시로 「白蓮結社文」을 찬술하였다. 그리고 이후 백련사의 4세 주법을 맡았으며 眞靜國師로 책봉되었다. 이 사실에서 天頙도 각성사업 참여 전후에 백련사 내부에서 학승 내지 승려지식인으로 상당한 종교·사회적 영향력을 발휘하였음을 알 수 있다. 끝으로, 白蓮山人, 山人, 天台山人으로 표현된 법명 미상의 승려와 一如 및 了源(元)도 제1절에서 살펴본 것처럼, 승려지식인 산인으로 지칭되었다는 점에서 당대 세속사회나 불교계 및 사원 내부에서 일정한 영향력이나 위치를 확보하고 있었다고 볼 수 있다.

---

270) 蔡尙植, 앞의 책, 91~92쪽.

이처럼 이들이 세속사회나 불교계에서 일정한 위치와 영향력을 가졌다면, 그들의 각성사업 참여는 천태종계열이나 그 소속사원과 관련된 하급승이나 세속인들에게도 사업에 대한 관심을 확대시키는 매개 역할을 하였을 것이다. 그 결과 그들의 주도적인 참여는 하급승이나 세속인의 자발적 참여 분위기를 유도하였을 것이다. 또한 이들 대부분은 학승 내지 승려지식인으로 단순히 작업의 전문적 측면만 아니라, 당시 고려사회가 직면한 민족적·종교적·현실위기를 고뇌하고, 이를 극복하기 위한 실천에서 자발적으로 참여하였을 것이다.

우선, 이들은 각성사업의 참여를 통해 개인적인 신앙을 염원·실천하였다. 이는 앞서 언급된 天台山人 了源(元)이 경판의 각수나 판각 기진자로 참여하여 경판에 자신의 염원을 판각해 둔 사실에서 확인된다. 그가 기원한 내용은 '賴玆功德力 永脫輪廻報 嚴父與慈堂 優遊極樂鄉'[271]으로 이 공덕력에 힘입어 영원히 윤회의 업보에서 탈피하고 亡父母의 극락향이다. 이같은 염원내용은 앞서 설명한 백련사 요세의 실천신앙과 일치한다. 그리고 그의 각성사업 참여행위나 이를 통한 기원은 백련사에서 중시한 『妙法蓮華經』 제28품, 「普賢菩薩勸發品」의 설법 내용인 "(『법화경』을) 만약 書寫만 하여도 인명이 다한 뒤에 마땅히 忉利天上에 태어날 것이며, … 만약 사람이 受持·讀誦하고 그 의미를 이해하면 인명이 다해도 … 곧 兜率天上의 彌勒菩薩이 계신 곳에 왕생할 것입니다"[272]라는 실천내용과도 유사하다. 이런 점을 고려한다면, 천태종이나 백련사계열의 참여 승려들도 공히 淨土往生을 염원하기 위해 판각사업에 참여하였을 가능성이 높다.

다음으로, 이들은 판각사업의 참여를 통해 불법의 정진과 보호 및 보

---

271) 『大方等大集經』 권3, 제34장, 了源誌.

272) '(法華經) 若但書寫 是人命終 當生忉利天上 … 若有人受持讀誦 解其義趣 是人命終 … 卽往兜率天上彌勒菩薩所(『妙法蓮華經』 제28품, 「普賢菩薩勸發文」).'

급을 실천하기도 하였을 것이다. 앞서 설명한 바와 같이, 13세기 중엽 전후 백련사에서는 「보현보살권발품」의 설법 내용에 근거하여 『법화경』의 필사를 빈번히 행하였고, 승려의 본분인 불사나 불법의 수행에 충실한 승려지식인 山人도 상당수 있었다. 한편 강화경판의 대장에는 백련사나 천태종에서 중시한 경전류인 3종의 『법화경』과 이를 해석한 2종의 論類가 포함되어 있으며, 요세가 節要하기도 한 從義 저술의 『天台三大部補註』 14권이 1245년 분사도감에서 개판되었다. 아울러 각성사업은 이들 경전류의 필사와 판각 불사를 통해, 참여 승려층이 불법의 정진과 경전의 유통을 동시에 수행할 수 있으며, 자신의 종단에서 발전시켜 온 교학을 담을 수 있는 국가적 佛事이다. 이런 사실을 고려한다면, 천태종이나 백련사 승려들은 자신의 불법정진, 주요 경전의 보급이나 발전 교학의 계승을 수행하기 위해 판각사업에 참여하였다고 볼 수 있다.

그런데 이들 승려들은 자신의 계열과 관련된 소의 경전이나 발전교학의 계승 이외, 다른 종파의 경전류의 보급도 함께 수행하였다. 이는 了源(元)과 元瑩이 판각한 경판류의 성격에서 확인할 수 있다. 了源(元)과 원영이 판각한 경판 가운데는 『添品妙法蓮華經』을 제외하면 자신들이 소속한 백련사나 천태종 계열에서 중시한 경전류가 거의 포함되어 있지 않다. 따라서 이들은 자신의 소의경전만을 계승·보급하는 자기 종파중심의 사고를 극복하고 각성사업에 참여하였다. 이들이 이러한 의식을 가질 수 있었던 배경은 판각사업이 범종파적 사업이며, 자신들도 그같은 의식을 실천하였기 때문이다.

한편 강화경판의 대장에 입장된 개별 경판을 판각한 승려들은 자신의 종파와 관련된 經板類만 선별하여 참여하지 않았으며, 또한 동일계열 출신으로만 작업 인력의 소단위가 구성되어 있지 않았다. 판각 경판류의 배분이나 각수인력의 소단위 배치는 소속종파에 관계없이 탄력적으로 운영되었다. 각성사업의 핵심 담당자들이 이처럼 사업을 운영한 연유는 종파 간의 갈등을 해소하고 판각작업의 원활성을 확보하기 위함이었을 것이다. 그런데 여기서 주목되는 사실은 각성사업의 경판 판각 배분이나 각수와 같은 현장 인력배치에도 종파 간의 갈등을 극복할 수 있는 범종파적 성격이 반영되어 있다는 사실이다. 이같은 성격은 각성사업 담당자들이 '鎭國의 典·人天의 大寶로 여겨 天災·兵亂·疾病·飢饉 등 어려움이 있을 때에는 … 종파와 관계없이 轉讀'[273]된 경전인 『大般若波羅蜜多經』을 대장의 첫머리에 배열하고, 여러 경판 가운데 판각작업이 제일 먼저 진행되었다는 점에서도 확인할 수 있다. 따라서 각성사업은 범국가적·범종파적 성격을 반영하고 있으며, 了源(元)과 元瑩도 이같은 의식을 가지고 사업에 참여하였을 것이다.

그 다음으로, 몽고침략의 격퇴를 염원·실천하기 위함에도 있었을 것이다. 잘 알려진 바와 같이, 13세기 중엽 몽고의 침략은 고려 불교계의 파괴, 민족적 위기를 낳았다.[274] 이에 佛法의 수행과 승려의 본분에 충실하였고, 승려지식인이던 요세의 문인과 천태종계열의 산인들은 이같은 위기를 고뇌하고, 이를 극복하기 위한 염원·실천으로 각성사업에 참여하였을 것이다. 특히 앞서 설명한 바와 같이 요세의 지시로 萬德山人 天頙이 작성하고, 강화경판의 사업착수 연도인 1236년 백련사에서 반포한 「白蓮結社文」의 내용에는 강력한 대몽항쟁 의지를 담고 있다. 또한 잔편으로 남아 있는 『萬德寺白蓮社第四代眞靜國師湖山錄』(이하 湖山錄으로 약칭)이나 『海東法華傳弘錄』에 따르면, 무인집권기 전후 천태종이나 백련사계열의 승려들은 『法華經』의 筆寫·彫板·印成 佛事나 法華道場의 개설에서 빈번히 외적 격퇴를 기원하였다.[275] 이런 사실을 고려한다면, 13세기 중엽 천태종이나 백련사계열의 승려들도 각성사업

---

273) 李載昌, 『佛敎經典槪說』, 동국대 역경원, 1993(4판), 143~145쪽.
274) 『東國李相國集』 권25, 「雜著」 '大藏刻板君臣祈告文' ; 『三國遺事』 권3, 「塔像」 4, '黃龍寺九層塔.'
275) 許興植, 앞의 책, 1986, 883~903쪽.

참여 당시나 그 전후에 강력한 대몽항쟁 의식을 가지고 있었으며, 이를 염원·실천하기 위해 각성사업에 자발적으로 참여하였다고 볼 수 있다.

한편 백련사계열의 승려들은 고종~원종 연간에 행한 여러 불사에서 외적 격퇴의 염원 이외, 국왕과 왕실의 안녕, 백성의 평안, 자연 재해의 방지, 農桑의 興業과 같은 현실 문제의 극복을 기원하기도 하였다. 따라서 백련사나 천태종계열의 승려들은 각성사업의 적극 참여를 통해 이같은 내용도 염원·실천하였을 것이다. 특히 백련사는 최씨무인정권의 지원을 받고 있었음에도 불구하고, 『湖山錄』 권4, 「法華印成慶讚疏」나 「新年祝聖」에 따르면, 이들은 실권자인 무인집권자나 그 정권의 안녕을 배제하고 단지 왕실의 공고함과 국왕의 안녕을 기원하고 있다.[276] 그리고 백련사의 天頤은 당시의 기존 유학이 최씨정권에 부용된데 대한 회의와 당시 혼란한 사회에 대한 좌절감이나 혐오감으로 1228년 승려가 되었다. 그리고 그가 1230년대 요세를 위해 작성한 3가지 작품에는 천태결사를 주도하거나 계승한 고승과 마찬가지로 당시 실권자인 崔氏에 대해서 전혀 언급이 없으며, 최씨가 국가와 민중을 위해서 존재하지 않은 것으로 생각하고 있었다. 또한 1250년대 후반 이후에는 왕정복고를 염원하였으며, 그와 교류한 인물 가운데는 왕정복고를 갈망하는 등 당시 정세에 대해 고민을 하고 있던 관료지식인들[277]도 포함되어 있었다. 이런 점을 고려한다면, 백련사계열 승려들은 각성사업 참여 전후에 국왕의 안녕과 왕실의 공고함에 대한 염원의식을 가지고 있었다. 따라서 이들

---

276) 許興植, 앞의 책, 892~893쪽.
277) 許興植, 앞의 책, 867~874쪽 ; 蔡尙植, 앞의 책, 93~98쪽. 다만, 天頤은 1237년 了世를 대신해서 쓴 「答金景孫書」에서 저항세력인 李延年이 아닌, 평정군인 金景(慶)孫의 진압을 인정하고 있는데, 이는 그가 최씨정권과 밀착되어 있었기 때문이라기보다는 다른 이유가 있었을 것이다. 그 연유는 그가 金景(慶)孫의 요구－了世의 결사와 관련된 승려의 항쟁군 참가를 사전 차단하기 위한 요구－에 부응하고, 李延年의 항쟁이 고려왕조의 체제를 흔드는 백제부흥을 내세웠기 때문이었을 것이다.

의 각성사업 참여의식은 최씨무인정권과의 연계 내지 정권 안보의 염원
이 아닌, 오히려 왕실의 공고함이나 왕권의 안녕에 우선하였다고 볼 수
있다.

4. 闍崛山門의 참여와 그 의식

1) 참여 사례

고려 무인정권의 성립 이후 선종의 일부 계열이나 사원은 집권자들로
부터 일대의 타격을 받기도 하였다. 그러나 闍崛山門의 修禪社나 禪源
寺·斷俗寺·雙峯寺 등과 같은 사원은 결사운동의 전개와 최씨무인정
권의 배려·협조에 의하여 당시 불교계에서 주도적 역할을 담당하기도
하였다.

일부 연구자는 선종계열의 판각사업 참여사실을 부정하기도 하지
만,[278] 曹溪宗[279]과 闍崛山門계열의 禪源寺[280]·修禪社·斷俗寺·雙
峯寺 등의 사원, 그리고 이와 관련된 慧諶에서 天英에 이르기까지 수선
사주지와 萬全 및 萬宗이 그 사업의 주도적 역할을 한 것으로 파악[281]하
고 있으며, 또한 迦智山門의 一然이나 그 계열[282]의 참여사실도 언급하

---

278) 朴相國, 「大藏都監의 板刻性格과 禪源寺 問題」 『韓國佛教文化思想史(上)』, 伽
     山李智冠스님華甲紀念論叢, 1992, 1005쪽.
279) 閔賢九, 「高麗의 對蒙抗爭과 大藏經」 『韓國學論叢』 1, 1978, 45·48~50쪽.
280) 兪瑩淑, 「崔氏武人政權과 曹溪宗」 『白山學報』 33, 1986, 181~182쪽 ; 文暻鉉,
     「高麗大藏經 雕造의 史的 考察」 『佛教와 歷史』, 李箕永博士古稀紀念論叢, 1991,
     499·504~512쪽 ; 蔡尙植, 「一然의 생애와 檀越의 성격」, 앞의 책, 119쪽.
281) 許興植, 「高麗高宗官版大藏經 補板의 範圍와 思想性」 『美術史學論叢』, 蕉雨黃
     壽永博士古稀紀念, 1988 ; 『韓國中世佛教史研究』, 일조각, 1994, 185쪽 ; 許興
     植, 「高麗高宗官版大藏經 形成經緯와 思想性」 『歷史教育論集』 13·14합, 1990 ;
     위의 책, 168~170쪽.
282) 蔡尙植, 「一然의 생애와 檀越의 성격」 앞의 책 ; 金光植, 『高麗武人政權과 佛教

고 있다. 이들 연구자들은 이들 사원이나 승려들이 판각사업을 주도한 최이나 그의 처남인 정안과 밀접한 관련성을 가지고 있었다는 사실, 외장에 입장된 경판 가운데 선종경전인『종경록』이나 修禪社 慧諶 찬술의『禪門拈頌集』이 포함되었다는 사실을 고려하여 논지를 전개하고 있다. 따라서 기왕의 연구자들은 대개 판각사업의 참여사실을 최씨정권의 사업주도나, 그와 연계된 사원 내지 승려세력에 초점을 맞추어 분석하고 있다.

이같은 이해방식은 일면 타당성을 가지기도 한다. 그러나 제1·2장에서 이미 검토한 것처럼, 최씨정권이나 정안을 사업의 주도자로, 또한 각성사업의 기구인 대장도감의 설치 장소를 최이의 願刹인 선원사로 각각 단정함에는 재고의 여지가 있다. 이런 점에서, 선종사원이나 승려들의 판각사업 참여사실을 최씨정권이나 정안과 주로 연계하여 접근함에는 일정한 한계성이 있다. 특히 판각사업이 국가적 불교사업이었다는 사실을 고려한다면, 전불교계의 참여라는 연속선상에서 선종계열의 참여사실을 파악해야 할 것이다. 이에 최근에는 단속사와 수선사의 참여사례를 새로운 시각에서 접근하여, 이전의 연구경향을 극복하고 있기도 하다.[283]

선종계열의 사원이나 승려가 판각사업에 참여한 사례는 먼저 '禪伯'을 통해서 확인된다. 그의 법명이 무엇이었는지 명확히 알 수 없으나, 그는 고려 무인집권기에 禪老인 連公의 저술이며, 全光宰가 관여하였고, 外藏에 포함된『南明泉和尙頌證道歌事實』을 조판하는데 校勘으로 직접 참여하였다.[284] 그가 禪伯으로 표현되었다는 점, 본 경판의 교감을 담당

界』, 민족사, 1995 ; 閔泳珪, 「一然重編 曹洞五位 重印序」『學林』6, 연세대, 1984.

283) 金潤坤,『고려대장경의 새로운 이해』, 불교시대사, 2002, 159~186쪽 ; 崔然柱, 「修禪社와 강화경판『고려대장경』彫成」『大丘史學』81, 2005.

284)『南明泉和尙頌證道歌事實』권3, 제38장, 全光宰誌.

하였다는 점, 그리고 본 경전이 禪籍이었다는 점에서, 그는 선종계열의 학승 내지 고덕대승이었음이 분명하다. 따라서 외장에 입장된 선종경전의 조판에는 해당 종파의 고승 내지 학승들도 참여하였다.

한편 대장에도 선종의 소의경전이 포함되어 있다. 대개 『圓覺經』과 『楞嚴經』으로 약칭되는 『大方廣圓覺修多羅了義經』 1권(使函)과 『大佛頂如來密因修證了義諸菩薩萬行首楞嚴經』 10권(絲函)285)이 그것이다. 이로써 본다면, 외장인 정판에는 선종에서 저술된 선적이 철저히 배제되어, 당시의 불교 현실성이 배제되고 교학적 전통이 지나치게 강조된 보수성이 반영되어 있다286)고 인식하는 데는 일단 재고의 필요를 느끼며, 대장의 각성사업에도 선종계열의 학승 등이 경전의 교감과 같은 형태로 적극 참여하였음을 시사받을 수 있다. 그런데 대장이나 외장의 각성상업에 교감으로 참여한 이들 선종승려들의 소속사원이나 산문은 명확하게 나타나지 않고 있다.

이에 대해, 경판의 각수로 판각사업에 참여한 승려들 가운데는 그 계통이 파악되는 경우도 있다. 우선, 闍崛山門의 경우가 확인된다. 이 산문의 각수 참여사례는 뒤에 수선사의 5대 주법을 맡았던 天英이 있다. 천영의 판각사업 참여사실은 그가 1246년 선원사에 초청되고 1250년에 그 사원의 주지, 1252년에 法主로 임명된 행적을 통해 설명되고 있다. 특히 천영이 1252년 선원사의 法主로 임명된 사실에서, 이 시기 그는 대장경의 총관리자 역할을 담당한 것으로 이해하고 있다.287)

그런데 천영의 행적을 통하여 각성사업 참여사실을 설명하는데는 일

---

285) 李智冠, 『韓國佛敎所依經典硏究』, 보련각, 1969 ; 李載昌, 『佛敎經典槪說』, 동국대역경원(4판), 1982 ; 趙明濟, 「高麗後期 戒環解 楞嚴經의 盛行과 思想史的 意義」 『釜大史學』 12, 1988.

286) 許興植, 「高麗高宗官版大藏經의 彫成經緯와 思想性」 『歷史敎育論集』 13·14합, 1990 ; 앞의 책, 1994, 171～172쪽.

287) 許興植, 「高麗時代의 새로운 金石文資料」 『大邱史學』 17, 1979 ; 앞의 책, 1986, 688쪽.

면 타당성도 있으나, 선결되어야 할 문제가 있다. 그것은 강화도의 선원사가 강화경판의 조판기구, 즉 대장도감의 소재지였는가 하는 점이다. 제1장에서 살펴본 것처럼, 최씨무인정권의 원찰인 선원사의 창건 연도는 1246년이며, 대장도감이 설치된 1236년보다 10년 이후이다. 따라서 선원사는 판각장소가 아니는 것을 알 수 있다. 또한 천영의 선원사 거주 행적을 통해 그의 판각사업 참여를 이해함에도 문제점이 있다.

그럼에도 불구하고 천영이 판각사업에 참여하였을 가능성이 높다. 이는 강화경판의 각수 가운데 그와 동음이자의 법명을 사용하는 승려가 참여한 사실에서 짐작할 수 있다.

<표 4-2-11> 天永의 판각사업 참여사례

順	經名	卷次	函名	時期	雕造場所	張次	板數	法名표기	참여유형
1	十誦律	23	從	1244년	大藏	제9~10장	2장	天永 이하동일	
2	根本說一切有部百一羯磨	5	受	〃	〃	제21장	1장		
3	阿毘曇毘婆沙論	27	切	〃	分司	제23장	1장		
4	〃	48	箴	〃	〃	제17장	1장		
5	阿毘達磨大毘婆沙論	38	惻	〃	大藏	제8장	1장		
6	阿毘達磨俱舍釋論	22	神	미상	불명	제3~4장	2장		
7	〃	18	神	1244년	大藏	제20장	1장		
8	成實論	9	東	〃	〃	제4장	1장		
9	解脫道論	8	二	〃	分司	제20장	1장		
10	菩薩本緣經	下	觀	〃	大藏	제7~8장	2장		
11	法苑珠林	70	踐	〃	分司	제25장	1장		

		1244년	미상	소계	총수량
大藏		8장		8장	
分司		4장		4장	
불명			2장	2장	14장

판각시기와 장소가 불명인 경우를 제외하면, 天永은 1244년(甲辰年)의 한 해 동안 대장도감과 분사도감 등지의 판각사업에 참여하여 총 14장을 판각하였다. 이러한 天永이 수선사계열의 天英과 동음이자의 법명

을 가지고 있으나, 생존·활동한 시기가 동일하다. 앞서 설명한 바와 같
이, 고려시대 동일 인물을 동음이자로 표기하는 경우가 상당수 있으며,
강화경판의 변계선 소재의 경우도 마찬가지다. 이로써 이 두 인물은 동
일 승려 내지 법형제로 볼 수 있다. 이런 점이 인정되면, 천영은 각성사
업에 참여한 시기가 僧科大選인 禪選에서 上上科에 급제한 이후로 僧階
를 가졌을 때이며, 崔怡에 의해 禪源寺에 高僧의 자격으로 초청되기
1~2년 이전이다.

또한 闍崛山門의 승려 가운데 경판의 각수로 판각사업에 참여한 승려
는 하급 승계인 大選 守源·全一·大有, 그리고 宗遠이 있다.

이들은 모두 수선사계열의 月南寺 眞覺國師碑를 건립하는 불사에 직
접 관련한 수선사 내지 闍崛山門과 일정한 연관을 가진 승려들이다. 이
건립 불사가 1249~1250년에 이루어진 사실[288]에서, 이들은 판각사업
이 진행되던 13세기 중엽에 생존·활동한 승려로 판단된다. 또한 이 건
립불사는 고려 국왕의 명령과 최씨무인정권의 적극적 후원이 있었으며,
또한 지방의 행정조직이 이용되었다.[289] 이러한 불사의 성격은 판각사
업과 매우 유사한 면을 가지고 있다. 따라서 이들은 각성사업에 참여하
였을 가능성이 높다.

특히 현존 경판의 변계선에는 이들과 동일자 내지 동음이자로 새겨
둔 승려도 있다. 먼저, 全一의 경우이다.

〈표 4-2-12〉 全一의 판각사업 참여사례

順	經名	卷次	函名	時期	雕造場所	張次	板數	法名표기	참여유형
1	中阿含經	22	夙	1243년	大藏	제22~24장	3장	全一이하동일	
2	增壹阿含經	43	如	〃	〃	제11장	1장		

---

288) 閔賢九, 앞의 논문, 20·26쪽.
289) 閔賢九, 위의 논문, 37~38쪽.

3	正法念處經	19	篤	〃	〃	제10~12장	3장
4	佛本行集經	24	榮	〃	〃	제2~4장	3장
5	佛說因緣僧護經	단	竟	미상	불명	제16장	1장
6	摩訶僧祇經	28	登	1244년	大藏	제23~24장	2장
7	〃	6	學	〃	〃	제44장	1장
8	十誦律	20	職	미상	불명	제3~4장	2장
9	〃	26	從	1244년	大藏	제13장	1장
10	〃	32	政	〃	〃	제15~16장	2장
11	〃	35	政	〃	〃	제16장	1장
12	四分律	28	睦	〃	〃	제4~5장	2장
13	〃	48	唱	〃	〃	제7장	1장
14	〃	8	和	〃	〃	제22장	1장
15	善見律毘婆沙	5	姑	〃	〃	제25~26장	2장
16	毘尼母經	4	叔	〃	〃	제10~13장	4장
17	律二十二明了論	단	猶	〃	〃	제11~12장	2장
18	阿毘曇八犍度論	8	子	1244년	大藏	제14~15장	2장
19	阿毘曇毘婆沙論	11	分	〃	分司	제40장	1장
20	〃	38	磨	〃	〃	제9~10장	2장
21	〃	58	規	〃	〃	제8~9장	2장
22	阿毘達磨大毘婆沙論	53	次	〃	大藏	제10장	1장
23	〃	77	離	〃	〃	제11장	1장
24	〃	30	隱	〃	〃	제11장	1장
25	〃	4	仁	〃	〃	제14장	1장
26	阿毘達磨俱舍釋論	13	動	〃	〃	제14~15장	2장
27	〃	21	眞	〃	〃	제5~6장	2장
28	阿毘達磨俱舍論	8	疲	〃	〃	제1장	1장
29	阿毘達磨藏顯宗論	14	操	〃	〃	제2장	1장
30	雜阿毘曇心論	8	都	〃	分司	제4~5장	2장
31	尊婆須密菩薩所集論	9	華	〃	大藏	제22~23장	2장
32	成實論	13	東	〃	〃	제23~24장	2장
33	菩薩本緣經	상	觀	〃	〃	제24~25장	2장
34	經律異相	14	靈	1243년	分司	제9장	1장
35	〃	18	靈	〃	불명	제29장	1장
36	〃	43	傍	〃	大藏	제2장	1장
37	陀羅尼雜集	3	啓	〃	〃	제8장	1장
38	出三藏記集	14	肆	1244년	分司	제25~26장	2장
39	衆經目錄	2	設	〃	〃	제1장	1장

40	一切經音義	20	弁	〃	大藏	제36장	1장		
41	續高僧傳	26	明	1243년	分司	제25장	1장		
42	〃	17	承	〃	〃	제9장	1장		
43	廣弘明集	16	亦	〃	〃	제5장	1장		
44	新集藏經音義隨函錄	4	振	미상	불명	제84장	1장		
45	〃	11	纓	1243년	大藏	제11장	1장		
46	〃	21	祿	〃	〃	제62장	1장		
47	勝瑜伽金剛性海曼殊室利千臂千鉢大敎王經	1	雞	1244년	分司	제15장	1장		
48	〃	2	〃	〃	大藏	제15장	1장		
49	〃	4	〃	〃	分司	제20장	1장		
50	〃	6	〃	〃	〃	제4장	1장		
51	〃	9	〃	〃	〃	제23장	1장		
52	〃	10	〃	〃	〃	제15장	1장		
53	法苑珠林	43	途	〃	〃	제10장	1장		
54	〃	69	踐	〃	大藏	제2~3장	2장		
55	〃	21	魏	〃	分司	제26~27장	2장		
56	〃	4	覇	〃	〃	제25장	1장		
57	佛說除蓋障菩薩所問經	7	丹	〃	大藏	제10장	1장		
58	金色童子因緣經	10	郡	〃	〃	제7장	1장		
59	大乘集菩薩學論	4	主	〃	〃	제5장	1장		

		1243년	1244년	미상	소계	총수량
	大藏	14장	49장		63장	
	分司	4장	14장		18장	
	불명	1장		4장	5장	86장

판각시기와 장소가 불명확한 경우를 제외하면, 전일은 1243(癸卯年) ~1244년(甲辰年)의 2년 동안 대장도감과 분사도감에서 총 82장의 경판을 판각하였다. 이러한 전일은 앞서 설명된 수선사의 대선 전일과 법명이 동일하고, 활동시기도 동시대이다. 따라서 이 두 인물을 동일인으로 이해할 수 있을 것이며, 각성사업에 참여한 전일은 진각국사의 문도로 闍崛山門계열의 수선사출신 승려이다. 그리고 그가 1249년에 하급 승계인 大選에 있었던 점에서 알 수 있듯이, 그는 판각사업 참여 당시 불교계 내부에서 그의 위치가 하급승 이상이었다고 볼 수 있다.

다음으로 진각국사 문도인 대선 大有도 그와 동일한 법명을 가진 승려가 판각사업에 참여하였다.

〈표 4-2-13〉大有의 판각사업 참여사례

順	經名	卷次	函名	時期	雕造場所	張次	板數	法名표기	참여유형
1	佛說大乘日子王所問經	單	鍾	1245년	大藏	제1·5장	2장	大有	
	大藏 1235년 2장			총수량					

大有는 1245년(乙巳年)의 한 해 동안 대장도감의 판각사업에 참여하여 2장만 판각하였다. 이러한 대유는 앞서 언급된 대선 大有와 동일한 법명을 가지고 있으며, 활동시기도 동시대이다. 이런 점에서 두 인물은 동일인으로 규정될 수 있으며, 그 역시 수선사계열로 승계도 소유하였다.

또한 守元이라는 법명을 가진 승려도 판각사업에 참여하였다.

〈표 4-2-14〉守元의 판각사업 참여사례

順	經名	卷次	函名	時期	雕造場所	張次	板數	法名표기	참여유형
1	十誦律	17	職	1244년	大藏	제21장	1장	守元이하동일	
2	〃	46	存	미상	불명	제20~21장	2장		
3	阿毘達磨法蘊足論	4	兄	1244년	大藏	제22장	1장		
4	阿毘達磨集異門足論	1	弟	〃	〃	제4~5장	2장		
5	阿毘達磨大毘婆沙論	75	離	〃	〃	제19장	1장		
6	阿毘達磨順正理論	41	意	〃	〃	제5~6장	2장		
7	成實論	4	夏	1245년	分司	제2장	1장		
8	佛說立世阿毘曇論	9	西	1244년	大藏	제4~5장	2장		
9	出曜經	26	盤	〃	〃	제23~24장	2장		
10	法苑珠林	2	覇	〃	分司	제2장	1장		
11	〃	47	途	〃	〃	제21~22장	2장		
12	〃	72	土	〃	大藏	제23~24장	2장		
	大藏 分司 불명	1244년 13장 3장	1245년 1장	미상 2장	소계 13장 4장 2장	총수량 19장				

판각시기와 장소를 알 수 없는 2장의 경우를 제외하면, 守元은 1244
년(甲辰年)~1245년(乙巳年)의 2년동안 대장도감과 분사도감의 각성사
업에 참여하여 총17장의 경판을 판각하였다. 이러한 守元은 같은 시기
에 생존·활동한 수선사계열의 大選 守源과 동일 승려로 짐작된다. 특
히 강화경판의 변계선 소재 인명 가운데는 동일 인물이 스스로 '源'자와
'元'자를 혼용하고 있다는 점[290]에서 짐작된다. 따라서 그 역시 승계를
가진 승려로 판각사업에 참여하였다고 볼 수 있다.

마지막으로, 각성사업 참여자 중에는 宗元이라는 승려도 있다.

〈표 4-2-15〉宗元의 판각사업 참여사례

順	經名	卷次	函名	時期	雕造場所	張次	板數	法名표기	참여유형
1	雜阿毘曇心論	1	미	1244년	分司	제34~35장	2장	宗元	
	分司	1244년 2장	총수량 2장						

宗元은 1244년(甲辰年)의 한 해동안만 분사도감의 판각사업에 참여하
여 총 2장을 판각하였다. 이러한 宗元은 앞서 설명한 것처럼, 같은 시기
에 생존·활동하면서 眞覺國師碑를 건립하는 불사에 관여한 宗遠과 동
일 승려로 짐작할 수 있을 것이다.

이상에서, 판각사업에 참여한 선종승려 가운데는 眞覺國師의 문도인
수선사계열의 闍崛山門출신도 포함되어 있었다. 그 인물로는 天永(英)·
全一·大有·守元·宗元 등이다. 이들 가운데는 불교계 내부에서 승계
를 가진 승려도 포함되어 있었다. 이러한 사실은 이들 계열이 조직적이
고 체계적으로 판각사업에 참여하였다는 것을 반증하는 것이다.

---

290) 그 대표적인 사례는 제2절에서 언급된 바와 같이, '了源'이 자신을 '了元'으로도
표기하고 있었다는 점에서 알 수 있다.

2) 참여의식

수선사나 闍崛山門계열의 각성사업 참여의식은 당시의 정황과 기존 연구를 통해 어느 정도 이해할 수 있다. 우선, 이들은 13세기 중엽 모든 고려 사람들이 지니고 있던 민족적 위기의 극복을 염원·실천하기 위해 각성사업에 참여하였던 것 같다. 13세기 중엽 몽고 침략기 闍崛山門이나 수선사계열도 모든 고려 사람들과 마찬가지로 몽고군의 격퇴를 기원하고 있었다. 이는 잘 알려진 바와 같이, 수선사가 대몽항쟁기에 강력한 항몽의식을 표방하였다는 점에서 짐작된다. 따라서 이들도 몽고 침략의 격퇴라는 민족적 위기를 극복하기 위해 각성사업에 적극 참여하였다.

다음으로, 수선사계열은 자신들과 밀착되어 있던 최씨무인집권자의 개인적 안녕이나 정권안정을 기원하기 위하여 각성사업에 참여하였을 것이다. 그럼에도 불구하고, 이들은 국왕이나 왕실의 안녕도 기원하였다. 이러한 점은 수선사의 진각국사 혜심이 용화회에서 국왕의 안녕을 기원하기도 하였다는 사실을 통해서 충분히 짐작된다.[291]

그 다음으로, 이들 선승들은 각성사업의 참여를 통하여 백성의 안녕이나 풍년, 그리고 현세구복이나 서방극락정토를 염원하기도 하였을 것이다. 이러한 사실은 수선사계열의 사상적 경향이 정토신앙까지도 수용할 수 있는 탄력성을 지니고 있었다는 점[292] 등에서 알 수 있다. 뿐만 아니라, 수선사의 승려들은 그들 계열에서 발전시켜 온 불교문화의 발전수준과 능력을 각성사업에 투영하고, 불법을 널리 보급하고자 하는 목적에서도 각성사업에 참여하였다. 이는 외장에 수선사의 제2세 社主인 慧諶 저술의 『禪門拈頌集』 30권이 포함되어 있다는 사실에서 충분히 짐작된다. 특히 이러한 사실은 경전이 '鋟木流行'된지 얼마 되지 않아 다시 외장에 입장되었으며, 혜심과 밀접한 친분이 있던 鄭晏[293]이나 萬宗을

---

291) 「眞覺國師語錄」『韓國佛敎全書』 제6책, 동국대 출판부, 1994.
292) 蔡尙植, 앞의 책, 40·153쪽.

비롯한 그 제자들이 깊은 관심을 가졌다는 점에서 더 명확히 이해될 수
있을 것이다.

5. 迦智山門의 참여와 그 의식

1) 참여 사례

迦智山門에서도 강화경판 판각사업에 참여하였다. 먼저, 제1절에서
언급된 '江南山人' 歸一이다. 그는 1244년(甲辰年)~1245년(乙巳年)까지
2년동안 대장・분사도감에서 60장의 경판을 판각하였다. 그는 자신의
雅號가 '江南'으로 지칭되고 있는 점에서, 그가 활동・거주한 주된 지역
은 남부지방이었을 것이다. 그런데 그는 선종의 迦智山門 사원인 普濟
寺의 住老 規公(規禪師)과 밀접한 관련을 맺고, 접촉하였다. 이런 점을
고려한다면, 그는 보제사나 규선사와 계열을 같이하는 승려였다고 짐작
해 볼 수 있다. 특히 普濟寺는 고려 초기부터 談禪法會의 개최사원인 동
시에 선종의 가지산문에 소속한 중심사원이었다[294]는 점에서, 판각사업
에 참여한 江南山人 歸一은 가지산문계열 내지 그와 관련 있는 승려지
식인 출신이었을 가능성이 높다.

뿐만 아니라 가지산문의 一然이나 그 직계 문도도 판각사업에 참여하
였다. 그것은 일연이 판각사업의 추진 시기에 鄭晏의 願刹인 定林社에
주석하고 있었다는 점, 그리고 「麟角寺碑」에 '禪師 仁興社 禪麟'으로 石
刻된 禪麟[295]이 1250년대 전후의 젊은 시절에 그의 스승 일연을 따라
남해분사도감에서 직접 경판을 필사・판각한 인물로 추정된다는 사

---

293) 蔡尙植, 위의 책, 127쪽.
294) 金光植, 앞의 책, 1995, 149쪽.
295) 이 자료는 蔡尙植(「一然의 생애와 檀越의 성격」, 앞의 책, 105~106쪽)이 이미
    소개한 것을 재인용하였다.

실296)에서 짐작된다. 다만 선린이 젊은 시절인 1250년대 각성사업에 참여한 유형은 경전의 필사자로 관여하였을 것이다. 이는 그가 1272년에 『妙法蓮華經觀世音菩薩普門品』을 筆寫하였듯이297) 사경의 기능을 소유하였다는 점에서 알 수 있다. 따라서 일연의 문도인 선린은 1250년대 필사자의 유형으로 각성사업에 참여하였다.

1295년 세워진 「麟角寺碑」에서는 禪師의 승계에 있던 인홍사의 선린이 1250년대 당시에는 젊은 나이였다고 한다면, 그 상위의 승계인 大禪師들도 각성사업이 진행되던 시기에 생존·활동하였다고 볼 수 있다. 이런 점을 염두에 두고, 비문에 나타난 인물 가운데 대선사에 해당하는 고승과 각성사업에 참여한 인물 가운데 법명이 동일하거나 동음이자인 경우를 대조해 보기로 하자. 그 가운데는 無爲寺의 대선사 守精과 동음이자의 법명을 가진 守丁(貞)이 확인된다.

〈표 4-2-16〉守丁(貞)의 판각사업 참여사례

順	經名	卷次	函名	時期	雕造場所	張次	板數	法名표기	참여유형
1	妙法蓮華經論優波提舍	單	聲	1243년	大藏	제4~5·9장	3장	守貞	
2	十住毘婆沙論	15	資	〃	〃	제18~19장	2장	〃	
3	中阿含經	47	溫	〃	〃	제10~12장	3장	守丁	
4	增壹阿含經	51	如	〃	〃	제15장	1장	守貞	
5	〃	36	馨	〃	〃	제9장	1장	守丁	
6	佛說三摩竭經	단	詞	〃	〃	제9장	1장	〃	
7	正法念處經	18	篤	〃	〃	제1·3~4장	3장	1장 〃, 3~4장 守貞	
8	佛本行集經	51	基	〃	〃	제10장	1장	守丁	
9	〃	13	令	〃	〃	제5·7~8장	3장	〃	
10	阿毘曇毘婆沙論	12	分	1244년	分司	제9장	1장	〃	
11	阿毘達磨大毘婆沙論	87	節	〃	大藏	제14장	1장	〃	

296) 蔡尙植, 「仁興社刊 『歷代年表』와 『三國遺事』의 찬술기반」, 위의 책, 172쪽.
297) 藤田亮策, 「海印寺雜板攷」『朝鮮學報』138, 1991, 65쪽.

12	〃	29	隱	〃	〃	제15장	1장	〃
13	釋迦方志	上	彩	1243년	分司	제11장	1장	〃
14	諸經要集	17	對	〃	불명	제5장	1장	〃
15	毘俱脂菩薩一百八名經	單	經	1245년	大藏	제3장	1장	守貞
16	佛說佛母出生三法藏般若波羅蜜多經	20	煩	1244년	〃	제4장	1장	守丁
17	大乘二十頌論	單	牧	〃	〃	제5장	1장	〃
18	佛說一切如來眞實攝大乘現證三昧大教王經	27	沙	〃	〃	제9장	1장	〃
19	大乘集菩薩學論	22	云	〃	〃	제3장	1장	守貞
20	福蓋正行所集經	11	門	〃	〃	제4장	1장	〃

	1243년	1244년	1245년	소계	총수량
大藏	18장	7장	1장	26장	
分司	1장	1장		2장	
불명	1장			1장	29장

守丁(貞)은 1243년(癸卯年)~1245년(乙巳年)의 3년동안 대장도감과 분사도감에서 총 29장의 경판을 판각하였다. 여기서 그는 1245년까지 활동하였음이 분명하다. 그리고 그는 변계선에도 자신의 법명을 守丁 및 守貞과 같이 동음이자로 표기하고 있다. 이러한 사실을 염두에 둔다면, 동음이자로 표기된 無爲寺의 守精과도 동일 승려로 짐작해 볼 수 있다. 특히 두 인물은 거의 같은 시기에 생존·활동하고 있었다는 사실에도 연결시켜 볼 수 있다.

한편 무위사는 고려시대에 소속종파가 선종사원[298])으로 가지산문과 맥락을 닿기도 하였다.[299]) 따라서 각성사업에 참여한 수정은 선종의 가지산문으로 일연 계열의 승려라고 볼 수 있다.

---

298) 許興植, 「僧政의 紊亂과 宗派間의 葛藤」, 앞의 책, 1986, 519쪽 ; '無爲寺禪師天鏡(李齊賢, 「有元高麗國曹溪宗慈氏山瑩源寺寶鑑國師碑銘幷序」 『東文選』 권118).'
299) 蔡尙植, 「一然의 생애와 檀越의 성격」, 앞의 책, 124쪽 ; '吾道友大禪師惠文 … 落髮禪宗迦智山門 爲名長老 … 至大禪師 … 嘗寄居京師普濟寺傳法 … 住雲門寺居三年(『東國李相國集』 권37, 「文禪師哀詞」).'

2) 참여의식

가지산문의 사원이나 선승들이 판각사업에 참여한 배경은 우선, 현세
구복이나 정토신앙의 염원이나 실천에 있었을 것이다. 이는 기존 연구에
서 밝혀진 바와 같이 가지산문의 일연이 밀교적 요소를 수용하고 있었다
는 점[300] 등에서 짐작된다.

다음으로, 가지산문의 선승들도 역시 몽고침략군의 격퇴를 통한 민족
적 위기의 극복을 염원·실천하기 위해서도 각성사업에 적극 참여하였
을 것이다. 그것은 普濟寺가 국초 이래 무인집권기까지 외적격퇴와 국가
안녕을 염원하는 羅漢齋와 談禪法會를 개최해 왔다는 점,[301] 일연과 그
의 문도들이 몽고침략의 잔혹성을 직간접으로 경험하였다는 점 등에서
이해될 수 있다.

뿐만 아니라, 보제사나 일연계열의 가지산문에 소속한 선승들은 反崔
氏武人政權 내지 왕정복고를 염원·실천하기 위해서도 각성사업에 적
극 참여하였을 것이다. 이는 다음의 몇 가지 사실을 통해서 추정된다.
그 하나는 가지산문이나 그 계열의 보제사가 무인집권기 이전에 국왕이
나 왕실과 밀접한 관련을 유지하고 있었다는 점이다. 최씨무인집권기에
는 일단 변화를 가져오지만, 보제사에서 개최한 담선법회나 나한재는 전
통적으로 국가 내지 국왕이 주도해 왔는데, 이는 보제사가 전통적으로
국왕이나 왕실과 긴밀한 관계를 유지하고 있었음을 반증한다. 그리고 義
天의 천태종 개창 과정에서 더욱 와해되었으나,[302] 그의 사후에 서서히
독립된 교단기반을 재정비하였던 가지산문의 學一[303]이 무인집권기 이

300) 蔡尙植, 위의 책, 40·153쪽.
301) 安啓賢, 「曹溪宗과 五敎兩宗」『한국사』7, 국사편찬위원회, 1973 ; 韓基汶, 「高
麗太祖의 佛敎政策」『大邱史學』22, 1983 ; 李萬, 「談禪法會에 관한 硏究」『韓
國佛敎學』10, 1985 ; 金光植, 「崔瑀의 寺院政策과 談禪法會」, 앞의 책 ; 許興
植, 「開京寺院의 機能과 所屬寺院」, 앞의 책, 1986, 300~301쪽.
302) 蔡尙植, 앞의 책, 35쪽.

전인 인종 즉위년(1122)에 王師로 책봉되었다는 점304)은 가지산문이 무
인집권기 직전에는 국왕과 밀착되었음을 의미한다. 다른 하나로는 최씨
무인집권기 이들 계통의 승려나 사원은 反崔忠獻성격을 띤 항쟁에 동조
하거나 근거지가 되었다는 점이다. 그 대표적인 사례는 보제사가 신종
원년(1198) 5월 反崔忠獻항쟁의 성격을 띤 私奴 萬積의 항쟁에 거사 모
임장소로,305) 그리고 가지산문의 중심사원이던 경상도지방의 청도 雲門
寺가 명종~신종 때 反武人政權항쟁을 전개한 金沙彌亂의 근거지로 각
각 이용되었다는 점306) 등이다. 마지막으로는 가지산문의 일연이 왕정
복고를 지지하는 입장에 있었다는 점307)이다. 요컨대 가지산문의 보제
사나 일연계열은 최씨무인집권기 전후에 국왕이나 왕실과 밀접한 관련
을 가지고 있었고, 反崔忠獻항쟁의 근거지나 동조자 역할을 하고 있었으
며, 왕정복고를 지지하는 입장이었다. 이러한 사실은 이들 계열의 사원
이나 선승들이 각성사업 전후의 시기에 반최씨무인정권 내지 왕정복고
의식을 가지고 있었음을 의미한다. 따라서 이들이 각성사업에 참여한 의
식은 반최씨무인정권 내지 왕정복고를 염원·실천함도 있었던 것이다.

---

303) 金相永, 「高麗 睿宗代 禪宗의 復興과 佛敎界의 變化」 『淸溪史學』 5, 1998.
304) 『고려사』 권15, 인종 즉위년 6월 己亥 ; 『韓國金石全文』 中世上, 「雲門寺圓應國
    師碑」.
305) 『고려사』 권129, 崔忠獻傳 ; 『고려사절요』 권114, 신종 원년 5월.
306) 蔡尙植, 「信仰結社의 유행과 주도세력」, 앞의 책, 18쪽 ; 金光植, 「雲門寺와 金
    沙彌亂」 『韓國學報』 54, 1989 ; 앞의 책, 64~65쪽.
307) 蔡尙植, 「一然의 생애와 檀越의 성격」, 앞의 책, 128~129쪽.

제5장

맺음말

불교가 國敎로 기능한 고려사회에서 대장경은 단순한 불교조형물이 아니라, 당시 모든 고려 사람들에게 불교문명의 자긍심이자 민족적 위기와 현실모순의 극복에 있어서 구심적인 상징물로 인식되었다. 현재 세계 인류의 공동문화유산으로 평가받고 있는 江華京板 『高麗大藏經』 역시 이같은 의미를 담고 있다. 13세기 잔혹한 몽고의 침략과 최씨무인집권자의 파행적인 정권운영은 고려 불교문명의 존립에 막대한 타격을 끼쳤으며, 또한 최대의 민족적 위기와 현실모순을 겪게 하였다. 이같은 상황 속에서 13세기 중엽 고려 사람들은 불교문명이나 민족적 위기 및 현실모순을 극복하기 위한 염원과 실천에서 재보시와 몸보시를 통해 강화경판의 판각사업에 적극 참여하였다.

이같은 사실을 고려하여, 이 책에서는 강화경판의 판각사업에 담겨져 있는 13세기 중엽 고려 사람들의 불교문명의 계승·발전노력, 그리고 민족적 위기와 현실모순의 극복에 대한 염원과 실천을 살펴보고자 하였다. 이를 위하여, 먼저 제1장에서는 우리나라에 근대 역사학의 연구방법론이 도입된 1900년대부터 2006년 현재까지 강화경판을 주제로 삼은 연구성과물을 정리·분석하고, 그 연구자료나 분야 및 시각 등에 대해 비판적으로 검토하여 몇 가지 문제점을 제기하였다. 아울러 판각사업을 보다 객관적으로 이해하기 위한 연구방향이나 내용을 제시해 보았다.

제2장에서는 강화경판의 구성체제와 성격을 규명하고자 하였다. 이를 위해 경전 전체의 편제, 그리고 개별 경판의 구성형식과 그 발전적 계승관계를 분석하였다. 이 내용을 살펴본 이유는 강화경판에 반영되어 있는 우리 불교문명의 계기적 발전성을 규명하고, 이를 통해 초기 일제식민주의 학자들이 제기한 우리 대장경의 외래성이나 모방성 및 판본의 覆刻

本 문제를 명확하게 극복함에 있다. 그리고 13세기 고려 사람들이 우리 전통문명과 불교계의 교학적 능력을 창조적으로 발전시켜 계승하고자 한 노력과 의식을 규명함에도 있다.

강화경판의 편제는 大藏·外藏과 같이 2중적 구조로 구성되어 있다. 대장은 『大藏目錄』에 입장된 모든 경전류로, 『大般若波羅蜜多經』 권1 (天函)에서 『一切經音義』 권100(洞函)까지 포함하고 있다. 대장에 편제된 경전은 13세기 중엽 판각사업 때 대체 편입·추가 삽입된 것도 있으나, 그 대부분은 고려 현종 이래 국내에서 수차례에 걸쳐 판각되어 온 대장경과 일치하고 있다. 그리고 대장의 판각사업은 13세기 중엽 이전부터 지속적으로 발전해 온 고려 불교계의 教學발전이나 대장경의 출판능력을 반영하고 있다. 그 대표적인 사례가 開泰寺의 僧統 守其 등이 교감한 『高麗國新雕大藏校正別錄』 30권이다. 따라서 대장에 편입된 경전은 고려 현종 이래의 전통적인 대장경문화를 수용하여 체계화한 것이라고 볼 수 있다. 이러한 대장은 고종 23(1236)~38년(1251)에 국가적인 판각 담당 기구인 대장도감이나 분사도감에서 조성되었으며, 특히 전자에서 대부분 조판되었다.

『大藏目錄』에 입장된 경전인 대장과 달리, 외장에는 『補遺板目錄』에 수록되어 있는 경전 이외, 그 목록에 입장되지 않은 5종의 도감판, 그리고 상당수의 海印寺 寺·私藏本까지 포함되어 있다.

외장에 입장된 경전은 다음과 같은 특징을 가지고 있다. 우선, 조성연대가 다양하다. 대장의 조성시기에 판각된 경판이 대다수를 점하고 있으나, 고려 충렬왕 때나 조선 전기에 조성된 경전도 있다. 특히 고려 말 내지 조선 초기에 판각된 것으로 이해되어 왔던 『慈悲道場懺法』 10권과 『大藏一覽集』 11권은, 참여 각수 등의 분석을 통해서 고종 때 도감의 인적·물적 자원을 활용하여 조성되었음을 알 수 있다. 다음으로 외장은 대부분 양도감에서 조성되었거나, 최소한 그 인적·물적 자원을 활

용하여 조판된 準都監板의 성격을 띠고 있다. 특히 대장의 판각사업이
일단락된 이후에 조성된『종문서영집』3권,『중첩족본원청규』2권,『주
심부』1권은 고종 41년(1241)에 분사도감에서, 그리고『일승법계도기원
통기』2권은 충렬왕 13년에 대장도감에서 각각 조성되었다. 또한 소위
해인사 寺・私藏本으로 명명되고 있으며, 고종 41년(辛丑年) 伽耶山의
下鉅寺에서 조판된『大方廣佛華嚴經疏』4권과『大方廣佛華嚴經隨疏演
義鈔』2권에도 都監의 인적・물적 자원이 활용되었다. 마지막으로 외장
에는 신라시대부터 13세기 각판사업 당시까지, 그 사이의 韓中 양국의
고승이 편찬한 論藏이 포함되어 있다. 특히 이 가운데는 국내의 고승이
저술한 경전이 8~9종이며, 13세기 당시에 저술된 것도 3종이 들어 있
다. 아울러 중국 고승이 저술한 경전 중에는『종경록』이나『조당집』과
같이 고려 불교계의 교학적 발전수준을 반영한 종류도 있다.

　이같은 특성을 염두에 둔다면, 외장의 편제는 국내 불교계의 발전을
항시 흡수할 수 있도록 구성되어 있었으며, 또한 지금까지 발견된 경전
류 이외, 다른 경전도 앞으로 이 속에 편제시킬 수 있을 것이다. 따라서
외장은 전통체제를 고수한 대장에 비하여 평가절하되거나 또한 격리・
단절적으로 이해될 것이 아니라, 동일한 선상에서 그 문화적 가치성을
인정받아야 할 것이다.

　한편, 강화경판의 대장과 외장에 입장된 개별 경판의 구성형식도 13
세기 중엽에 갑자기 생겨난 것이 아니라, 이전까지 고려사회에서 판각되
어 온 대장경의 板本형식을 계승・발전시킨 것이다.

　간기를 제외하면, 대장에 입장된 개별 경판의 일반적 판식은 대부분
『符仁寺藏 大藏經板』(소위 초조대장경)을 계승하고 있다. 契丹本 또는
국내 著述本을 그 저본으로 삼은 경우나, 특이한 판식을 가졌던『부인사
장 대장경판』의 경우도 이같은 판식으로 수정하여 편제하였다. 그런데
대장의 刊記는 北宋本 開寶板보다, 조성시기・國名・장소・주체와 같

이 편제되어 있는 소위 『續藏經』의 것을 계승하고 있다. 따라서 대장에 입장된 개별 경판의 일반적 판식은 『부인사장 대장경판』과 소위 『속장경』의 양식을 채택·계승하였다.

　그러나 『부인사장 대장경판』이나 『속장경』의 편제형식을 계승한 대장의 판식은 그 내용면에서 차이를 나타내고 있는 부분도 있다. 그것은 板題의 張次 표기글자, 본문의 오탈자 및 避諱缺劃, 간기의 조성시기와 주체에 대한 표기형태 등이다. 장차 표기글자의 경우, 『부인사장 대장경판』은 주로 '丈'자를 사용하는데 비해, 대장은 대개 '張'자로 표기되어 있다. 그리고 오탈자나 異體字는 『부인사장 대장경판』보다 훨씬 적고 정확하며, 宋帝의 諱字는 물론 兼避諱字에 있어서 缺劃의 빈도도 훨씬 덜 나타나고 있다. 아울러 『속장경』과 대장의 刊記 내용 가운데 가장 주목되는 차이는 조성시기와 주체의 표기형태이다. 대장은 壽昌과 같은 契丹의 연호를 생략하고 干支만 표기하고 있으며, 또한 『속장경』의 '奉宣'을 대신하여 '奉勅'으로 판기해 두고 있다. 이같은 차이에는 13세기 중엽까지 지속적으로 발전해 온 고려 불교의 교학적 수준과 출판능력, 당시의 대외적 자주성과 민족성, 그리고 현실성이 반영되어 있다. 따라서 대장에 입장된 개별 경판의 일반적 판식은 『부인사장 대장경판』이나 『속장경』에서 그 형식을 계승하고 있으며, 13세기 중엽 고려 불교문명의 발전수준과 자주적 민족의식 내지 대외인식관 및 현실관을 반영하여, 창조적으로 발전시킨 형태이다.

　이와 달리, 대장에 입장된 경판 가운데 일반적 판식에서 벗어난 經板類도 있다. 그 수량은 총 11종, 386권, 13,038장으로 대장 전체의 약 8.2%를 상회하며, 대부분은 각성사업이 활발하게 진행되었던 1243년(癸卯年)~1248년(戊申年)에 사업을 총괄한 대장도감에서 판각되었다. 이러한 사실에서 판각 실무자들이 우연한 실수나 착오라기보다, 오히려 의도적으로 이들 경판을 채택하여 입장하였다는 것을 알 수 있다. 이들 경판은

국내 寺刹傳本에서 채택된 것이다. 따라서 대장에 입장된 개별 경판의
판식은『부인사장 대장경판』이나『속장경』이외, 국내 사찰전본의 형식
도 계승하고 있다. 특히 실무자들이 국내 사찰전본의 판식을 채택한 이
유는 13세기 중엽까지 고려 불교계의 내부에서 발전시켜 온 인쇄출판능
력, 독자적인 교학 수준을 대장에 반영하기 위함에 있었다. 이로써 본다
면, 대장은 13세기 중엽까지 고려 불교계의 발전수준과 능력을 반영하고
있으며, 板本 역시『부인사장 대장경판』의 覆刻本이 아님이 분명해진다.

외장은 국내 불교계의 발전을 항시 수용할 수 있도록 구성되었고, 국
내의 각 사원에서 독자적으로 조성한 국내 사찰전본의 판식을 최대한 반
영하였기 때문에 그 판식이 다양하였다. 따라서 외장에 입장된 경판의
판식은 획일적인 기준에서 이해하기보다, 오히려 국내 불교계의 창조적
발전산물에 대한 흡수적 차원에서 파악되어야 한다. 한편 이같은 판식의
내용을 통해서도 외장은 국내의 각 사원이나 종파가 지속적으로 발전시
켜 온 출판능력과 불교의 교학적 발전수준, 그리고 대장의 판각사업 이
후 국내 불교계의 창조적 발전산물을 늘 흡입할 수 있도록 편제되어 있
다는 것을 알 수 있다.

제3장에서는 판각사업의 주도계층과 그들의 참여의식을 분석하였다.
기존 연구처럼 강화경판의 판각사업을 주도한 주체를 최씨무인정권으로
경도시켜 이해하는 데에는 세밀한 재검토 작업이 선행되어야 한다는 사
실이다. 기존 연구자들이 최씨정권을 사업의 주체로 삼는 핵심 자료인
『고려사』권129, 崔忠獻 부 崔沆傳은 그 구성체제나 내용을 정밀하게
검토함으로써, 최이 부자가 사업의 최고 정점에 위치하기보다 중요 역할
을 분담한 기초 자료로 삼을 수 있다. 그리고 진주지역에 있던 최씨집안
의 식읍지에 생산된 歲貢米는 사업의 경비로 지출되지 않았으며, 江華京
의 禪源寺도 사업 진행과정에서 대장도감이 설치된 장소가 아님이 밝혀
졌다. 아울러 당시 최씨정권이 주도한 여러 사업에는 비판·반발이 뒤

따르고 있었으며, 鄭晏은 최씨정권과 정치적 동맹관계에 있었던 것이 아니라 견제관계에 있었다는 사실도 간과되고 있다. 오히려 판각사업은 국가 운영체계와 사원이라는 敎·俗 이원적 운영형태가 관리조직으로 개입되었으며, 당시 全高麗人의 적극적인 몸보시와 재보시로 이루어졌다는 사실이 밝혀졌다. 또한 판각 소재지도 이전부터 운영해 온 계수관이나 사원에 분산되어 있었다는 연구 결과도 최근에 발표되었다. 이런 점에서, 최씨정권이나 정안은 각성사업의 주체라기보다는 중요 역할 분담자로 주목할 필요가 있을 것이다.

이에 비하여 판각사업의 전과정에는 국왕의 권위와 국가의 운영 조직체계가 철저하게 개입되어 있었다. 아울러 「大藏刻板君臣祈告文」이나 현존하는 각 경판의 刊記, 그리고 개별 분산적인 자료에서도 국왕의 권위가 최고의 정점에 위치하고 있음이 확인된다. 이는 李奎報가 기획하고 최씨정권이 수용하지 않을 수 없는 조건에서 이루어졌으며, 각성사업의 진행과정에서 예견되는 반발과 저항을 사전에 차단하여 그 정당성을 확보하기 위함이었다. 따라서 고려 국왕은 도감의 설치, 사업의 진행 및 마무리 의례행사, 사후 공적 평가를 비롯한 사업의 전반에서 최고의 명령권자나 명분적 표상으로 역할을 하였다.

그리고 최씨정권은 사업의 정책적 결정과 지원, 도감의 실질적 운영자, 경비 및 완성된 대장경판의 보시자, 사업의 감역 등과 같은 핵심적 역할을 분담하여 정책적·행정적 측면에서 주도적인 한 축을 담당하였다. 또한 이규보는 「대장각판군신기고문」을 작성하여 국론통일에 입각한 각성사업의 이론적 토대를 입안하는 역할을 분담하였으며, 사업의 기획과 입론 등을 담당하였다. 이 과정에서 그는 최씨정권의 입장뿐 아니라, 정안과 僧統 守其(守眞) 및 天其와 상호 교류하여 지방사회의 지식인층과 불교계의 현실을 반영하기도 하였다. 그리고 정안은 많은 私財를 소요 경비로 희사하고 자신이 주도하여 완성한 많은 개별 경판을 보시하

였으며, 현장의 전문 각수들을 판각사업에 참여하도록 유도하는 매파 역
할을 담당하기도 하였다. 한편 開泰寺 僧統 守其(守眞)와 화엄종의 首座
天其 등은 방대한 수량의 경전을 校勘하였으며, 이규보가 각성사업의 이
론적 토대를 마련할 때 현실사회나 불교계의 입장을 대변하기도 하였다.
이들 고승은 판각사업의 전후시기에 그들 상호 간이나, 당대 문인지식인
과 함께 다양한 계통의 승려지식인들과도 교류하여, 당시 민족이나 정치
현실 및 불교문명에 대한 위기와 모순을 함께 인식하고, 이들을 비롯한
다양한 출신성분의 僧·俗이 자발적으로 참여하도록 독려하는데 주도
적인 역할을 담당하였다.

이처럼 13세기 중엽 각성사업에서는 고려 국왕을 최고의 정점으로 하
여 최씨정권이 정책적·행정적 역할에서 핵심적인 한 축을 분담하였으
며, 이규보와 鄭晏, 僧統 守其(守眞) 및 首座 天其 등도 이론적 입안이나
분위기 조성에 중요 역할을 분담하였다. 이로써 판각사업은 최씨무인정
권 중심에서만 파악할 것이 아니라, 국왕을 최고의 정점으로 이들 인물
까지 그 주도층으로 확대하여 이해하는 측면이 객관성을 가질 수 있을
것이다.

주도층의 각성사업 참여는 몽고침략이라는 민족적 모순의 극복과 함
께, 파괴된 전통 불교문명의 창조적 계승 발전을 도모하기 위한 목적도
분명히 있었다. 이 과정에서 최씨정권의 경우는 기만적인 대몽항쟁의 전
개와 불교계의 재편, 그리고 결여된 정권의 정통성을 확보하여, 장기적
인 정권안보를 기도하려는 의도도 있었을 것이다. 그러나 여타의 주도층
은 파행적인 현실정치의 모순을 극복하고 왕권복고도 懇願하였다는 측
면을 주목하지 않을 수 없다. 이규보의 말년 인식관이 왕권복고에 있었
으며, 수기와 천기가 그 행적이 왕실과 긴밀하거나 친왕적 인물과 밀착
되어 있다는 사실은 이들 주도층이 왕정복고의 성향을 가지고 있었음을
반증한다.

정안의 참여 목적과 성향에서도 이 같은 사실이 확인된다. 정안의 판
각사업 참여는 개인의 불교숭상, 최씨정권과의 우호적 관계의 확보, 이
를 통한 그의 입지와 가문의 존립 유지라는 기존 연구 틀에서 지적된
점도 무시할 수 없다. 그런데 이 보다는 오히려 민족이나 국왕의 안녕과
몽고 침략군의 격퇴 및 朝野의 평안을 최우선적으로 염원·실천하고,
修禪社의 慧諶, 가지산문의 一然, 승려지식인 山人 明覺, 그리고 화엄종,
수선사, 천태종이나 그 계열의 白蓮社, 瑜伽業 등과 같은 다양한 계통에
소속한 고승이나 학승 및 불교계와의 우호적인 관계를 적극 모색하기 위
한 측면이 더 핵심적인 요인으로 작용하였던 것이다. 특히 그는 판각사
업 당시 최씨정권에 대해 비판적 성향을 가지고 있었으며, 이들로부터
견제를 당하고 있었다. 이러한 사실은 곧 정안이 최씨정권의 극복 내지
왕정복고 의식을 소유하고 있었음을 뒷받침하는 것이다.

이와 같이 최씨정권을 제외한 판각사업 주도층은 13세기 중엽 고려사
회가 처한 현실적·민족적 모순을 극복하고 파괴된 전통 불교문명의 창
조적 계승 발전을 도모하기 위하여 판각사업에 적극 참여하고 있었던 것
이다. 이러한 인식관은 당시 高麗人이 공유하였던 염원과 실천이므로 판
각사업에는 국왕을 비롯한 일반 군현민이 적극 참여할 수 있는 통로가
마련되고 있었던 것이다. 따라서 판각사업 주도층의 대부분도 각 계층의
이해관계를 초월하는 통일정신으로서의 국가적·범종파적 인식을 가지
고 있었다고 볼 수 있다.

제4장에서는 판각사업에 참여한 현장 각수들의 출신성분과 참여의식
을 계층별·종파별로 나누어 검토하였다. 13세기 중엽의 판각사업에는
국왕과 왕족 및 귀족으로부터 일반 군현민에 이르기까지의 세속인, 그리
고 僧統과 학승에서 下級僧까지의 모든 승려층이 모두 참여하였다. 이들
은 자신이 가진 기능에 따라 다양한 유형으로 각성사업에 직·간접적으
로 참여하였다. 특히 경판의 각수로 참여한 인물들의 출신성분도 다양하

였다. 그 중에는 문인지식인 進士출신과 승려지식인 山人출신, 지방의 토호세력인 戶長層, 하급관료출신의 別將과 隊正, 그리고 불교계에서는 승계 소유자와 하급승 이외, 다양한 종파의 승려들이 포함되어 있었다. 참여 불교종파는 당시 그 종세가 성장하고 있던 화엄종의 均如직계, 天台宗의 白蓮社계열, 선종인 闍崛山門의 修禪社계열, 그리고 그 종세의 발전이 침체되어 있던 화엄종의 義天계열, 瑜伽業, 迦智山門이 망라되어 있었다. 각성사업 참여자 가운데는 국가의 공역체제에 의해 동원된 인물도 있었으나, 상당수는 자발적인 의지로 참여하였다. 특히 가야산의 下鉅寺 내지 안동의 龍壽寺와 관련이 깊은 의천계열 승려들 가운데는 조직적이고 체계적인 형태로 판각사업에 참여하였다. 따라서 강화경판의 판각사업은 각 계층이나 종파 내지 사원의 이해관계에 얽매인 분파주의를 극복할 수 있는 통일정신이 반영된 국가적인 불교사업이었다.

다양한 성분들이 계층적·종파적 이해관계를 극복하고 재보시와 몸보시를 통해 자발적으로 참여할 수 있었던 배경은 우선, 강화경판의 각성사업이 13세기 중엽 고려 사람들의 염원과 실천을 반영하고 있었다는 점이며, 다음은 당시 민족적 위기와 현실모순을 직시하고 있던 문인·승려지식인의 주체적인 참여에 따른 참여 분위기의 확산에 있었다. 13세기 중엽 잔혹한 몽고의 침략과 파행적인 최씨무인정권은 『부인사장 대장경판』과 같은 불교문명과 현실극복의 정신적 상징물을 파괴하였으며, 민족적 위기와 현실모순을 초래하고 심화시켰다. 이에 당시 고려 사람들은 파괴된 대장경 문명의 공백을 메꾸고자 하는 열망, 민족적 위기와 현실모순을 극복하기 위한 염원과 실천의식을 가지고 있었다. 이같은 의식은 대장경에 입장된 경전의 내용에 담고 있으며, 경판의 구성내용에도 반영되어 있다. 이런 점을 고려한다면, 이들이 각성사업을 통해 염원·실천하고자 하였던 의식은 보다 정당성을 확보할 수 있었을 것이며, 더욱 배가되는 힘을 발휘하였을 것이다. 따라서 이들의 판각사업 참여는 참

혹한 몽고침략이나 파행적인 최씨무인정권과 같은 민족적 위기와 현실모
순을 극복하기 위한 염원과 현실 참여에 있었다고 할 것이다. 특히 이들
참여자 가운데는 왕권복고를 염원·실천하였던 인물도 포함되어 있었다.

뿐만 아니라 상당수는 백성의 안녕, 불교계의 피폐화에 대한 극복, 대
장경 사업에 발전된 불교 교학의 반영과 불법의 보급을 위해서도 판각사
업에 적극 참여하였다. 몽고침략이나 최씨무인집권자의 파행적인 정권
운영은 불교계 전반에 타격을 주었으며, 또한 변화를 강요하였다. 따라
서 자신들이 소속한 종파나 사원의 보호를 위해서도 판각사업에 참여하
였다. 그리고 경판의 판각사업 자체는 불교의 교학이나 觀行을 보급할
수 있는 매개체가 되며, 또한 경판의 구성 편제상에 그것을 반영할 수
있는 공간이 있었다. 판각사업의 참여 승려들은 이같은 사실을 인지하였
을 것이며, 이로써 그들은 불교계의 발달수준을 보급, 반영하기 위하여
판각사업에 참여하였던 것이다. 아울러 이들은 실천공덕이나 정토신앙
과 같은 현세구복·서방정토극락을 염원하고 실천하기 위해서도 각성사
업에 참여하였던 것이다.

13세기 중엽 고려 사람들의 염원과 실천내용을 판각사업에 반영함으
로써 일반 郡縣民까지도 자발적으로 참여할 수 있던 것이다. 이로써 각
성사업은 당시의 분파주의의 극복과 몽고와의 장기항전을 지속할 수 있
던 바탕을 제공하였으며, 이후 파행적인 최씨무인정권을 무너뜨리고 왕
권복고를 가능케 한 원동력이 될 수 있었다.

이상에서 13세기 중엽 고려 사람들이 강화경판 『고려대장경』 판각
사업의 참여를 통해 전통 불교문명을 창조적으로 발전시켰던 노력, 민족
적 위기와 현실모순을 극복하기 위한 염원과 실천의식을 살펴보았다. 그
러나 본 글은 논리적 비약과 그 전개 과정의 과도함도 있었다. 그것은
본 주제에 관한 문헌적 자료가 부족하기 때문이다. 그리고 사업 담당기
구의 조직체계와 운영조직 및 내용, 13세기 중엽 민족적 위기와 현실모

순을 극복하기 위한 고려 사람들의 무력항쟁이나 조직적 활동, 각 경전
의 사상성, 사업 이후 불교계의 재편이나 新儒學의 보급과의 관계 문제
를 다루지 못하였다. 또한『부인사장 대장경판』이나『속장경』및 소위
海印寺 寺藏本을 비롯한 여타의 私·寺刊 經典에 대한 전반적 정리와
분석, 문화유산적 가치를 소홀히 한 느낌이 있다. 이런 점은 앞으로의
보완 과제로 삼아 연구를 진행할 것이다.

참고문헌

1. 資料

『高麗史』・『高麗史節要』・『東國李相國集』・『東文選』・『櫟翁稗說』・『補閑集』・『三峯集』・『西河集』・『止浦集』・『破閑集』・『世宗實錄』・『新增東國興地勝覽』・『退耕堂全書』・『朝鮮金石總覽』(亞細亞文化社影印, 1976)・『高麗大藏經』(東國大學校譯經院 影印本, 1976 : 동아대 石堂傳統文化研究院 所藏 印經本)・『韓國佛敎全書』(東國大學校 出版部, 1982)・『高麗墓誌銘集成』(金龍善, 한림대 출판부, 1993)・『韓國金石全文』(許興植 편, 아세아문화사, 1979)・『漢籍目錄』(高麗大學校 中央圖書館, 高麗大學校出版部, 1984)

2. 論著

高麗大藏經研究會, 『高麗大藏經研究資料集(1)』, 海印寺, 1987.
高麗大藏經研究會, 『高麗大藏經研究資料集(2)』, 海印寺, 1989.
高翊晉, 『韓國撰述佛書의 研究』, 民族社, 1987.
高翊晉, 『韓國天台思想研究』, 동국대 출판부, 1983.
權相老, 『退耕堂全書』.
權熹耕, 『高麗寫經의 研究』, 미진사, 1986.
金光植, 『高麗武人政權과 佛敎界』, 民族社, 1995.
金塘澤, 『高麗武人政權研究』, 새문社, 1987.
金斗鍾, 『韓國古印刷技術史』, 탐구당, 1974.
金相永 外, 「高麗大藏經과 南海分司都監」『南海分司都監 關聯 基礎調査 報告書』, 佛敎放送學術調査團・南海郡, 1994.
金潤坤, 『고려대장경의 새로운 이해』, 불교시대사, 2002.
김윤곤 편, 『高麗大藏經 彫成名錄集』, 영남대 출판부, 2001.
동국대박물관・강화군, 『史蹟 259호 江華 禪源寺址 發掘調査報告書』 Ⅰ, 동국대, 2003.
朴相珍, 『다시 보는 팔만대장경판 이야기』, 운송신문사, 1999.

박진효 외 역,『한글대장경 高麗國新雕大藏校正別錄』, 동국역경원, 2002.
불교방송학술연구단·남해군,『南海分司都監 關聯基礎調査 報告書』, 불교방송, 1994.
송영종·조희승,『조선수공업사』, 공업출판사, 1990.
尹龍爀,『高麗對蒙抗爭史硏究』, 일지사, 2000.
李能和,『朝鮮佛敎通史』, 신문관, 1918.
李瑄根,『高麗大藏目錄, 索引, 解題(일본어판)』, 동명사, 1978.
李佑成,『韓國中世社會硏究』, 一朝閣, 1991.
李載昌,『佛敎經典槪說』, 동국대역경원(4판), 1982.
이창섭·최철환 역,『重編曹洞五位』, 대한불교진흥원, 2002.
이혜성,『八萬大藏經』, 보성문화사, 1986.
정승석 편,『高麗大藏經 해제』권1~6, 고려대장경연구소, 1998.
蔡尙植,『高麗後期佛敎史硏究』, 일조각, 1991.
千惠鳳,『羅麗印刷術의 硏究』, 경인문화사, 1980.
千惠鳳,『韓國書誌學』, 민음사, 1991.
千惠鳳·朴相國,『湖林博物館所藏 初雕大藏經調査硏究』, 成保文化財團, 1988.
崔法慧,『高麗板重添足本禪苑淸規』, 민족사, 1987.
최법혜,『고려판 선원청규 역주』, 伽山佛敎文化硏究院, 2001.
崔然柱,『高麗大藏經 硏究』, 경인문화사, 2006.
崔永好,『江華京板 高麗大藏經 刻成事業의 硏究』, 영남대 박사학위논문, 1996.
韓基斗,『韓國佛敎思想史』, 원광대 출판국, 1975.
許興植,『高麗佛敎史硏究』, 일조각, 1986.
許興植,『韓國中世佛敎史硏究』, 일조각, 1994.
洪潤植,『韓國佛敎文化思想史』, 1975.
黃壽永·文明大,「高麗禪源寺址 發見과 高麗大藏經板의 由來」『江華島學術調査報告書』1책, 동국대학교 강화도학술조사단, 1977.
鎌田茂雄,『中國華嚴思想史の硏究』, 東京大出版會, 1965.
高峰了洲,『華嚴思想史』, 興敎書院, 1942.

3. 論文

1) 國內

姜晋哲, 「蒙古의 侵入에 대한 抗爭」『한국사』 7, 1973.

高翊晋, 「高麗佛敎思想의 護國的 展開(Ⅱ)」『佛敎學報』 14, 1977.

高翊晋, 「圓妙了世의 白蓮結社와 그 思想的 動機」『佛敎學報』 15, 1978.

高翊晋, 「證道歌事實의 著者에 대하여」『韓國佛敎學』 1, 1975.

金甲周, 「高麗大藏都監 研究」『不聞聞』 창간호, 영취불교문화원, 1990.

金光哲, 「고려시대 「士大夫」의 용례」『石堂論叢』 14, 동아대, 1988.

金斗鍾, 「高麗板本에 대하여」『古文化』 1, 1962.

金光植, 「鄭晏의 定林社 創建과 南海分司都監」『建大史學』 8, 1993.

金杜珍, 「高麗時代 사상 및 학술」『韓國史論』 23, 국사편찬위원회, 1993.

金相永, 「高麗 睿宗代 禪宗의 復興과 佛敎界의 變化」『淸溪史學』 5, 1998.

金相永, 「一然과 再造大藏經 補板」『중앙승가대학 논문집』 2, 1993.

金相鉉, 「『法界圖記叢髓錄』考」『韓國史學論叢』, 千寬宇先生還曆紀念, 1989.

金潤坤, 「「江華京板 高麗大藏經」의 체제에 관한 一考」『釜山女大史學』 10·11합, 碧庵文炯萬敎授停年紀念論叢, 1993.

金潤坤, 「「大般若經」의 刻成과 反蒙抗戰」『한국중세사연구』 2, 한국중세 사연구회, 1995.

金潤坤, 「강화경판 고려대장경 外藏에 入藏된『法界圖記叢髓錄』과『宗鏡 錄』의 분석」『民族文化論叢』 20, 1999.

金潤坤, 「江華京板『高麗大藏經』內·外藏의 특징」『民族文化論叢』 18· 19합, 1998.

金潤坤, 「고려 '國本'대장경의 혁신과 그 내용」『民族文化論叢』 27, 2003.

金潤坤, 「高麗國 分司大藏都監과 布施階層」『民族文化論叢』 16, 영남대 민족문화연구소, 1996.

金潤坤, 「고려대장경의 東亞大本과 彫成主體에 대한 考察」『石堂論叢』 24, 동아대 석당전통문화연구원, 1997.

金潤坤, 「高麗大藏經의 彫成機構와 刻手의 性分」『民族史의 展開와 그 文 化(上)』碧史李佑成敎授停年退職紀念論叢, 창작과 비평사, 1990.

金潤坤, 「『高麗大藏經』 조성의 참여계층과 雕成處」『人文科學』 12, 경북 대 인문과학연구소, 1998.

金潤坤, 「『고려대장경』의 각판과 국자감시 출신」 『國史館論叢』 46, 국사편 찬위원회, 1993.

金潤坤, 「抗蒙戰에 참여한 草賊에 대하여」 『東洋文化』 19, 1978.

金潤坤, 「江華遷都 背景에 대하여」 『大邱史學』 15·16합집, 1978.

金潤坤·金晧東, 「『江華京板 高麗大藏經』 刻成活動의 參與階層」 『한국 중세사연구』 3, 1996.

金晧東, 「『禪門拈頌』과 眞覺國師 慧諶」 『民族文化論叢』 18·19합, 1998.

金晧東, 「『續高僧傳』과 『大唐西域求法高僧傳』에 입전된 韓國高僧의 행적」 『民族文化論叢』 20, 1999.

金毅圭, 「高麗武人政權期 文士의 政治活動」 『韓㳓劤博士停年紀念史學論 叢』, 1981.

김자연, 「『팔만대장경』의 출판문화사적 가치」 『력사과학』 11호, 1985.

南權熙, 「13세기 天台宗 관련 高麗佛經 3種의 書誌的 考察—『圓覺類解』, 『弘贊法華傳』, 『法華文句幷記節要』」 『季刊書誌學報』 19, 1997.

南權熙, 「고려 구결본 『(合部)金光明經』 권3에 관한 서지적 고찰」 『서지학 연구』 15, 1998.

南權熙, 「高麗本 『慈悲道場懺法』 권제1 ; 5와 그 口訣 紹介」 『書誌學報』 11, 1993.

文暻鉉, 「高麗大藏經 雕造의 史的 考察」 『佛敎와 歷史』, 李箕永博士古稀 紀念論叢, 1991.

文明大, 「大藏都監 禪源寺址의 發見과 大藏都監板의 由來」 『韓國學報』 3, 1976.

閔泳珪, 「一然重編 曹洞五位 重印序」 『學林』 6, 연세대, 1984.

閔賢九, 「高麗의 對蒙抗爭과 大藏經」 『韓國學論叢』 1, 1978.

閔賢九, 「月南寺址 眞覺國師碑의 陰記에 대한 一考察」 『震檀學報』 36, 1973.

朴奉石, 「高麗大藏經板의 硏究 1~5」 『朝鮮』 190~195, 朝鮮總督府, 1933 ~1934.

朴奉石, 「高麗藏高宗板の 傳來攷」 『朝鮮之圖書館』 1934년 11월호, 1934.

朴奉石, 「大藏經目錄とその分類」 『文獻報國』 4-8, 서울朝鮮總督府圖書館, 1938.

朴相國, 「高麗大藏經」 『東國文化』 6-11, 1984.

朴相國, 「海印寺 大藏經板에 對한 再考察」 『韓國學報』 33, 1983.

朴相國, 「大藏都監의 板刻性格과 禪源寺 問題」 『韓國佛敎文化思想史(上)』, 伽山李智冠스님 華甲紀念論叢, 1992.

朴泳洙,「高麗大藏經版의 研究」『白性郁博士頌壽紀念 佛敎學論文集』, 동국문화사, 1959.

朴尙均,「高麗時代 經典 輸傳에 대한 考察」『奎章閣』3, 1979 ;『高麗大藏經研究資料集(2)』, 고려대장경연구회, 1989.

朴相珍,「고려대장경판의 재질로 본 판각지에 대한 고찰」『人文科學』12, 경북대, 1998.

裵相賢,「고려시기 晉州牧 지역의 寺院과 佛典의 조성－分司 南海大藏都監과의 관련성을 중심으로－」『大丘史學』72, 2003.

裵相賢,「高麗時代人의 元曉觀과『金剛三昧論經』의 入藏」『白楊史學』15, 신라대, 1998.

裵相賢,「『高麗國新雕大藏校正別錄』과 守其」『民族文化論叢』17, 영남대, 1997.

徐首生,「伽倻山 海印寺 八萬大藏經 研究(1)」『慶大論文集(人文・社會)』12, 경북대, 1968.

徐首生,「大藏經의 補遺藏經板 研究(1)」『慶北大論文集』22, 1976.

徐首生,「大藏經의 二重板과 補遺板 研究」『東洋文化研究』4, 경북대, 1977.

徐首生,「八滿大藏經과 佛敎文化史上의 價値性 및 保存策」, 1987 ;『高麗大藏經研究資料集(2)』, 고려대장경연구회, 1989.

徐首生,「八萬大藏經의 補遺藏經板 研究(上)」『東洋文化研究』3, 1976.

徐首生,「八萬大藏經板 研究－특히 二重板과 補遺板에 대하여－」『韓國學報』9, 1977.

徐首生,「海印寺 大藏目錄板의 內容的 價値批判」『성봉김성배박사 화갑기념논집』, 1976.

徐閏吉,「高麗 瑜伽・律・神印 等 諸宗의 性格과 그 展開」『韓國史論』20, 국사편찬위원회, 1990.

安啓賢,「大藏經의 雕板」『한국사』6, 국편위, 1975.

安啓賢,「曹溪宗과 五敎兩宗」『한국사』7, 1973.

梁銀容,「高麗 了圓撰 法華靈驗傳의 研究」『金三龍華甲紀念 韓國文化와 圓佛敎思想』, 1985.

呂東贊,『高麗時代 護國法會에 대한 연구』, 1970.

吳龍燮,「江都시기에 완성한 高麗大藏經의 의미와 제 문제」『仁川文化研究』2, 인천시립박물관, 2004.

吳龍燮,『「高麗新雕大藏經」後刷考』, 중앙대 박사학위논문, 1994.

兪瑩淑,「崔氏武人政權과 曹溪宗」『白山學報』33, 1986.

尹龍爀, 「고려 대몽항쟁기의 불교의례」 『歷史敎育論集』 13·14합집, 1990.

尹龍爀, 「대몽항쟁기무인정권의 강도생활」 『韓國史學論叢』, 崔永禧先生華甲紀念, 1987.

윤용태, 「『팔만대장경』 목판의 보존 경위에 대하여」 『력사과학』 1993년 제2호(누계 제 146호), 1993.

李家源, 「大藏經刻板과 그 傳說」 『東國思想』, 1958.

李箕永, 「高麗大藏經, 그 歷史와 意義」 『高麗大藏經』 48, 동국대학교역경원, 1976.

李能和, 「大法寶海印大藏經板」 『朝鮮佛敎通史』, 신문관, 1918.

無能居士(이능화), 「李朝佛敎史 4: 高麗板大藏經과 日本의 請求」 『佛敎』 4, 서울 佛敎社, 1924.

無能居士, 「李朝佛敎史 5: 高麗板大藏經과 日本의 請求(續)」 『佛敎』 5, 佛敎社, 1924.

無能居士, 「李朝佛敎史, 7: 高麗以來의 大藏經에 關한 事蹟」 『佛敎』 7, 佛敎社, 1925.

無能居士, 「李朝佛敎史, 8: 高麗雕造大藏經板의 考證」 『佛敎』 8, 佛敎社, 1925.

金泰洽, 「大藏經에 就하야」 『佛敎』 39, 서울佛敎社, 1927.

權相老, 「八萬大藏經의 國寶的 價値」 『朝光』 4-3, 朝鮮日報社, 1938.3.

李丙燾, 「石窟庵과 大藏經」 『春秋』 2-10, 서울朝鮮春秋社, 1941.

李萬, 「談禪法會에 관한 硏究」 『韓國佛敎學』 10, 1985.

李奉春, 「高麗 天台宗의 成立과 그 展開」 『韓國史論』 20, 국편위, 1990.

李瑄根, 「高麗大藏目錄, 索引, 解題(일본어판)」, 동명사, 1978.

李佑成, 「高麗中期의 民族敍事詩」 『論文集』 7, 성균관대학교, 1962.

李載昌, 「麗末鮮初의 對日關係와 高麗大藏經」 『佛敎學報』 3·4합집, 1966.

李鍾益, 「韓國佛敎諸宗派成立의 歷史的 考察」 『佛敎學報』 16, 1979.

鄭東樂, 「『江華京板高麗大藏經』 造成의 參與僧侶層과 對蒙抗爭」 『嶠南史學』 7, 영남대, 1996.

정재영, 「合部金光明經(卷3) 釋讀口訣의 表記法과 한글 轉寫」 『구결연구』 3, 1998.

鄭駬謨, 「高麗初雕大藏目錄의 復元」 『書誌學硏究』 2, 1987.

鄭駬謨, 「高麗再雕大藏目錄考」 『圖書館學』 17, 한국도서관학회, 1989.

정필모, 「高麗初雕大藏經 및 八萬大藏經의 성립과 의의」 『한국불교사의 재조명』, 불교시대사, 1994.

趙東一,「大藏經 往來의 文化史的 意義」『東아시아比較文化』창간호, 2000.

趙明濟,「高麗後期 戒環解 楞嚴經의 盛行과 思想史的 意義」『釜大史學』 12, 1988.

秦星圭,「高麗後期 修禪社의 結社運動」『韓國學報』 36, 1984.

채상식,「고려후기 불교사 연구현황과 과제」『人文科學』 12, 1998.

채상식,「고려·조선시기 불교사 연구현황과 과제」『韓國史論』 28, 국사편 찬위원회, 1998.

崔凡述,「海印寺寺刊鏤板目錄」『東方學志』 11, 연세대, 1970.

崔柄憲,「高麗時代 華嚴學의 變遷」『韓國史研究』 30, 1980.

崔柄憲,「高麗時代 華嚴宗團의 展開過程과 그 歷史的 性格」『韓國史論』 20, 국편위, 1990.

千惠鳳,「高麗 典籍의 集散에 관한 研究」『고려시대연구』 II, 한국정신문 화연구원, 2000.

千惠鳳,「高麗再雕大藏經의 書誌學史的 視覺」, 1987 ;『高麗大藏經研究資 料集(2)』, 고려대장경연구회, 1989.

崔凡述,「海印寺寺刊鏤板目錄」『東方學志』 11, 1970.

崔柄憲,「高麗時代 華嚴宗團의 展開過程과 그 歷史的 性格」『韓國史論』 20, 국사편찬위원회, 1990.

崔柄憲,「高麗時代 華嚴學의 變遷」『韓國史研究』 30, 1980.

崔然柱,「12·3세기 典籍 刊行의 유형과 그 성격」『考古歷史學志』 17·18합, 동아대박물관, 2002.

崔然柱,「江華京板『高麗大藏經』각성인과 도감의 운영형태」『역사와 경 계』 57, 2005.

崔然柱,「江華京板『高麗大藏經』의 刻成者 참여 실태와 그 특성」『韓國中 世社會의 諸問題』, 한국중세사학회, 2001.

崔然柱,「高宗 24年『江華京板 高麗大藏經』의 刻成事業」『한국중세사연 구』 5, 1998.

崔然柱,「修禪社와 강화경판『고려대장경』彫成」『大丘史學』 81, 2005.

崔然柱,「『高麗大藏經』刻成人의 참여형태와 彫成空間」『한국중세사연구』 16, 2004.

崔然柱,「『合部金光明經』간행과『高麗大藏經』각성사업」『古文化』 66, 한국대학박물관협회, 2005.

崔永好,「13세기 중엽 江華京板『高麗大藏經』의 刻成事業과 海印寺」『한 국중세사연구』 13, 2002.

崔永好, 「13세기 중엽 강화경판『고려대장경』의 조성공간과 경주 東泉社」 『한국중세사연구』 20, 2006.

崔永好, 「13세기 중엽 경주지역 分司東京大藏都監의 설치와 운영형태」『新羅文化』 27, 동국대 신라문화연구소, 2006.

崔永好, 「13세기 중엽 趙文柱의 활동과 정치적 성향」『한국중세사연구』 16, 2004.

崔永好, 「13세기 중엽 智異山의 安養結社 - 경상남도 고성군 玉泉寺 소장의 智異山安養社飯子를 중심으로 -」『考古歷史學志』 17·18합, 동아대박물관, 2002.

崔永好, 「江華京板『高麗大藏經』 刻成事業의 주도층」『韓國中世社會의 諸問題』, 金潤坤教授停年紀念, 2001.

崔永好, 「고려 무인집권기 승려지식인 山人의『江華京板 高麗大藏經』 각성사업참여」『石堂論叢』 21, 동아대 석당전통문화연구원, 1995.

崔永好, 「고려시대 사원수공업의 발전기반과 그 운영」『國史館論叢』 95, 국사편찬위원회, 2001.

崔永好, 「南海地域의 江華京板『高麗大藏經』 각성사업 참여」『石堂論叢』 25, 1997.

崔永好, 「武人政權期 崔氏家 家奴와『高麗大藏經』 판각사업」『釜山女大史學』 10·11합, 碧庵文炯萬教授停年紀念論叢, 1993.

崔永好, 「瑜伽宗의 江華京板『高麗大藏經』 각성사업 참여」『釜山史學』 33, 1997.

崔永好, 「天台宗系列의 江華京板『高麗大藏經』 각성사업 참여」『지역과 역사』 3, 1997.

崔永好, 「崔氏武人政權의 國家的 土木事業 운영형태와 그 정치적 목적」『청강이형규박사 고희기념논문집』, 마산전문대학, 1994.

崔永好, 「海印寺 所藏本『大藏一覽集』 刻成時期의 재검토와 판각의 현실관」『한국중세사연구』 6, 1999.

崔永好, 「海印寺 所藏本『大方廣佛華嚴經疏』·『大方廣佛華嚴經隨疏演義鈔』의 판각성격」『한국중세사연구』 4, 1997.

崔永好, 「華嚴宗系列 僧侶의 江華京板『高麗大藏經』 각성사업 참여」『釜山史學』 29, 1995.

崔永好, 「『江華京板 高麗大藏經』 邊界線 소재 인명의 판각사업 참여형태」『한국중세사연구』 2, 한국중세사연구회, 1995.

韓基斗, 「『禪門拈頌』의 편찬에 따르는 혜심선의 의지」『普照思想』 7, 1993.

韓基汶,「高麗太祖의 佛敎政策」『大邱史學』22, 1983.

韓基汶,「江華京板 高麗大藏經 소재 均如의 著述과 思想」『한국중세사연구』4, 1997.

韓基汶,「『祖堂集』과 新羅・高麗 高僧의 行蹟」『한국중세사연구』6, 1999.

許興植,「1306년 高麗國大藏移安記」『高麗大藏經資料集(1)』, 1987.

許興植,「高麗高宗官版大藏經 補板의 範圍와 思想性」『美術史學論叢』, 蕉雨黃壽永博士古稀紀念, 1988.

許興植,「고려시대의 서적간행」『國史館論叢』71, 국사편찬위원회, 1997.

許興植,「高麗高宗官版大藏經의 造成經緯와 思想性」『歷史敎育論集』13・14합, 1990.

許興植,「佛敎書의 刊行 현황과 방향」『書誌學報』8, 1992.

許興植,「1262년 尙書都官帖의 分析(上)」『韓國學報』27, 1982.

許興植,「眞靜國師의 生涯와 時代認識」『東方學志』35, 연세대, 1983.

홍영의,「高麗後期 大藏都監刊『鄕藥救急方』의 刊行經緯와 資料性格」『韓國史學史硏究』, 조동걸선생정년기념 논총간행위원회, 1997.

2) 國外

岡本敬二,「高麗大藏經板의 刻成」『朝鮮史의 諸問題』, 歷史硏究特輯號, 1953.

高橋亨,「高麗大藏經印出顚末」『朝鮮學報』2, 1951.

管野銀八,「高麗板大藏經에 就て」『朝鮮史講座』, 朝鮮史硏究會, 1923.

管野銀八,「海印寺大藏經板에 就て」『史林』7-3, 1922.

宮原兎一,「「高麗大藏經板의 刻成」について」『歷史學硏究』6, 1954.

宮原兎一,「岡本敬二, 高麗大藏經板の刻成について－批判と反省」『歷史學硏究』172, 1954.

大屋德城,「朝鮮海印寺經板攷」『東洋學報』15-3, 1926.

禿氏祐祥,「高麗時代の 寫經について」『寶雲』25, 1939.

禿氏祐祥,「大藏經の宋本・契丹本竝に高麗本の系統」『佛敎學の諸問題』, 佛誕2,500年記念, 東京, 1935.

藤田亮策,「海印寺雜板攷」『朝鮮學報』138・139・140, 1991.

常盤大定,「大藏經彫印攷」『哲學雜誌』28-313・314・316・317・321・322, 1913.

小野玄妙,「高麗大藏經雕印考」『佛典硏究』1-4, 1929.

小野玄妙,「韓國海印寺の大藏經板に就いて」『東洋哲學』17-3, 1910.

小田幹治郎, 「大藏經奉獻顚末」 1915 ; 『小田幹治郎遺稿』 1931.

二楞生, 「朝鮮伽耶山海印寺大藏經板」 『宗敎界』 5-12, 東京 宗敎界社, 1909.

朝鮮總督府, 『大藏經獻納顚末』, 조선총독부, 1906.

池內宏, 「「高麗朝の大藏經」に關する一二の補正」 『東洋學報』 14-4, 1924 ;
        「高麗朝の大藏經(上·下)」 『東洋學報』 13-3·14-1, 1923·1924 ; 『滿
        鮮史硏究』 中世2, 1937.

妻木直良, 「三たぴ 高麗大藏經雕造を 論ず」 『新佛敎』 12-4·5, 1911.

妻木直良, 「再ぴ 高麗大藏經に 就て」 『新佛敎』 11-6, 1910.

淺見倫太郞, 「高麗板大藏經彫造年時考」 『朝鮮』 28·29합 및 31, 朝鮮總督
        府, 1910.

川口卯橘, 「大藏經板求請と日鮮の交涉」 『靑丘學叢』 3, 서울靑丘學會, 1931.

村上龍佶, 『海印寺大藏經版調査報告書』, 1910.

金鍾國, 「高麗武人政權と僧徒の對立抗爭に關する一考察」 『朝鮮學報』 20·
        21합집, 1961.

찾아보기

최 영 호

경상남도 창녕군 영산면 출생, 경상고등학교 졸업
동아대학교 사학과 졸업(문학사)
동 대학원 사학과 졸업(문학석사)
영남대학교 대학원 국사학과 졸업(문학박사)
마산대학(구 마산간호전문대학) 전임강사
동아대학교·동의대학교·부산외국어대학교·신라대학교·창원대학교,
방송통신대학교(부산지역대학), 동주대학·부산정보대학 시간강사
동아대학교 석당학술원(구 석당전통문화연구원) 전임연구원·연구전담교수
현 동아대학교 석당학술원 전임연구원

論 著

『국역 고려사』 열전 권1~9(공저)
『韓國中世社會의 諸問題』(공저)
『마산·창원의 역사읽기』(공저)
『江華京板 高麗大藏經 刻成事業의 研究』(박사학위논문)
「弓裔의 沒落과 太祖 王建의 卽位 過程에 있어서 新羅 6頭品 系列의 知識人에 대한 研究」(석사학위논문)
「한국인의 죽음관」(공저)
「13세기 중엽 『고려대장경』 연구의 초석 - (崔然柱, 『高麗大藏經 研社』, 景仁文化社, 2006)」(서평)
「『江華京板 高麗大藏經』 邊界線 소재 인명의 판각사업 참여형태」
「南海地域의 江華京板 『高麗大藏經』 각성사업 참여」
「13세기 중엽 江華京板 『高麗大藏經』의 刻成事業과 海印寺」
「13세기 중엽 강화경판 『고려대장경』의 조성공간과 경주 東泉社」
「13세기 중엽 경주지역 分司東京大藏都監의 설치와 운영형태」
「海印寺 所藏本 『大藏一覽集』 刻成時期의 재검토와 판각의 현실관」
「海印寺 所藏本 『大方廣佛華嚴經疏』·『大方廣佛華嚴經隨疏演義鈔』의 판각성격」
「崔氏武人政權의 國家的 土木事業 운영형태와 그 정치적 목적」
「고려시대 사원수공업의 발전기반과 그 운영」
「13세기 중엽 智異山의 安養結社 - 경상남도 고성군 玉泉寺 소장의 智異山安養社 飯子를 중심으로 - 」
「13세기 중엽 趙文柱의 활동과 정치적 성향」
「고려시대 묘지명과 『고려사』 열전의 서술형태」 외 다수 논문

江華京板 『高麗大藏經』의 판각사업 연구　　정가 : 15,000원

2008년 6월 15일	초판 발행	
2009년 8월 20일	재판 발행	

저　　자 : 최 영 호
회　　장 : 한 상 하
발 행 인 : 한 정 희
발 행 처 : 경인문화사
편　　집 : 김 소 라
　　　　　서울특별시 마포구 마포동 324-3
　　　　　전화 : 718-4831~2, 팩스 : 703-9711
　　　　　http://www.kyunginp.co.kr | 한국학서적.kr
　　　　　E-mail : kyunginp@chol.com
등록번호 : 제10-18호(1973. 11. 8)

ISBN : 978-89-499-0491-7　94910
ⓒ 2008, Kyung-in Publishing Co, Printed in Korea
※ 파본 및 훼손된 책은 교환해 드립니다.